Évelyne Bérard
Yves Canier
Christian Lavenne

Tempo 2

Cahier d'exercices

Didier/HATIER

Couverture : Studio Favre & Lhaïk
Photos : (bg) Pix/Bavaria-Bildagentur, (hd) Explorer/A. Nicolas

© Les Éditions Didier, Paris, 1998   ISBN 2-278-04428-1   Imprimé en France

Sommaire

Exprimer ses goûts, son opinion

📼 1. EXPRIMER UNE OPINION POSITIVE OU NÉGATIVE

Écoutez les enregistrements, et pour chaque enregistrement, identifiez le thème évoqué et dites si l'opinion exprimée est positive ou négative :

enr.	thème évoqué	positif	négatif
1.			
2.			
3.			
4.			

enr.	thème évoqué	positif	négatif
5.			
6.			
7.			
8.			

2. CLASSER DU POSITIF AU NÉGATIF

Classez chaque groupe d'expressions de 1 à 3, du plus positif (1) au plus négatif (3) :

1. Ce riz est assez bon.   2☐
   Ce riz est excellent.   1☐
   Ce riz n'a pas de goût.   3☐

2. C'était une journée ordinaire.   3☐
   J'ai passé une journée intéressante.   2☐
   C'était le plus beau jour de ma vie.   1☐

3. Cette jupe ne te va pas du tout.   3☐
   Elle est pas mal, ta jupe.   2☐
   Elle est superbe, ta jupe.   1☐

4. Ce n'est pas mauvais.   3☐
   C'est délicieux !   1☐
   C'est plutôt bon.   2☐

5. Il est d'une grossièreté, ton frère !   3☐
   Quel garçon délicat, ton frère !   1☐
   Ton frère ? C'est un gentil garçon.   2☐

6. L'Italie ? Bof !   3☐
   L'Italie ? C'est fabuleux !   1☐
   J'aime bien l'Italie.   2☐

3. EXPRIMER UNE OPINION NÉGATIVE

Complétez en utilisant l'expression la plus négative :

1. Alors, tu l'as trouvé comment Paulo ?
   Ton frère, c'est un parfait imbécile !   ☒
   Pas trop mal !   ☐
   On ne peut pas dire que c'est une lumière !   ☐

2. Il est comment, ton nouveau collègue de bureau ?
   C'est un bourreau de travail.   ☒
   Pas très efficace.   ☐
   Il passe sa journée à faire des mots croisés.   ☐

3. Ils sont sympas, tes nouveaux voisins ?
   Ils ne me disent même pas bonjour !   ☐
   Ils sont sympas comme une porte de prison !   ☒
   Ils n'ont pas l'air désagréable…   ☐

4. Elle marche bien, ta voiture ?
   Tu veux parler de mon tas de ferraille ?   ☒
   Elle a besoin d'une bonne révision.   ☐
   Elle roule, c'est l'essentiel.   ☐

5. Tu en es content, de ton nouvel aspirateur ?
   Je le trouve un peu bruyant.   ☐
   Il fait un bruit d'enfer.   ☒
   Il manque un peu de puissance.   ☐

6. Ça t'a plu, la soirée chez les Perrier ?
   Oui, mais sans plus.   ☐
   C'était d'un ennui !   ☐
   On se serait cru à un enterrement !   ☒

7. Il est gentil, le chien de Philippe ?
   Une adorable petite bête.   ☐
   Ça va, mais il est encombrant.   ☐
   Ne m'en parle pas : un vrai fauve !   ☒

8. Alors, tu as eu un beau cadeau pour ton anniversaire ?
   Une cravate : ce n'est pas très original.   ☐
   Oui, une superbe cravate. Tiens, regarde !   ☐
   Oui, regarde. C'est cette cravate. Atroce !   ☒

4. EXPRIMER UNE OPINION POSITIVE

Choisissez la réponse exprimant l'opinion la plus positive :

1. Il est comment, le fiancé de Catherine ?
   Beau comme un dieu ! ☐
   Pas mal, mais un peu grassouillet. ☐
   Très séduisant. ☒

2. Comment tu as trouvé l'exposition Soulages ?
   Je suis assez hermétique à ce type de peinture. ☐
   Je suis une fanatique de Soulages. ☐
   Te dire que j'ai adoré, c'est peut-être beaucoup dire. ☒

3. Alors, il est sympa ton nouveau patron ?
   Plutôt glacial. ☐
   Assez directif ☐
   Très ouvert. ☒

4. Ça t'a plu, la soirée chez Josette ?
   C'était gentil. ☒
   Sans plus. ☐
   On ne s'est pas ennuyé. ☐

5. Qu'est-ce que tu penses du nouveau prof de maths ?
   C'est un bon pédagogue, mais il va trop vite pour moi. ☒
   Je ne comprends pas tout ce qu'il dit. ☐
   C'est la première fois que j'y comprends quelque chose. ☐

6. Vous vous plaisez dans votre nouvel appartement ?
   C'est calme mais la vue n'est pas très jolie. ☐
   C'est très grand et on a le soleil toute la journée. ☐
   C'est très confortable mais un peu bruyant. ☐

5. EXPRIMER UNE OPINION POSITIVE OU NÉGATIVE

Écoutez le dialogue et remplissez le questionnaire suivant :

Êtes-vous satisfait :	oui	non	sans opinion
de l'accueil ?			
du service ?			
du repas ?			
du confort ?			
du film projeté pendant le voyage ?			
du respect des horaires ?			

6. VOCABULAIRE DU JUGEMENT

Choisissez l'expression la plus forte, la plus convaincante :

1. Grâce à une excellente politique commerciale, nous pratiquons des prix .... (exorbitants / imbattables / honnêtes / exceptionnels)

2. Découvrez notre restaurant panoramique et sa vue .... sur la vieille ville. (exceptionnelle / intéressante / magnifique / imprenable)

3. Venez vivre des moments .... dans notre nouveau parc d'attractions. (joyeux / inoubliables / heureux / importants)

4. La nuit du rire : une suite de sketchs tous plus .... les uns que les autres. (désopilants / drôles / amusants / comiques)

5. Le meilleur moment du film est une poursuite .... entre deux camions dans les rues de Chicago. (passionnante / haletante / formidable / captivante)

6. Venez danser sur les rythmes .... de Pedro Gonzalez, le roi de la salsa. (rapides / vifs / endiablés / mélancoliques)

▱▱▱ 7. EXPRIMER UNE OPINION POSITIVE OU NÉGATIVE

Écoutez le dialogue et remplissez le questionnaire suivant :

> HÔTEL CIGOGNE
> 42, route de Dole
> 21000 DIJON
> Téléphone : 03. 87. 52. 27. 20
> Télécopie : 03. 87. 52. 32. 21

La direction vous remercie d'avoir choisi les hôtels Cigogne pour votre séjour et vous serait reconnaissante de nous remettre ce petit questionnaire au moment de votre départ. Il nous servira à améliorer le confort et l'accueil de nos clients.
Appliquez un ou plusieurs qualificatifs pour la chambre, le lit et la salle de bains.

	la chambre	**le lit**	**la salle de bains**
très confortable			
confortable			
pas très confortable			
petit			
grand			
spacieux			
bruyant			
calme			
ensoleillé			
sombre			
bien équipé			
mal équipé			

Êtes-vous satisfait :	**oui**	**non**	**sans opinion**
du personnel ?			
de l'entretien des chambres ?			
du petit déjeuner ?			
des horaires pour le petit déjeuner ?			
du restaurant panoramique ?			
des tarifs ?			

Vos suggestions :

....

....

....

8. VOCABULAIRE DU JUGEMENT (CHAUD / FROID)

Mettez en relation les expressions des deux colonnes :

1. Il y a eu une ambiance très chaleureuse.
2. Je suis frigorifié.
3. La rencontre entre les deux hommes a été glaciale.
4. Le climat est torride.
5. Le gouvernement va geler les prix des loyers pendant un an.
6. Les prix ont flambé.

A. C'était amical.
B. Ça a augmenté.
C. Ça ne va pas augmenter.
D. Ce n'était pas très amical.
E. Il fait froid.
F. Il fait chaud.

9. VOCABULAIRE (CHAUD / FROID)

Dites si les expressions en caractères gras sont employées dans leur sens premier (chaud / froid) ou dans un sens second :

	chaud	froid	sens premier	sens second
1. Ils ont évoqué **les questions d'actualité les plus brûlantes**.	X			X
2. Tu as **les mains gelées**.		X	X	
3. Il faut garder **la tête froide**.		X		X
4. Je vais **prendre le frais** sur la terrasse.		X	X	
5. **La discussion** a été **très chaude**.	X			X
6. Il souffle **un vent glacial**.		X	X	
7. **Les relations** entre les deux pays **se sont réchauffées**.	X			X
8. Son arrivée à provoqué **un léger froid**.		X		X
9. C'est la fin de **la guerre froide** entre l'Est et l'Ouest.		X		X
10. Quand il m'a dit le prix de la voiture, **ça m'a** tout de suite **refroidi**.		X		X
11. Un peu d'amour, **ça réchauffe le cœur**.	X			X
12. Je vais servir quelques **boissons fraîches**.		X	X	
13. Je ne suis pas **frais** ce matin.		X		X
14. Ouf ! **J'ai eu chaud** ! Heureusement que j'ai de bons freins !	X			X

10. VOCABULAIRE : CHAUD / FROID (SENS PREMIER / SENS SECOND)

Complétez en choisissant :

1. Il a tout de suite réussi à .... la salle en chantant *Le Rebelle*, repris en cœur par tout le public. (chauffer / refroidir / brûler)

2. Fais attention de ne pas te brûler. C'est .... ! (tiède / bouillant / doux)

3. C'est une fille très .... qui te met tout de suite en confiance. (froide / chaleureuse / fraîche)

4. Elle est très ...., très spontanée. (froide / fraîche / tiède)

5. Il m'a parlé d'un ton .... qui m'a mis mal à l'aise. (chaleureux / glacial / frais)

6. Bois ton café, pendant qu'il est .... ! (chaud / froid / glacé)

7. Quand les pompiers sont arrivés, tout avait .... (chauffé / bouilli / brûlé)

8. J'hésite encore. Je ne suis pas très .... pour ce projet. (tiède / chaud / froid)

9. Ce matin je ne suis pas très .... J'ai passé une nuit blanche. (chaud / tiède / frais)

10. Quand je lui ai parlé des risques qu'il courait, cela a un peu .... son enthousiasme. (refroidi / réchauffé / gelé)

11. SYNTAXE DES VERBES : « À » OU « DE » + INFINITIF

Complétez en utilisant « à » ou « de » :

1. Je commence...... à ...... comprendre.

2. Il a fini ...... de ...... manger.

3. Je n'arrive pas ...... à ...... terminer ce travail.

4. Je ne m'attendais pas ...... à ...... le voir.

5. Il m'arrive ...... de ...... me tromper

6. Je ne parviens pas ...... à ...... te joindre.

7. J'hésite ...... à ...... lui parler.

8. J'attends ...... à ...... le voir.

12. COMPARATIF / SUPERLATIF

Complétez :

1. C'est le plus gentil ...... de ...... tous.

2. Il est plus gentil ...... que ...... toi.

3. La Paz, c'est la capitale la plus haute ...... du ...... monde (3700 m d'altitude).

4. C'est le plus beau jour ...... de ...... ma vie.

5. Aujourd'hui, il fait plus chaud ...... que ...... hier.

6. C'est le meilleur restaurant ...... de ...... la ville.

7. Nous sommes plus proches de Paris ...... que ...... de Lyon.

8. Elvira, c'est la plus sympathique ...... de ...... toutes tes amies.

13. COMPARATIF / SUPERLATIF

Complétez les phrases en utilisant les expressions entre parenthèses :

1. Arnaud pèse 95 kg. Les autres joueurs pèsent moins de 90 kg.
   Arnaud est ...... le plus lourd ...... de tous les joueurs de l'équipe. (lourd)

2. Cette nuit, j'ai dormi 6 heures et demie. Avant-hier, j'avais dormi de 3 h du matin à 7 h et demie.
Avant-hier, j'ai dormi ....*moins longtemps*........ que cette nuit. (longtemps)

3. Ma voiture actuelle fait du bruit. Mon ancienne voiture n'en faisait presque pas.
Ma voiture actuelle est .... que mon ancien véhicule. (bruyant)

4. Le pull bleu est vraiment joli. Les autres le sont beaucoup moins.
Le pull bleu est ......*le*............................ de la vitrine. (beau)

5. Une chambre à l'hôtel Ivoire coûte 360 francs. A l'hôtel Astor, elle coûte aussi 360 francs.
Une chambre à l'hôtel Astor coûte ....*autant*......*q*........ qu'à l'hôtel Ivoire. (cher)

6. Hier, j'ai mis vingt minutes pour venir au lycée. Aujourd'hui, avec la grève des bus, il m'a fallu 45 minutes.
Je suis venu ....*plus rapidement*.... hier qu'aujourd'hui. (rapidement)

7. Claudine est née le 26 juillet 1969 et Marina le 12 janvier 1971.
Claudine est ....*le plus âgée*..... des deux. (âgée)

8. Gaël a eu 18 en maths et 14 en biologie.
Gaël a eu ....*un meilleur*........ note en maths qu'en biologie. (bonne)

14. COMPARATIF / SUPERLATIF

Complétez en choisissant :

1. Il est plus grand .... (que son frère / de son frère / des deux)

2. Son français est meilleur .... (du mien / que le mien / que moi)

3. C'est Pierre qui a .... notes de la classe.
(meilleures/ les meilleures / les mieux)

4. C'est la .... équipe du monde. (mieux / meilleure / plus bonne)

5. Il travaille .... que toi. (mieux / le mieux / meilleur)

6. Est-ce que vous avez une .... solution à me proposer ?
(mieux / plus bonne / meilleure)

7. Je ne parle pas très bien anglais, mais Annie, c'est .... que moi.
Elle n'est même pas capable de dire « bonjour ». (mieux / pire / aussi bien)

8. Mon .... souvenir ? Eh bien c'est mon mariage avec Suzanne.
(meilleur / pire / plus mauvais)

15. NUANCER UNE OPINION POSITIVE

Complétez en choisissant l'expression qui nuance négativement l'opinion exprimée :

1. Il est intelligent mais un peu .... (génial / timide / compétent)

2. Il a une excellente formation mais ....
(il a beaucoup d'expérience / il manque d'expérience / il est très compétent)

3. Il est peut-être très beau mais ....
(il est très intelligent / il ne brille pas par son intelligence / il est très brillant)

4. Il a de très bonnes idées mais il n'est pas très ....
(réaliste / imaginatif / créatif)

5. Il a un bon sens du rythme, mais ....
(il chante très bien / il chante comme une casserole / il danse très bien)

6. Il est excellent en affaires, mais ....
(il est très honnête / il est sans scrupule / il est intègre)

16. VOCABULAIRE DE L'OPINION

Complétez les phrases avec l'adjectif qui convient :

1. Il est très .... Il quitte toujours son bureau à midi pile.
   (ponctuel / imprévisible / désordonné)

2. C'est un garçon tout à fait .... On ne peut jamais savoir comment il va réagir. (clair / imprévisible / fiable)

3. Ce matériel est très .... Il ne tombe jamais en panne.
   (fragile / délicat / fiable)

4. Je vous trouve très .... Vous avez fait prendre beaucoup de risques à notre entreprise. (imprudent / sage / prévoyant).

5. C'est une femme très .... Elle a obtenu d'excellents résultats depuis deux années. (désorganisée / imprévoyante / efficace)

6. La situation économique de notre entreprise a été très .... cette année. Nous avons connu des hauts et des bas et vécu une succession de crises.
   (stable / chaotique / saine)

17. VOCABULAIRE : FACILE / DIFFICILE

Complétez en choisissant :

1. C'est un problème .... Beaucoup d'éléments sont nécessaires pour en comprendre tous les détails. (simple / complexe / enfantin)

2. La tâche est .... Nous aurons besoin de plusieurs mois de travail pour en venir à bout. (enfantine / ardue / facile)

3. C'est un cas .... Il faudra être extrêmement prudent avant de prendre une décision. (limpide / banal / épineux)

4. L'utilisation de cet appareil est .... Un enfant de 4 ans pourrait s'en servir. (complexe / pénible / enfantine)

5. Ce n'est pas .... ! Tu branches le fil et ça marche !
   (simple / compliqué / aisé)

6. Je vous préviens que la tâche ne sera pas .... Il faut vous attendre à de nombreuses difficultés. (aisée / compliquée / complexe)

7. J'ai passé une journée très .... Je suis épuisé ! (tranquille / pénible / agréable)

8. C'est une opération ....qu'il est le seul à avoir réussie jusqu'à aujourd'hui.
   (aisée / délicate / banale)

18. VOCABULAIRE : GENTIL / MÉCHANT

Complétez en choisissant :

1. C'est .... ! Tout le monde la déteste ! (un ange / une peste / un amour)

2. Il est .... ! À cause de lui, elle est repartie en pleurant !
   (délicieux / odieux / charmant)

3. C'est un .... ! Tout le monde l'adore ! (démon / pervers / ange)

4. C'est un être .... Il a fait du mal à tout le monde.
   (diabolique / exquis / délicieux)

5. Il s'est montré très .... avec moi. Il m'a beaucoup aidé.
   (cruel / cynique / attentionné)

6. Ce que j'apprécie le plus chez lui, c'est son tact et ....
   (son cynisme / sa délicatesse / son insolence)

19. VOCABULAIRE : BÊTE / INTELLIGENT

Écoutez et dites si le jugement formulé correspond à la bêtise ou à l'intelligence :

enr.	bêtise	intelligence		enr.	bêtise	intelligence
1.				6.		
2.				7.		
3.				8.		
4.				9.		
5.				10.		

20. VOCABULAIRE : HABILE / MALHABILE

Mettez en relation les phrases des colonnes 1 et 2 qui ont un sens contraire :

1. Il est nul en maths.
2. Elle a des doigts de fée.
3. C'est un as du volant.
4. Ses dons culinaires s'arrêtent aux œufs à la coque.
5. C'est le roi de l'informatique.
6. C'est un pro de la mécanique.
7. Elle a un talent fou, cette cantatrice.
8. Il a fait preuve de beaucoup d'adresse.

A. Elle chante comme une casserole.
B. C'est un éléphant dans un magasin de porcelaine.
C. Il n'a jamais touché un clavier de sa vie.
D. Il a la bosse des maths.
E. Il n'est même pas capable de changer une roue.
F. Elle n'est pas très habile de ses mains.
G. Il conduit comme un pied.
H. C'est un fin cordon bleu.

21. ÉLARGISSEMENT DU VOCABULAIRE – EXPRIMER UNE APPRÉCIATION POSITIVE SUR UNE PERSONNE

Complétez la phrase en choisissant l'appréciation la plus positive :

1. Moi, j'aime bien travailler avec Cyril Bochard. C'est quelqu'un pour qui j'éprouve une véritable .... (estime / fascination / affection)

2. Nous avons félicité Julien Chabrol parce que, dans son entreprise, il est particulièrement .... (entreprenant / motivé / dynamique)

3. Je crois que je suis un peu amoureux de Julie : elle est ....
(merveilleuse / attirante / charmante)

4. C'est une personne .... (agréable / chaleureuse / exquise)

5. C'est un plaisir de parler avec Sylvie. Elle est ....
(bien informée / vraiment cultivée / au courant de beaucoup de choses)

6. Je voudrais bien faire équipe avec Adrien : il est ....
(ouvert / attentionné / généreux)

7. Monsieur Duchamp est un véritable gentleman. Et puis, il est tellement
.... (séduisant / plaisant / mignon)

8. Avec Dupuis, pas de problème : c'est ....
(la bonne entente / la confiance / la complicité)

22. ÉLARGISSEMENT DU VOCABULAIRE – EXPRIMER UNE APPRÉCIATION NÉGATIVE SUR UNE PERSONNE

Complétez la phrase en choisissant l'appréciation la plus négative :

1. Joubert, c'est .... ! (un raté / un médiocre / un incapable)

2. Ne me parlez pas de ce petit chef : je n'éprouve pour lui que de .... !
(l'animosité / la haine / la rancune)

3. Je n'ai jamais vu un pareil .... ! (sot / débile mental / imbécile)

4. Je me méfie de Gilles : c'est un .... ! (faux jeton / hypocrite / dissimulateur)

5. Ce n'est pas possible d'avoir de bonnes relations avec la conseillère : elle est trop
.... ! (directive / sûre d'elle / volontaire)

6. Tu as vu la tête de Pingeot ? Il est vraiment .... ! (vilain / laid / horrible)

7. Quel sale caractère elle a, cette Irène ! Elle est .... !
(déplaisante / insupportable / désagréable)

8. Il est incroyable Dumangeot : je n'ai jamais vu quelqu'un d'aussi .... !
(indolent / paresseux / fainéant)

23. AIMER (SENS ET CONSTRUCTION DES VERBES)

Mettez en relation les phrases qui ont le même sens :

1. Je n'aime pas qu'on m'interrompe quand je parle !

2. J'aime faire la cuisine.

3. L'important c'est d'aimer.

4. J'aimerais vous parler.

5. Je l'ai aimé dès que nous nous sommes rencontrés.

6. Le *Free Jazz*, on aime ou on n'aime pas.

A. Ça a été le coup de foudre.

B. Taisez-vous !

C. Vive l'amour !

D. Ça dépend des goûts.

E. Vous avez un instant à m'accorder ?

F. Je suis un fin cordon bleu !

24. DÉSIRER (SENS ET CONSTRUCTION DES VERBES)

A. Complétez en choisissant :

1. Je désirerais .... quelques questions.
   (de vous poser / à vous poser / vous poser)

2. Je désire que vous me .... franchement. (parlez / parliez / parlerez)

3. Vous désirez .... ? J'ai aussi du thé, si vous préférez.
   (un café / à un café / de boire)

B. Remplacez le verbe « désirer » par un synonyme :

1. Est-ce que vous désirez vous inscrire au cours de français ?
   souhaitez ❏   espérez ❏   attendez de ❏

2. Vous désirez manger ou simplement boire un verre ?
   voulez ❏   espérez ❏   aspirez à ❏

3. Je désire un peu de tranquillité.
   J'espère ❏   J'aspire à ❏   Je convoite ❏

4. Je désire aller me baigner.
   J'ai envie d' ❏   Je convoite de ❏   J'ai besoin de ❏

5. Je désire aller aux toilettes.
   J'aspire à ❏   J'ai besoin d' ❏   J'espère ❏

25. AVOIR ENVIE (SENS ET CONSTRUCTION DES VERBES)

A. Complétez en choisissant :

1. J'ai envie .... une glace au chocolat. (d' / à)

2. Je n'ai pas envie qu'il .... me gâcher la soirée. (vient / viendra / vienne)

3. J'ai envie .... marcher un peu. Tu m'accompagnes ? (de / à)

B. Remplacez « avoir envie » par un synonyme :

1. Est-ce que vous avez envie d'un petit café ?
   avez besoin ❏   voulez ❏   espérez ❏

2. Il a envie de réussir sa carrière.
   Il a le goût ❏   Il a besoin ❏   Il a la volonté ❏

3. Ce dont j'ai envie, c'est d'une bonne nuit de sommeil.
   j'ai besoin ❏   j'espère ❏   j'ai le goût ❏

Unité 2

Dire à quelqu'un de faire quelque chose

26. IMPÉRATIF / INFINITIF

Complétez en choisissant :

1. Surtout, ne .... rien à vos habitudes ! (changer / changez)

2. Ne pas .... sans prévenir la direction. (partez / partir)

3. .... cuire à feu doux pendant 20 minutes, puis ajoute les tomates.
   (Laisser / Laisse / Laissez)

4. Ne pas .... le produit près d'une source de chaleur. (stockez / stocker)

5. Chère madame, ... patiente, ... votre temps.
   (être / sois / soyez) ; (prends / prenez / prendre)

6. .... vite ! C'est urgent ! (Venir / Venez)

7. .... Venise et mourir. (Voyez / Voir)

8. .... un emploi, c'est de plus en plus difficile. (Trouvez / Trouver)

9. .... un emploi rapidement grâce à 3615 JOB ! (Trouver / Trouvez)

10. .... messieurs, la réunion va commencer. (S'asseoir / Asseyez-vous / Assis)

27. « IL FAUT QUE » + SUBJONCTIF

Complétez en utilisant au subjonctif le verbe entre parenthèses :

1. Il faut que ...., mon petit Pierre, il va pleuvoir. (rentrer)

2. Il faut que .... avant midi, sinon nous serons en retard à notre rendez-vous. (partir)

3. Il faut que ...., sinon je vais rater mon train. (y aller)

4. Il faut que .... attention, ton pneu est dégonflé. (faire)

5. Il ne faut pas que .... à nous appeler si vous avez le moindre problème. (hésiter)

6. Vous pouvez téléphoner à mademoiselle Legrand et à madame Martin pour leur dire qu'il

   faut qu' .... me voir d'urgence ? (venir)

7. Il y a une chose qu'il faut que .... si vous désirez travailler avec moi :
   je ne supporte pas la fumée. (savoir)

8. Cela fait un an que je travaille du matin jusqu'au soir. Il faut que ....
   quelques jours de repos. (prendre)

Écoutez et dites si c'est l'impératif ou l'infinitif que vous avez entendu en cochant la forme correcte :

1. prêter ❏		4. visiter ❏		7. verser ❏	laisser ❏		
prêtez ❏		visitez ❏		versez ❏	laissez ❏		
2. amener ❏		5. manger ❏		8. approcher ❏			
amenez ❏		mangez ❏		approchez ❏			
3. décrocher ❏		6. changer ❏					
décrochcz ❏		changez ❏					

▶ **29.** DONNER DES INSTRUCTIONS

Écoutez l'enregistrement et remettez les instructions dans le bon ordre :

	Indiquer le prix de l'article.
	Introduire le chèque et le bulletin de commande dans une enveloppe timbrée.
	Préciser le mode de paiement.
	Reporter le code de l'article sur le bulletin de commande.
	Indiquer la quantité.
	Porter le montant global de la commande en bas à droite.
1	Choisir l'article à commander.
	Poster l'enveloppe.
	Préciser la taille de l'article.
	Ajouter les frais de port (35 francs).
	Signer le chèque.

▶ **30.** DONNER DES INSTRUCTIONS

Écoutez l'enregistrement et remettez les instructions dans le bon ordre :

Pour installer le programme antivirus :

	Appuyer sur entrée.
	Attendre l'annonce « installation réalisée avec succès ».
	Formater la disquette.
	Introduire une disquette vierge dans le lecteur A.
	La remplacer par la disquette n°1 (disquette de démarrage).
	Lorsque le programme vous le demandera, remplacer la disquette de démarrage par celle que vous avez formatée.
	N'oubliez pas d'identifier votre disquette (en inscrivant « antivirus » par exemple).
	Retirer la disquette du lecteur A.
	Suivre les instructions qui apparaissent à l'écran.
	Taper « installe ».

Pour vérifier que votre ordinateur n'est pas contaminé par un virus :

	Allumer l'ordinateur.
	Vérifier la présence éventuelle de virus.
	Éteindre l'ordinateur.
	Introduire votre disquette « antivirus » dans le lecteur A.
	Attendre la fin des opérations.

31. VERBES + « QUE » AVEC OU SANS SUBJONCTIF

Complétez en choisissant :

1. .... que vous passiez un bon séjour parmi nous !
   (Je souhaite / J'espère / Je crois)

2. .... que vous évitiez de lui parler de ce problème !
   (J'espère / Il faut / Je vous ordonne)

3. .... que pour une fois vous serez à l'heure !
   (Je souhaite / J'exige / J'espère)

4. .... que vous me donniez des explications !
   (J'exige / Je vous ordonne / Je vous demande)

5. .... que vous avez fait le bon choix !
   (Je souhaite / Il faut / Je crois)

6. .... qu'il puisse arriver avant midi !
   (Je crois / J'ai l'impression / Je doute)

32. LES ADVERBES EN « -MENT »

Reformulez chaque ordre ou conseil sur le modèle suivant :

Surtout, conduis prudemment !

Sois prudent !

1. Parle gentiment ! ....

2. Attendez patiemment ! ....

3. Travaillez intelligemment ! ....

4. Habillez-vous élégamment ! ....

5. Organisons-nous efficacement ! ....

6. Parlez courtoisement ! ....

7. Faites ça rapidement ! ....

8. Parlez-lui directement ! ....

9. Résumez ça brièvement ! ....

10. Faites ça discrètement ! ....

33. LES ADVERBES EN « -MENT »

Complétez en utilisant un adverbe en « -ment » dérivé de l'adjectif en caractères gras :

1. – Il m'a parlé...........................
   – Ce n'est pas possible. Ce n'est pas quelqu'un de **méchant** !

2. – Il m'a regardé ....
   – Tu crois vraiment qu'il est **amoureux** de toi ?

3. – Il a .... réussi ses examens.
   – À mon avis, ce n'est pas parce qu'il est **brillant** qu'il a réussi. Je crois qu'il a eu de la chance !

4. – Il a ri .... alors que ce n'était pas drôle du tout.
   – Henri ? Il est **bête** comme ses pieds !

5. – Expliquez-moi .... votre situation.
   – Bon, je vais essayer d'être le plus **précis** possible.

6. – Il parle .... bien le chinois.
   – Ce n'est pas **étonnant** ! Sa mère est chinoise !

7. – Est-ce que tu as eu .... des nouvelles de Sylvie ?
   – Ce n'est pas très **récent**. Cela fait plus d'un mois qu'on ne s'est pas vues.

8. – Il m'a demandé .... où j'habitais.
   – **Innocent** ? Roger ? Méfie-toi de lui !

34. LES ADVERBES EN « -MENT »

Complétez en utilisant un adverbe en « -ment » dérivé de l'adjectif proposé :

1. C'est un excellent film, ... interprété par de jeunes acteurs inconnus du grand public. (brillant)

2. C'est un film .... drôle. (fou)

3. Il m'a répondu .... (agressif)

4. Je pensais .... qu'il n'y aurait pas de problème. (naïf)

5. Ce produit est vendu .... en pharmacie. (exclusif)

6. Il m'a dit .... que je ne devais pas m'occuper de ça. (sec)

7. J'ai trouvé cette émission .... intéressante. (prodigieux)

8. Parle .... ! Je ne suis pas sourd ! (doux)

9. Il a .... claqué la porte. (rageur)

10. ...., j'ai pensé que quelque chose n'allait pas. (inconscient)

35. LES ADVERBES EN « -MENT »

Remplacez l'expression en caractères gras par un adverbe en « -ment » :

1. Il était vêtu **avec correction**. ....

2. Il est parti **avec précipitation**. ....

3. Il a parlé **d'une voix distincte**. ....

4. Il m'a pris la main **avec tendresse**.

5. Il s'est adressé à moi **avec une grande amabilité**. ....

6. La soirée s'est déroulée **dans la joie**. ....

7. Le programme va être interrompu **pour un moment**. ....

8. Je l'ai pris dans le creux de ma main **avec délicatesse**. ....

9. Il a insisté **avec pesanteur** sur mon manque d'expérience. ....

10. Nous avons parlé **avec calme** pendant plus d'une heure. ....

11. **D'habitude**, je prends mon travail à 8 heures. ....

12. Il m'a parlé **avec gentillesse**. ....

36. LES ADVERBES EN « -MENT »

Remplacez l'expression en caractères gras par un adverbe en « -ment » :

1. Il m'a parlé **avec politesse**. ....

2. Il comprend **avec beaucoup de difficulté**. ....

3. Je lui ai répondu **avec beaucoup de franchise**. ....

4. Elle m'a salué **avec amitié**. ....

5. Elle a réagi **avec sagesse**. ....

6. **À la fin**, je l'ai raccompagnée chez elle. ....

7. Il s'est approché du bord **avec prudence**. ....

8. Il s'est jeté sur le repas **avec avidité**. ....

9. Le lion a rugi **avec férocité**. ....

10. Elle m'a regardé **avec haine**. ....

11. Elle m'a serré la main **avec cordialité**. ....

12. Il aime vivre **dans le danger**. ....

37. IMPÉRATIF + PRONOM

Complétez en utilisant le verbe en caractères gras à l'impératif et suivi d'un pronom :

1. – Tu veux **prendre** du gâteau ?

   – Non, merci !

   – Mais si ...., il est excellent.

2. – Vous allez **ouvrir** cette porte !

– Il n'en est pas question.

– .... ! C'est un ordre !

3. – Tu vas **faire** tes devoirs !

– Mais oui !

– .... tout de suite ou j'éteins la télé !

4. – Où est-ce que je **mets** les cadeaux ?

– .... sous le sapin !

5. – Je peux **aller** chez les voisins ?

– D'accord ! .... ! Mais ne rentre pas trop tard !

6. – Je peux **téléphoner** à Claudine ?

– D'accord, ..., mais pas trop longtemps. J'attends un coup de fil de ma mère.

7. – Où est-ce que je vous **conduis**, madame ?

– .... à la banque !

– Bien, madame.

8. – Vous voulez que je leur **montre** quels modèles ?

– .... les derniers modèles.

38. IMPÉRATIF + DOUBLE PRONOM

Complétez en utilisant le verbe en caractères gras à l'impératif et suivi d'un double pronom :

1. – Je t'**apporte** combien de sandwichs ?

– .... deux ! J'ai une faim de loup !

2. – Vous **avez envoyé** le carton d'invitation au maire de Neuilly ?

– Ah non, j'ai oublié !

– Alors .... tout de suite !

3. – Je ne suis pas d'accord, pour que tu **donnes** ce chèque à Louise.

– C'est moi qui décide, ... !

4. – Ils veulent que je leur **présente** notre directrice des ventes.

– Qu'est-ce que tu attends ? ....

5. – Désolé, messieurs, je ne peux pas vous **changer** vos billets de 100 dollars. Nous n'avons pas de détecteur de faux billets.

– Je vous en prie, ... Nous n'avons que des billets de 100 dollars !

6. – Est-ce que je peux **offrir** du champagne à nos clients saoudiens ?

– Ne....................................surtout pas ! Ils ne boivent pas d'alcool !

39. VERBE + PRONOM

Écoutez et trouvez la question :

1. ❑ Tu en veux plusieurs ?
   ❑ Tu en veux combien ?
   ❑ Tu le veux ou tu ne le veux pas ?

2. ❑ Tu as vu des problèmes ?
   ❑ Tu as vu les problèmes ?
   ❑ Tu les as vus ?

3. ❑ Vous m'avez envoyé les contrats ?
   ❑ Vous ne m'avez pas fait de propositions ?
   ❑ Est-ce que vous pouvez m'envoyer la fiche d'inscription et le programme du stage ?

4. ❑ Vous avez trouvé du travail ?
   ❑ Elles sont où, Gisèle et sa sœur ?
   ❑ Vous avez trouvé l'adresse de Monsieur Legrand ?

5. ❑ Vous avez déjà connu la peur ?
   ❑ Vous avez connu des moments de difficulté dans votre carrière ?
   ❑ Où est-ce que vous avez connu les Lemoine ?

6. ❑ Vous leur avez trouvé un restaurant sympa ?
   ❑ Vous lui avez trouvé un petit hôtel pas cher ?
   ❑ Vous lui avez donné votre adresse personnelle ?

40. LES PRONOMS

Complétez en utilisant un pronom :

1. – Il n'y a plus de café ?

   – Tu veux que je vous .... fasse ?

2. – Je ne peux pas terminer mon dessert.

   – Tu veux que je .... termine ?

3. – Ça fait longtemps que je n'ai pas vu les Normand.

   – Tu veux que je .... appelle ?

4. – Je n'ai pas assez de papier à lettres.

   – Je vais .... redemander à ma secrétaire.

5. – J'ai perdu mes clefs.

   – Cherche bien, tu vas sûrement .... retrouver.

6. – S'il vous plaît ! Nous n'avons plus de pain !

   – Excusez-moi, je vous .... apporte tout de suite.

7. – Vous arrivez à quelle heure à votre bureau ?

   – Je pense .... être vers 9 heures.

8. – Vous allez pouvoir terminer ça avant la nuit ?

   – Je pense que vais .... arriver !

41. LES PRONOMS (AVEC « PENSER » ET « CROIRE »)

Complétez en utilisant le pronom qui convient :

1. – On pourrait demander à Robert de nous aider !

   – Je n'................. avais pas pensé !

2. – C'est à Nelly que tu penses pour le poste de responsable de la communication ?

   – Non, je ne pensais pas .... pour ce poste.

3. – Qu'est ce que tu penses de Fernand ?

   – Je n'................. pense pas grand-chose. Je le connais à peine !

4. – Tu crois que ça va poser des problèmes ?

   – Non, je ne .... pense pas.

5. – Ça va André ?

   – Tu es toujours là ? Je .... croyais parti !

6. – Tu penses vraiment que ça va marcher ?

   – Je .... pense. Allume ! On va savoir ça tout de suite.

7. – Tu as cru à ce qu'il t'a raconté ?

   – Je n' .... ai pas cru un mot !

8. – Finalement, ça a fonctionné !

   – Je n' .... croyais pas.

9. – Ça vous a surpris, l'arrivée de Philippe Levasseur ?

   – Je n' .... croyais pas mes yeux !

10. – Tu le crois, quand il dit qu'il va devenir une vedette ?

    – Je ne .... crois pas. Il est un peu mythomane.

42. LES PRONOMS

Récrivez les phrases suivantes en employant l'impératif et le pronom qui convient :

Exemple : Il faut que tu refasses ce travail avant lundi.
           Refais-le avant lundi.

1. Je te conseille de lire ce livre.

....

2. Pourquoi est-ce que tu n'écoutes pas ton professeur ?

....

3. À mon avis, il vaut mieux annuler cette rencontre.

....

4. Il vaut mieux prendre votre parapluie pour sortir.

....

5. Tu vas trop vite ! Je te demande d'attendre ton frère et tes cousins.

....

6. Il faut recommencer tous les exercices.

....

7. Tu ne peux pas garer la voiture devant le magasin ?

....

8. Vous ne pouvez pas poster ces lettres, s'il vous plaît ?

....

9. Tu sais, tu peux reprendre du gâteau.

....

10. Tu devrais aller chez le médecin tout de suite.

....

11. Il faut répondre au percepteur avant quarante-huit heures.

....

43. LES PRONOMS

Complétez la phrase avec le pronom qui convient :

1. Écoute, je n'ai pas le temps de répondre aux Germain. Écris-................, toi !
2. Puisque tu es allé chercher des pommes, épluche-................
3. S'il te plaît, essuie la vaisselle et range-................ dans le buffet de la cuisine.
4. Si tu as terminé ton rapport, envoie-................ à la direction avant la fin de la semaine.
5. Si tu veux encore des raviolis, prends-................
6. Mets un timbre sur l'enveloppe et poste-................ avant six heures.
7. Je vous prête ma voiture, mais s'il vous plaît, ne .... abîmez pas !
8. Ces gravures vous plaisent ? Prenez- .... deux ou trois : je vous les offre avec plaisir.
9. Prenez ce dossier et remplissez-................
10. Tiens, voilà le numéro d'André Tavernier : téléphone-................ tout de suite.

44. LES PRONOMS

Récrivez les phrases suivantes en employant l'impératif et les pronoms qui conviennent :

Exemple : Tu devrais parler de ce problème à Renée.
         Parle-lui-en.

1. Tu veux bien donner ces clefs au concierge ?

....

2. Il n'y a pas de problème : tu peux me laisser ta voiture.

....

3. Tu veux bien nous acheter des chocolats ?

....

4. Je te conseille d'envoyer ta déclaration d'impôts au percepteur.

....

5. Tu devrais offrir ce livre à Émilie.

....

6. Alain, montre ton album de photos à nos amis !

....

7. Grand-père, tu veux nous raconter l'histoire du Petit Chaperon Rouge ?

....

8. Est-ce que tu peux nous prendre un pain ?

....

45. LES PRONOMS

Complétez les phrases avec les deux pronoms qui conviennent :

Exemple : Le petit Antoine attend son cadeau d'anniversaire. Donne- .... maintenant.
    Le petit Antoine attend son cadeau d'anniversaire. Donne-le-lui maintenant.

1. Nous avons absolument besoin des documents douaniers : envoyez- .... le plus vite possible.

2. Ces livres m'appartiennent : rends- ....

3. Si tu n'as plus besoin du cours d'histoire de Jean-Pierre, alors redonne- ....

4. Puisque vous avez deux pulls et que je n'en ai pas, prêtez- .... un, s'il vous plaît : j'ai froid.

5. Jean et Françoise ont oublié leurs clefs sur la table du salon : envoie- .... par la fenêtre.

6. Je n'ai plus de cigarettes. Passe- .... un paquet jusqu'à demain.

7. Georges, nos clients allemands souhaitent une réponse rapide. Faxez- .... immédiatement

8. J'ai laissé ma serviette dans ta voiture. Apporte- .... demain en venant à la fac.

9. Nous n'avons pas évoqué la question du salaire de Lucette. Si tu la vois ce soir, parle- .... !

10. Vous avez un ordinateur avec un modem : servez- .... !

46. VOCABULAIRE : NE PARLEZ PAS « FRANGLAIS » !

Reformulez les phrases suivantes en remplaçant les mots anglais par une expression française :

1. Est-ce qu'il y a un **parking** gratuit près d'ici ?

....

2. Tu peux me prêter ton **walkman** ?

....

3. Le **coach** de l'équipe de France est venu donner quelques conseils aux joueurs.

....

4. Le **warm up** vient de se terminer. Les pilotes prennent leur place. Je vous rappelle que c'est Jean Alesi qui est en **pole position**.

....

5. Le **leader** de l'opposition a violemment critiqué la politique du gouvernement.

....

6. Ce soir, sur la Une, ne manquez pas le nouveau **show** de Patrick Sébastier.

....

7. Allume la télé, je voudrais écouter les **news**.

....

8. Je vais passer le **week-end** en Ardèche.

....

9. Le vainqueur du Tour d'Italie nous a accordé une **interview**.

....

10. Je cherche un **job**.

....

(baladeur / chef / emploi / entraîneur / entrevue / fin de semaine / informations / parc de stationnement / première position / spectacle / tour de chauffe)

47. VOCABULAIRE : NE PARLEZ PAS « FRANGLAIS » !

Reformulez les phrases suivantes en remplaçant les mots anglais par une expression française :

1. L'arbitre vient d'accorder un **penalty** à l'équipe d'Italie.

....

2. Le président de la République vous invite à une **garden-party** qui, comme tous les 14 juillet, aura lieu dans les jardins de l'Élysée.

....

3. Je vous propose maintenant une petite séance de **brain-storming**.

....

4. Nous allons commencer la réunion, car aujourd'hui, j'ai un **timing** très chargé.

....

5. Je vais participer à un **raid** dans l'Himalaya.

....

6. C'est une **star** de la télévision.

....

7. Est-ce que je peux payer avec un **traveler's check** ?

....

8. Est-ce que vous avez quelques adresses de **touroperators** ? Je compte partir au Kenya.

....

9. Il a perdu son **self-control**.

....

10. Vous pouvez me l'envoyer par **e-mail**.

....

(chèque de voyage / courrier électronique / emploi du temps / expédition / réception / remue-méninges / sang-froid / tir au but / vedette / voyagiste)

48. VOCABULAIRE : NE PARLEZ PAS « FRANGLAIS » !

Reformulez les phrases suivantes en remplaçant les mots anglais par une expression française :

1. J'ai le **spleen** de mon pays.

....

2. Essayez notre gamme de produits **lights**.

....

3. Est-ce que ta montre est **waterproof** ?

....

4. Pour Noël, mon fils veut que je lui offre un **skate-board**.

....

5. Le **baby-sitting** c'est surtout un **job** d'étudiants

....

6. Je peux vous aider à pousser votre **caddie** ?

....

7. Je suis un peu **stressé** en ce moment.

....

8. Dans ses films, il utilise beaucoup la technique du **flash-back**.

....

9. Je lui ai offert un **drink**.

....

10. Il est complètement **speedé**.

....

(étanche / excité / la nostalgie / allégé / verre / retour en arrière / chariot / une planche à roulettes / la garde d'enfant / travail / tendu)

Raconter

49. IMPARFAIT / PASSÉ COMPOSÉ

Dites si le verbe ou l'expression en caractères gras évoque un événement ou une situation :

	événement	situation
1. Quand il m'a téléphoné, je **travaillais**.		
2. Quand je **suis arrivé** en France, je ne parlais pas un mot de français.		
3. J'étais sous la douche quand le téléphone **a sonné**.		
4. Je suis allé chez Christine ce week-end. Elle **était contente** de me voir.		
5. Je n'ai pas pu venir, **j'avais la grippe**.		
6. Quand elle m'a vu, **elle m'a souri**.		
7. Quand je t'ai connu, **tu n'étais** vraiment **pas bien**.		
8. Il est entré et **il est ressorti** tout de suite après.		
9. Comme **il pleuvait,** nous avons annulé l'excursion.		
10. Tiens, j'ai rencontré Charlotte hier. Elle **était** en pleine forme.		

50. ACCORD DU PARTICIPE PASSÉ

Dites si le pronom en caractères gras représente un homme ou une femme :

	homme	femme
1. Je ne **l'**ai pas vue depuis longtemps.		
2. Je **l'**ai connue à Acapulco.		
3. Je ne **t'**ai pas entendu entrer.		
4. Je ne **vous** avais pas reconnue !		
5. Il ne **m'**a pas salué.		
6. Il **m'**a embrassée.		
7. Je **l'**ai perdue de vue.		
8. Je **vous** ai tout à fait comprise.		
9. Je **l'**ai rencontré dans la rue.		
10. Je **vous** ai déjà rencontrée quelque part…		

51. ACCORD DU PARTICIPE PASSÉ

Dites si le pronom en caractères gras représente un homme, une femme ou si on ne peut pas savoir :

1. Il ne **m**'a pas répondu.
2. Elle **m**'a émue.
3. Je ne **vous** ai pas serré la main.
4. Je **l**'ai serrée dans mes bras.
5. Je **vous** ai laissé tout seul !
6. Il ne **vous** a pas offert un verre !
7. Je ne **vous** ai pas demandé votre avis !
8. Je **vous** ai prise pour quelqu'un d'autre.
9. Elle **m**'a surprise en pleine conversation avec Daniel.
10. J'espère que je ne **vous** ai pas dérangée.

homme	femme	?

52. ACCORD DU PARTICIPE PASSÉ

Dites si le verbe en caractères gras se construit avec la préposition « à » ou sans préposition :

1. Je vous ai **comprises** !
2. Elle ne m'a pas **répondu**.
3. Je ne vous ai pas **crue.**
4. Il m'a **téléphoné** vers 10 heures.
5. Je vous ai **cherchée** toute la journée !
6. Je les ai **vus** en sortant.
7. Je vous ai **appelée** 3 fois ce matin !
8. Je l'ai tout de suite **appréciée.**
9. Je ne vous avais jamais **expliqué** ce problème.
10. Je les ai **croisées** ce matin dans l'ascenseur.

verbe (infinitif)	avec prépo-sition (à)	sans préposition

53. ACCORD DU PARTICIPE PASSÉ

Dites si le pronom en caractères gras représente un homme, une femme ou si on ne peut pas savoir :

1. Pourquoi est-ce que tu ne **m**'as pas attendue ?
2. On **l**'a reçu comme un prince !
3. Je **t**'ai parlé quelques minutes seulement.

homme	femme	?

	homme	femme	?

4. Nous **l**'avons connue pendant les vacances.

5. Cette nouvelle **m**'a bouleversée.

6. Est-ce que l'administration **lui** a adressé une lettre recommandée ?

7. Son coup de téléphone **m**'a inquiété.

8. On **m**'a promis une réponse avant huit jours.

9. Elles ne **m**'ont pas répondu.

10. Elle **vous** a regardé d'une drôle de façon.

54. ACCORD DU PARTICIPE PASSÉ

Mettez le verbe indiqué au passé composé en respectant l'accord du participe passé :

1. – Où sont passées tes amies ?
   – Je les .... chez elles tout à l'heure. (accompagner)

2. – Tu les .... ? (voir)
   – Oui, j'ai pris un café avec elles ce matin.

3. – Il y a Pierre et Richard qui veulent te voir.
   – Cela tombe bien, je les .... toute la journée. (chercher)

4. – Elle va bien, ta voisine ?
   – Ce n'est plus ma voisine. Je l'........................... à déménager ce week-end. (aider)

5. Il y a Géraldine qui cherche du travail. Je l' .... chez mon frère. Il cherche une secrétaire. (envoyer)

6. Tu te souviens de Nelly ? Et bien, je l'........................... ce matin en sortant de chez moi. (rencontrer)

7. Qu'est-ce qu'ils ont tes parents ? Je ne les .... pas .... en forme. (trouver)

8. Excuse-moi, Jean-Claude, je ne t'............... pas .... (saluer)

9. Monsieur Lefort ? Votre femme vous .... plusieurs fois ce matin. (appeler)

10. Vous n'avez pas vu mes clefs ? Je crois bien que je les .... (perdre)

55. ACCORD DU PARTICIPE PASSÉ

Complétez en utilisant le participe passé qui convient :

1. Je lui ai .... ce matin dans le métro. (vue / parlé / rencontré)

2. Je lui ai .... du travail. (trouvé / donnée / proposée)

3. Josette, je l'ai .... à l'université, quand nous étions étudiants. (rencontré / connue / parlée)

4. Cette victoire, nous l'avons bien .... (méritée / gagné / assuré)

5. Le directeur m'a .... un poste pour la rentrée. (garantie / promis / obtenue)

6. Nous leur avons .... de partir plus tôt. (permis / autorisés / laissé)

7. Son mari l'a .... aux États-Unis. (suivi / accompagnée / succédé)

8. Jeannette ? Je l'ai .... à la gare. (emmené / quitté / conduite)

56. ACCORD DU PARTICIPE PASSÉ

Reformulez les phrases suivantes en remplaçant le pronom en caractères gras par « Betty » :

1. Je **lui** ai téléphoné ce matin.

....

2. Vous **l'**avez vue ?

....

3. Je **l'**ai cherchée partout !

....

4. Elle **lui** a donné ton adresse.

....

5. Je **lui** ai parlé de ton projet.

....

6. Je **lui** ai conseillé de prendre quelques jours de repos.

....

7. On **l'**a nommée responsable de la communication.

....

8. Tu **l'**as appelée ?

....

9. Je **lui** ai dit que j'avais envie de la revoir.

....

10. Je **lui** ai donné rendez-vous à 10 heures.

....

57. ACCORD DU PARTICIPE PASSÉ

Remplacez la (les) personne(s) en caractères gras par un pronom :

1. J'ai trouvé **Claudine** très préoccupée.

....

2. Nous avons employé **Madame Simon** pendant 10 ans.

....

3. J'ai appelé **tes parents** pour les remercier de leur hospitalité.

....

4. J'ai entendu chanter **Gilles** et **Annie**. Cela m'a beaucoup plu.

....

5. J'ai aidé **mes filles** à repeindre leur appartement.

....

6. J'ai félicité **ta copine** pour son examen.

....

7. J'ai trouvé **tes sœurs** très sympas.

....

8. J'ai accompagné **mes étudiantes** à Paris.

....

58. ACCORD DU PARTICIPE PASSÉ

Remplacez la (les) personne(s) en caractères gras par un pronom :

1. Qu'est-ce que tu as répondu à **Simone** ?

....

2. Tu as conduit **Anita** à la gare ?

....

3. Vous avez écrit à **Mademoiselle Legrand** ?

....

4. J'ai aperçu **tes nièces** hier soir au concert.

....

5. J'ai croisé **ta femme** rue du Four.

....

6. J'ai demandé à **Jean-Pierre** de m'aider.

....

7. J'ai enfin pu parler à **Monsieur Legros** !

....

8. Tu as laissé **ta sœur** toute seule !

....

59. ACCORD DU PARTICIPE PASSÉ

Écoutez et dites si on parle d'un homme ou d'une femme ou si l'on ne peut pas savoir :

homme	femme	?
1.		
2.		
3.		
4.		
5.		

homme	femme	?
6.		
7.		
8.		
9.		
10.		

60. ACCORD DU PARTICIPE PASSÉ

Remplacez « Marc » par « Brigitte » :

1. Marc et sa sœur sont passés à la maison.

....

2. Marc et sa mère sont nés le même jour, un 19 juillet.

....

3. Marc ? Il y a des années que je ne l'ai pas vu.

....

4. Marc et Danièle ? Ils se sont rencontrés à la faculté des lettres.

....

5. Tu connais Andrée ? Eh bien, elle et Marc se sont téléphoné pendant des heures hier soir.

....

6. Marc ? C'est le garçon qui s'est assis à ma table à midi.

....

7. Tu sais que Marc et Annie se sont disputés toute la soirée ?

....

8. Marc et Catherine ? Je te les ai présentés à la soirée chez Ferdinand.

....

61. ACCORD DU PARTICIPE PASSÉ : LES VERBES PRONOMINAUX

Complétez en mettant les verbes entre parenthèses au passé composé :

1. Ils .... de rentrer avant la pluie. (se dépêcher)

2. Elles .... par hasard. (se rencontrer)

3. Ils .... à la mairie d'un petit village. (se marier)

4. À quelle heure est-ce que vous ...., Simone ? (se lever)

5. Les enfants ! Est-ce que vous .... les dents ? (se laver)

6. Ils ne .... pas .... depuis longtemps. (se voir)

7. Ils .... tout de suite. (se plaire)

8. Henri et moi, nous .... à 5 heures du matin. (se réveiller)

9. Elles .... de vue. (se perdre)

10. Ma femme et moi, nous .... il y a plus d'un an. (se séparer)

62. LE PLUS-QUE-PARFAIT

Complétez en utilisant le plus-que-parfait :

1. Quand je suis arrivé, ils .... déjà .... de manger. (finir)

2. Nous .... plusieurs années auparavant, à l'occasion d'une fête. (se rencontrer)

3. Je n'................................ pas .... que je devrais le faire moi-même. (comprendre)

4. Vous ne m'................................ pas .... qu'il fallait envoyer la lettre à son adresse personnelle ! (dire)

5. Je vous ...., mais vous n'avez pas voulu m'écouter. (prévenir)

6. Je n'................................ pas .... qu'il y aurait autant de monde. (prévoir)

7. Où est passé le dossier Lambert ? Je l'................................ sur mon bureau ! (laisser)

8. Il m'a expliqué pourquoi il n' .... pas .... venir. (pouvoir)

9. Je croyais que nous .... un accord. (conclure)

10. Il m'a demandé si nous .... de bonnes vacances. (passer)

63. LE SENS DU PLUS-QUE-PARFAIT

Dites quel est le sens des phrases suivantes :

1. Vous ne m'aviez pas dit que Paul serait là !
reproche ❑   excuse ❑   remerciement ❑

2. Désolé, mais je ne vous avais pas reconnue !
reproche ❑   étonnement ❑   excuse ❑

3. J'avais tout prévu, sauf la pluie.
regret ❑   reproche ❑   étonnement ❑

4. Je vous avais pourtant prévenu que c'était un escroc !
remerciement ❑   excuse ❑   reproche ❑

5. Tu m'avais bien dit que tu connaissais un bon garagiste ?
vérification ❑   remerciement ❑   excuse ❑

6. Je t'avais dit de ne pas me téléphoner avant midi !
vérification ❑   reproche ❑   explication ❑

7. Il est revenu une heure plus tard. Il avait oublié ses clefs.
explication ❑ remerciement ❑ vérification ❑

8. Tu m'avais bien dit qu'après la pharmacie, il fallait tourner à gauche ?
reproche ❑   explication ❑   vérification❑

64. L'ANTÉRIORITÉ

Dites dans quel ordre chronologique (1, 2, 3) ont lieu les événements évoqués :

1. Comment j'ai surpris le cambrioleur ? Par hasard. J'avais oublié un dossier. J'ai dû retourner au bureau.

surprendre un cambrioleur ❑
oublier un dossier ❑
retourner au bureau ❑

2. Avant de poser le papier, il faut repeindre le plafond. Ensuite vous pourrez poser la moquette.

poser le papier ❑
poser la moquette ❑
repeindre le plafond ❑

3. Pour photocopier le document, il faut le placer sous le capot de la machine et appuyer ensuite sur le bouton de mise en route. Mais il faut d'abord sélectionner le format et le contraste.

appuyer sur le bouton de mise en route ❑
sélectionner le format et le contraste ❑
placer le document sous le capot de la machine ❑

4. Jean-Louis a commencé sa carrière en France. Puis, il s'est installé en Finlande, après avoir séjourné au Nigeria.

séjour au Nigeria ❑
début de carrière en France ❑
installation en Finlande ❑

5. J'avais décidé de faire un grand voyage. Alors j'ai vendu ma maison avant d'acheter un bateau.

vendre la maison ❑
acheter le bateau ❑
décider de voyager ❑

6. Avant de vous déporter sur la voie de gauche, mettez votre clignotant, après avoir regardé dans le rétroviseur.

regarder dans le rétroviseur ❑
se déporter sur la voie de gauche ❑
mettre le clignotant ❑

7. Ne quittez pas les lieux avant d'avoir vérifié le bon fonctionnement des machines et enclenché le système de sécurité.

vérifier le fonctionnement des machines ❑
enclencher le système de sécurité ❑
quitter les lieux ❑

8. Faites la queue pour vous servir. Mais auparavant, il faut donner votre ticket et prendre un plateau.

prendre un plateau ❑
donner un ticket ❑
faire la queue ❑

65. LE FUTUR ANTÉRIEUR

Complétez en utilisant le futur antérieur :

1. Quand tu .... le journal, tu pourras me le passer ? (terminer)

2. Nous .... avant demain. (finir)

3. On verra ça quand ils .... (rentrer)

4. Je reviendrai quand il .... (se calmer)

5. Quand vous .... le plein, vous pourrez vérifier la pression des pneus ? (faire)

6. Je ne pense pas qu'il .... faire ça tout seul. (pouvoir)

7. J'espère qu'ils .... que c'est urgent. (comprendre)

8. Quand vous .... votre café, passez me voir à mon bureau. (boire)

9. Je vous téléphone dès que j'.. (déménager)

10. Je ne partirai pas d'ici tant que vous ne m'........................... pas .... (répondre)

📼 66. ANTÉRIORITÉ / POSTÉRIORITÉ

Écoutez et dites si le moment évoqué est antérieur ou postérieur :

		plus de	**moins de**
1.	15 ans		
2.	22 h		
3.	20 ans		
4.	18 ans		
5.	20 h		
6.	1 heure		
7.	1 semaine		
8.	24 h		
9.	18 ans		
10.	15 h		

67. « AVANT DE » / « APRÈS » + INFINITIF

Complétez en utilisant « avant de » ou « après » :

1. Il faut prendre deux comprimé de Xoril .... se coucher.

2. J'aime bien lire un peu .... dormir.

3. .... avoir franchi sans difficulté 2,10 m, il va tenter de franchir 2,20 m.

4. Il ne faudra pas oublier de couper l'électricité .... partir.

5. .... avoir réussi brillamment le concours d'HEC, il a rencontré Josette et s'est marié.

6. .... avoir gardé la tête de la course pendant plus d'une heure, il se retrouve maintenant en deuxième position.

7. .... partir, n'oubliez pas de vérifier le niveau d'huile.

8. .... avoir longuement réfléchi, j'ai pris la décision suivante ...

68. « AVANT DE » / « APRÈS » + INFINITIF

Complétez en utilisant le verbe proposé :

1. Après .... plusieurs fois, il a enfin trouvé la bonne formule. (se tromper)

2. Je ne sortirai pas d'ici avant d'................................... Monsieur Legrand. (voir)

3. Avant de .... à Lyon, j'habitais en Lorraine. (travailler)

4. Après ....plusieurs fois d'orientation, il a finalement poursuivi des études littéraires. (changer)

5. Ne partez pas avant d'.................................... tout .... (vérifier)

6. Après .... le Prix Fémina, elle vient de publier son deuxième roman. (remporter)

7. Après .... de longues années en Allemagne, il a émigré aux USA. (vivre)

8. J'ai encore quelques semaines de travail avant .... ma thèse. (terminer)

69. PASSÉ PROCHE / FUTUR PROCHE

Écoutez et dites si l'événement évoqué est proche ou lointain, précisez s'il concerne le passé ou le futur :

	proche	lointain	passé	futur
1.				
2				
3				
4				
5				

	proche	lointain	passé	futur
6				
7.				
8				
9.				
10.				

70. PROXIMITÉ DANS LE TEMPS

Choisissez l'expression la plus proche dans le temps :

1. Allez vous asseoir dans la salle d'attente. Le docteur arrive ....
   (tout de suite / dans la journée / dans un moment)

2. Maintenant je dois vous quitter. On se revoit ....
   (un de ces jours / bientôt / Dieu sait quand)

3. Il était là .... (il y a un instant / ce matin / il y a une seconde)

4. Je ne l'ai pas vu depuis .... (une éternité / quelques jours / ce matin)

5. Dépêchez-vous ! Votre train ....
   (va partir / est en train de partir / part dans moins d'une minute)

6. Vous allez devoir patienter .... M. Leveau est occupé.
   (quelques instants / un petit quart d'heure / une petite minute)

7. Votre déménagement aura lieu ....
   (dans quelques jours / dans une dizaine de jours / après-demain)

8. Je l'ai rencontrée .... (il y a peu de temps / tout à l'heure / avant-hier)

71. ÉLOIGNEMENT DANS LE TEMPS

Choisissez l'expression la plus lointaine dans le temps :

1. Il y a .... que je n'ai pas pris de vacances.
   (des années / des mois / une éternité)

2. Enchanté d'avoir fait votre connaissance. J'espère vous revoir ....
   (d'ici peu / rapidement / un de ces jours)

3. C'est un projet que j'espère réaliser dans un avenir ....
(lointain / proche / indéterminé)

4. L'autoroute est en travaux depuis .... (longtemps / un bail / un moment)

5. J'ai eu de vos nouvelles .... par un ami commun, monsieur Gambu.
(récemment / il y a quelque temps déjà / il y a peu de temps)

6. ...., on s'éclairait à la lampe à pétrole. (Jadis / Naguère / Avant)

7. Je vous ai envoyé une lettre .... (hier soir / dernièrement / ce matin)

8. Nous nous verrons ...., cher ami.
(dans quelque temps / l'année prochaine / très prochainement)

72. ADJECTIFS EXPRIMANT UNE DURÉE

Choisissez l'expression temporelle exprimant la durée la plus courte ou le moment le plus proche :

1. Demain, la météo annonce une amélioration .... du temps.
(passagère / durable / stable)

2. Le temps pour demain : malgré de .... apparitions du soleil, c'est la pluie qui dominera sur la moitié nord du pays. (larges / brèves / belles)

3. Il a fait un discours .... (interminable / concis / fleuve)

4. Excusez-moi pour .... retard. (ce léger / ce gros / cet énorme)

5. Il s'agit là de prévisions à .... terme. (long / moyen / court)

6. Votre enfant a fait des progrès .... (rapides / fulgurants / réguliers)

7. La décision du gouvernement est .... (imminente / proche / différée)

8. Cécile attend .... un heureux événement.
(pour bientôt / dans les jours qui viennent / dans trois mois)

9. La réunion est ....
(reportée à une date ultérieure / annulée / légèrement retardée)

10. Ayant appris la nouvelle, il est parti ....
(dans les 48 heures / quelques temps plus tard / sur le champ)

73. EXPRESSION DE LA DURÉE

Écoutez et dites si la durée exprimée est courte ou longue :

enr.	durée courte	durée longue
1.		
2.	•	
3.		
4.		
5.		
6.		

enr.	durée courte	durée longue
7.		
8.		
9.		
10.		
11.		
12.		

74. VOCABULAIRE : LES COULEURS

Complétez en utilisant l'une des couleurs suivantes :
vert - bleu - noir - rouge - blanc - gris

1. Malgré son âge, il est toujours .... : tous les matins, il fait son footing.

2. C'est un .... , c'est la première fois qu'il saute en parachute.

3. Un petit .... s'il vous plaît ! Sans sucre et avec deux croissants !

4. Mon compte en banque est dans le .... : Je suis à moins 8000 francs.

5. Faites ce que vous voulez ! Vous avez carte .... !

6. J'ai vu .... ; pourtant, tu me connais, je ne me mets pas souvent en colère.

7. Tous les indicateurs économiques sont au .... : l'année 98 devrait être celle de la reprise.

8. Je vais me mettre quelques jours au .... J'ai loué une petite maison à la campagne.

9. Il m'a fait une peur .... !

10. Je viens de passer une nuit .... Je n'ai pas dormi !

11. Hier soir, chez Marc et Brigitte, j'étais un petit peu .... Je ne supporte pas les alcools forts.

12. C'est un excellent jardinier. Il a la main ....

13. Il était .... de peur.

14. J'étais .... de honte.

Proposer, accepter, refuser

🎞 **75.** LE CONDITIONNEL

Écoutez et dites si c'est le conditionnel ou le futur que vous avez entendu :

	conditionnel	futur
1.		
2.		
3.		
4.		
5.		

	conditionnel	futur
6.		
7.		
8.		
9.		
10.		

76. LE CONDITIONNEL

Mettez le verbe entre parenthèses au conditionnel :

1. Je .... t'inviter à mon anniversaire. (vouloir)

2. Vous .... peut-être y aller par le train. (pouvoir)

3. Est-ce que vous .... d'un rafraîchissement ? (avoir envie)

4. Ce .... sympa si tu venais. (être)

5. Ça me .... de travailler avec vous. (faire plaisir)

6. Ils .... obtenir quelques explications. (aimer)

7. Je .... aller dans un endroit calme. (préférer)

8. Vous .... faire attention. La route est glissante. (devoir)

9. Nous .... vous parler. (souhaiter)

10. Est-ce que vous .... où je peux rencontrer Jacqueline Alexandre ? (savoir)

🎞 **77.** FAIRE UNE PROPOSITION

Écoutez et dites s'il s'agit ou non d'une proposition :

	proposition	autre chose
1.		
2.		
3.		
4.		
5.		

	proposition	autre chose
6.		
7.		
8.		
9.		
10.		

78. FAIRE UNE PROPOSITION

Complétez de façon à ce que chaque phrase corresponde à une proposition :

1. Si on .... à la Toque d'Or ? C'est à deux pas d'ici. (va / allait / irait)

2. Tu n'aurais pas .... rester au lit jusqu'à midi ? (envie de / dû / pu)

3. Vous n'auriez pas .... par hasard ? (vu André / une petite faim / du feu)

4. Ça vous .... de passer un soir à la maison ? (plairait / plaît / plaira)

5. Vous .... lui dire bonjour de ma part. (devriez / pourriez / devez)

6. Si on .... passer la journée au bord de l'eau ? J'ai deux cannes à pêche dans la voiture. (va / irait / allait)

7. On .... se donner rendez-vous demain, à 10 h 30, ici. (doit / pourrait / va)

8. Vous .... visiter ma maison, à la campagne ? (devez / aimeriez / aimerez)

🔲 79. FAIRE UNE PROPOSITION

Écoutez et identifiez l'intention de communication (proposition, demande, reproche, conseil) :

	proposition	demande	reproche	conseil
1.				
2.				
3.				
4.				
5.				
6.				
7.				
8.				
9.				
10.				

80. FAIRE UNE PROPOSITION

Formulez une proposition en utilisant l'expression proposée :

Exemple : faire une petite sieste. (dire)
     Ça te dirait de faire une petite sieste ?

1. Faire du lèche-vitrines. (plaire)

....

2. Inviter les voisins à dîner. (Si on …)

....

3. Une balade à vélo. (avoir envie)

....

4. Rentrer à la maison. (Si on …)

....

5. Faire un tour à la fête foraine. (dire)

....

6. Faire une petite pause. (Si on …)

....

7. Voir un bon film. (plaire)

....

8. Un petit repas en amoureux. (avoir envie)

....

📼 81. FAIRE UNE PROPOSITION EN UTILISANT OU NON LE CONDITIONNEL

Écoutez, identifiez l'objet de la proposition et dites si c'est le conditionnel qui a été utilisé :

proposition	dialogue n°	conditionnel
faire du vélo		
parler de projets		
passer Noël en Grèce		
souhaiter bon anniversaire		
aller au lit		
aller chez des amis		
aller dehors		
aller au restaurant		
prendre un instant de repos		
boire un verre		

📼 82. ACCEPTER / REFUSER

Écoutez, identifiez l'objet de la proposition et dites si la proposition a été acceptée ou refusée :

	proposition	acceptée	refusée
1.			
2.			
3.			
4.			
5.			
6.			
7.			
8.			

▭ 83. ACCEPTER / REFUSER

Écoutez et choisissez la réponse qui exprime un refus :

1. C'est déjà moi qui l'ai mise à midi ! ❑
   C'est déjà fait depuis longtemps ! ❑
   Si ça peut te faire plaisir… ❑

2. Mais il est à peine 9 heures ! ❑
   On y va dans 2 minutes. ❑
   Tu viendras nous raconter une histoire ? ❑

3. Mais pas trop longtemps, je suis un peu fatiguée. ❑
   Une autre fois, Bernard, je meurs de fatigue. ❑
   Est-ce bien raisonnable ? Il se fait tard. ❑

4. Attrape ! ❑
   Je ne suis pas ta bonne ! ❑
   Attends, je vais te l'allumer. ❑

5. Rendez-vous dans mon bureau dans 10 minutes. C'est à quel sujet ? ❑
   Je vous préviens que j'ai un rendez-vous dans 10 minutes. ❑
   Je ne reçois que sur rendez-vous. ❑

6. Je n'ai pas l'intention de changer de voiture pour l'instant, mais si vous insistez… ❑
   Je n'ai pas de temps à perdre. ❑
   Ne perdons pas de temps, je prends le volant ! ❑

▭ 84. ACCEPTER / REFUSER

Écoutez et choisissez le refus le plus catégorique :

1. Elle ne danse pas avec les inconnus. ❑
   On se connaît ? ❑
   Ça, il faut le lui demander… ❑

2. Tu n'as qu'à travailler ! ❑
   Désolé, je n'ai pas de monnaie. ❑
   Je regrette, mais c'est la troisième fois qu'on me demande de l'argent en moins de 5 minutes. ❑

3. Mais maman, j'en ai déjà pris deux fois ! ❑
   Écoute, je t'ai déjà dit trois fois que je n'avais plus faim ! ❑
   Non, merci, je n'en peux plus. ❑

4. Je n'ai pas trop envie. Et puis il va pleuvoir. ❑
   Pas question ! Il y a un match de foot à la télé. ❑
   Je suis fatigué. Gérard ! Accompagne ta mère ! ❑

5. Paris-Nice en voiture le week-end du 15 août ? C'est de la folie ! ❑
   Je n'ai pas envie de passer des heures dans les embouteillages ! ❑
   Ça va pas la tête ! Pour le 15 août ! Tu es complètement folle ! Tu ne me feras pas bouger d'ici. ❑

6. Eh bien, trouvez-en une autre ! ❑
   Et alors ? ❑
   Regardez ! Il y a d'autres places libres. ❑

85. ACCEPTER / REFUSER

Mettez en relation les demandes de la colonne 1 et les accords ou refus de la colonne 2 :

1. J'aurais besoin d'une fiche d'inscription.

2. On pourrait se revoir d'ici la fin de la semaine ?

3. Si vous voulez, je peux vous raccompagner.

4. Tu peux éteindre la télé ?

5. Tu peux me déposer à la gare ?

6. Vous auriez une table pour deux personnes ?

7. Vous écrivez «lu et approuvé» et vous signez ici !

8. Vous pourriez attendre votre tour ? J'étais là avant vous.

A. Désolé Monsieur, le restaurant est complet !

B. Oh non, c'est l'heure de Dallas !

C. Je vais d'abord relire le contrat.

D. C'est gentil, mais je vous préviens, ça va vous faire un petit détour.

E. Bon, je vais devoir faire le chauffeur de taxi.

F. Je suis vraiment très prise en ce moment.

G. J'en ai pour une petite minute, c'est juste pour un renseignement.

H. Faites la queue comme tout le monde !

86. VOCABULAIRE : LE CORPS HUMAIN

Écoutez les enregistrements et identifiez la partie du corps évoquée, puis déterminez le sens de l'expression entendue :

	enr.
cheveu	
cœur	
doigt	
dos	
genou	
jambe	
langue	
main	
nez	
œil	
pouce	

sens des expressions	enr.
Il a trop bu.	
J'en ai assez.	
Il est très généreux.	
Il zozote.	
Je l'ai demandée en mariage.	

sens des expressions	enr.
Je m'en fiche.	
Je suis épuisé.	
Je vous surveille.	
Stop ! J'arrête !	
Vous prenez l'apéritif ?	

87. VOCABULAIRE : LE CORPS HUMAIN (LA MAIN)

Dites quel est le sens de chaque phrase :

1. Bernard m'a donné un coup de main.
   - ❏ Bernard m'a aidé.
   - ❏ Bernard m'a tapé.
   - ❏ Bernard m'a caressé.

2. J'ai mis la main à la pâte.
   - ❏ J'ai fait un gâteau.
   - ❏ J'ai participé au travail.
   - ❏ Je me suis sali les mains.

3. J'en mettrais ma main au feu.
   - ❏ Je me suis brûlé.
   - ❏ J'ai chaud.
   - ❏ J'en suis sûr.

4. Je préfère que vous me remettiez ça en mains propres.
   - ❏ Lavez-vous les mains !
   - ❏ Vous devez me donner ça personnellement.
   - ❏ Vous n'êtes pas très poli avec moi !

5. J'ai perdu la main.
   - ❏ Je n'ai plus l'habitude.
   - ❏ Je suis manchot.
   - ❏ J'ai oublié.

6. Nous travaillons la main dans la main.
   - ❏ Nous nous aimons.
   - ❏ Nous collaborons très bien.
   - ❏ Nous sommes très proches.

88. VOCABULAIRE : LE CORPS HUMAIN (LA MAIN)

Mettez en relation les phrases qui ont le même sens :

1. Cette fille, elle a un petit poil dans la main !
2. Elle a la situation bien en main.
3. Elle a le cœur sur la main.
4. Elle m'a accordé sa main.
5. Elle n'est pas de première main.
6. Elle n'y est pas allée de main morte !
7. Haut les mains !
8. Heureusement qu'elle m'a prêté main forte.
9. Je n'ai rien sous la main.
10. Tu as eu la main lourde !

A. Elle a déjà servi.
B. Elle accepte d'être ma femme.
C. Elle contrôle tout.
D. Elle est paresseuse.
E. Elle est très généreuse.
F. Elle m'a aidé.
G. Elle n'a pas pris de précautions.
H. Je n'ai rien de prêt.
I. Les bras en l'air !
J. Tu en as trop mis !

89. VOCABULAIRE : LE CORPS HUMAIN (LA MAIN)

Mettez en relation les phrases qui ont le même sens :

1. Il a réparé la panne les doigts dans le nez.
2. Il connaît ça sur le bout des ongles.
3. Il m'obéit au doigt et à l'œil.
4. J'ai été à deux doigts de me fâcher.
5. Je crois qu'il s'est mis le doigt dans l'œil.
6. Je lui ai donné un petit coup de pouce.
7. Je ne lèverai pas le petit doigt pour lui.
8. Lui et son frère, ils sont unis comme les cinq doigts de la main.

A. Je l'ai aidé.
B. Il se trompe.
C. Je ne ferai rien pour lui.
D. Ils sont très liés.
E. Ça a été très facile pour lui.
F. Il connaît parfaitement ça.
G. Il est très docile.
H. J'ai failli m'énerver.

90. VOCABULAIRE : LE CORPS HUMAIN (LE NEZ)

Mettez en relation les phrases qui ont le même sens :

1. Ça lui pend au nez.
2. Hier, il n'a pas mis le nez dehors.
3. Il a du nez.
4. Il a un coup dans le nez.
5. Il m'a dans le nez.
6. Il met son nez partout.
7. Il n'a pas eu le nez creux.
8. Il s'est retrouvé nez à nez avec lui.
9. Il se laisse mener par le bout du nez.
10. La moutarde lui est montée au nez.

A. Il est perspicace.
B. Il est saoul.
C. Il est resté à la maison.
D. Il l'a rencontré.
E. Il s'est trompé.
F. Il ne me supporte pas.
G. Il s'est mis en colère.
H. Il doit s'y attendre.
I. Il est très docile.
J. Il est très curieux.

91. VOCABULAIRE : LE CORPS HUMAIN (LES YEUX)

Mettez en relation les phrases qui ont le même sens :

1. Elle a l'œil.
2. Elle a le compas dans l'œil.
3. Elle m'a à l'œil.
4. Elle a un œil de lynx.
5. Elle lui fait les yeux doux.
6. Elle n'a pas fermé l'œil de la nuit.
7. Elle n'a pas froid aux yeux.
8. Elle y tient comme à la prunelle de ses yeux.
9. Avec elle, c'est œil pour œil, dent pour dent.
10. Elle ne m'a même pas jeté un coup d'œil.
11. Elle me fait de l'œil.
12. Elle voit ça d'un mauvais œil.

A. Elle n'a pas peur.
B. Elle ne m'a pas regardé.
C. Elle essaie de me séduire.
D. Elle est perspicace.
E. Elle n'a pas dormi.
F. Elle est d'une grande précision.
G. Elle me surveille.
H. Elle n'est pas d'accord.
I. Elle voit tout.
J. C'est une chose qui a beaucoup d'importance pour elle.
K. Elle ne pardonne rien.
L. Elle tente de le séduire.

92. VOCABULAIRE : LE CORPS HUMAIN (LE DOS)

Dites quel est le sens de chaque phrase :

1. Il s'est mis tout le monde à dos.
   ❑ Il est détesté de tous.
   ❑ Il est ami de tous.
   ❑ Il a convaincu tout le monde.

2. Je les ai renvoyés dos à dos.
   ❑ Je leur ai dit de se retourner.
   ❑ Je les ai mis d'accord.
   ❑ Je n'ai donné raison ni à l'un, ni à l'autre.

3. J'en ai froid dans le dos.
   ❑ Je n'ai pas chaud.
   ❑ J'ai la grippe.
   ❑ Ça me fait peur.

4. J'en ai plein le dos.
   ❑ J'en ai assez.
   ❑ Je suis content.
   ❑ Je suis triste.

5. Elle a bon dos, la crise économique.
   ❏ C'est une grosse crise économique.
   ❏ La crise n'est pas responsable de tout.
   ❏ Il n'y a pas de crise économique.

6. Il se retrouve dos au mur.
   ❏ Il n'a plus le choix.
   ❏ Il nous fait face.
   ❏ Il est d'accord.

93. VOCABULAIRE : LE CORPS HUMAIN (LE CŒUR)

Dites si les expressions utilisant le mot « cœur » évoquent la tristesse, la générosité ou autre chose (dans ce cas, précisez s'il s'agit de courage, de volonté ou d'insensibilité) :

	tristesse	générosité	autre chose
1. Ça me fait mal au cœur de partir.			
2. Elle a le cœur gros.			
3. Il a du cœur au ventre.			
4. Il a le cœur lourd.			
5. Il a pris cela à cœur.			
6. Il a un cœur en or.			
7. Il a un cœur de pierre.			
8. Il n'a pas le cœur à rire.			
9. J'en ai gros sur le cœur.			
10. Il a bon cœur.			
11. Il a mis du cœur à l'ouvrage.			
12. Il a le portefeuille à la place du cœur.			

94. VOCABULAIRE : LE CORPS HUMAIN

Mettez en relation les phrases qui ont le même sens :

1. Il est arrivé ventre à terre.
2. J'en ai pris plein les dents.
3. Il travaille comme un pied.
4. Je garde ça sous le coude.
5. Il ne manque pas d'estomac.
6. C'est mon bras droit.
7. Il n'y a plus rien à se mettre sous la dent.
8. Il s'en est fallu d'un cheveu.
9. Il me casse les pieds.
10. Il a les chevilles qui enflent.
11. Il doit avoir les oreilles qui sifflent.
12. J'ai l'estomac dans les talons.
13. Il a une dent contre moi.
14. Il a les pieds sur terre.

A. On m'a fortement critiqué.
B. Il est venu à toute vitesse.
C. Je mets ça de côté.
D. Il est réaliste.
E. Il est malhabile.
F. Il est audacieux.
G. Il ne m'aime pas.
H. C'est mon principal collaborateur.
I. On y a échappé de justesse.
J. Il m'énerve.
K. Il n'y a rien à manger.
L. Il se croit quelqu'un d'important.
M. On dit du mal de lui.
N. J'ai faim.

95. VOCABULAIRE : LE CORPS HUMAIN

Lisez le texte et cochez les cases qui correspondent aux qualités et aux défauts de Monique :

Monique, elle n'a pas la grosse tête. Et puis elle a bon cœur. Si tu as besoin d'un coup de main, elle met tout de suite la main à la pâte. D'accord, elle est un peu « tête en l'air ». Elle a pourtant les pieds bien sur terre. Et surtout ce n'est pas une mauvaise langue.

avare	
distraite	
généreuse	
médisante	
menteuse	

modeste	
orgueilleuse	
réaliste	
serviable	
vigilante	

96. VOCABULAIRE : LE CORPS HUMAIN

Écoutez l'enregistrement et dites quels sont les défauts ou particularités d'Henri :

Il a un défaut de prononciation.	
Il boit.	
Il est ambitieux.	
Il est avare.	
Il est bizarre.	
Il est curieux.	
Il est fier.	
Il est médisant.	

Il est menteur.	
Il est orgueilleux.	
Il est vindicatif.	
Il manque d'humour.	
Il n'est pas très bon professionnellement.	
Il parle mal anglais.	
Il se trompe souvent.	

97. VOCABULAIRE : LE CORPS HUMAIN

Complétez en utilisant les mots proposés :

1. L'autre jour, j'ai invité Édith dans mon .... -à-terre. Je lui ai offert deux .... de porto, et j'ai été à deux .... de demander sa ...., comme ça, sur un coup de .... Je t'assure, il s'en est fallu d'un .... ! (cheveu / doigt / main / pied / tête)

2. Serge, il n'a pas la .... dans sa poche. En plus, il ne manque pas d'............................. C'est peut-être pour ça qu'il s'est mis tout le monde à .... Lui et moi, c'est comme les cinq .... de la .... Je l'aime beaucoup car il a un .... d'or. (cœur / doigt / dos / estomac / langue / main)

3. Ce que tu m'as dit n'est pas tombé dans .... d'un sourd : je me doutais bien que Josette me cassait du sucre sur le .... Je te remercie. Grâce à toi, je sais à quoi m'en tenir et je l'aurai à l' .... maintenant. Ça me fend le .... d'apprendre qu'elle dit du mal de moi ; j'ai longtemps cru qu'elle m'aimait bien : j'en aurais mis ma .... à couper. Mais je me suis bien mis le .... dans l' .... ! (cœur / oreille / doigt / dos / œil / main / œil)

4. J'ai rencontré le père Émile : à 80 ans, il a toujours bon .... bon .... Il a beau répéter qu'il a déjà un .... dans la tombe, il est toujours gaillard. Et il a la .... bien pendue ! L'autre jour, il m'a tenu la .... pendant une demi-heure. Vraiment, quand je le vois en si bonne santé, les .... m'en tombent. (jambe / bras / pied / langue / œil / pied)

Unité 5

Rapporter les paroles de quelqu'un

📼 **98.** RAPPORTER LES PAROLES DE QUELQU'UN

Écoutez et choisissez la meilleure façon de rapporter ce qui a été dit :

	enr.
A. Il s'est adressé à Grimaud d'un ton familier.	✓
B. Il s'est montré très exigeant vis-à-vis de Grimaud.	
C. Il a accueilli Grimaud très chaleureusement.	
D. Il a parlé à Grimaud d'un ton très ironique.	
E. Il a été très vague avec Grimaud.	
F. Il a formulé ses menaces envers Grimaud d'un ton sec.	

99. VOCABULAIRE : LES EXPRESSIONS DU DISCOURS RAPPORTÉ FAMILIER

Mettez en relation les phrases qui ont le même sens :

1. Il a cassé du sucre sur tout le monde.
2. Il a répondu à côté de la plaque.
3. Il m'a mené en bateau.
4. Il m'a passé de la pommade.
5. Il m'a passé un savon.
6. Il m'a tenu la jambe pendant plus d'une heure.
7. Il n'a pas mâché ses mots.
8. Il ne m'a pas laissé en placer une.
9. Il s'est payé ma tête.
10. Il a pris la mouche.

A. Il a été très direct.
B. Il m'a flatté.
C. Il s'est fâché.
D. Il m'a raconté des mensonges.
E. Il n'a pas donné les bonnes réponses.
F. Il s'est mis en colère contre moi.
G. Il s'est moqué de moi.
H. Il s'est plaint de tout le monde.
I. Je n'ai rien pu dire.
J. Je ne pouvais plus me débarrasser de lui.

📼 **100.** RAPPORTER LES PAROLES DE QUELQU'UN

Écoutez l'enregistrement et choisissez, parmi les différentes façons de rapporter ce qui a été dit, celles qui se rapportent à ce que vous avez entendu :

Il semble pressé de démarrer ce projet. ❏
Il a critiqué la conception de mon projet. ❏
Il m'a demandé des précisions sur mon projet. ❏
Il m'a fait beaucoup de compliments sur mon projet. ❏
Il a passé en revue tous les détails de mon projet. ❏
J'ai l'impression que c'est surtout moi qui l'intéresse. ❏
Il est en désaccord avec moi sur la question des financements. ❏
Il m'a draguée dès le début de la conversation. ❏

⊟ 101. RAPPORTER LES PAROLES DE QUELQU'UN

Écoutez l'enregistrement et choisissez, parmi les différentes façons de rapporter ce qui a été dit, celles qui se rapportent à ce que vous avez entendu :

C'est un vrai moulin à parole.	❏
Il est allé droit au but.	❏
Il m'a posé plein de questions.	❏
Il m'a raconté sa vie avant de me proposer une audition.	❏
Il m'a tenu la jambe pendant dix minutes pour finalement me fixer rendez-vous samedi soir.	❏
Il n'écoute même pas ce qu'on lui dit.	❏
Il ne m'a pas dit grand-chose. On se voit samedi.	❏
Il s'intéresse beaucoup à ce que je fais.	❏
Je n'ai pas pu en placer une !	❏
Je pense que ça ne va pas être facile de travailler avec lui.	❏
Qu'est-ce qu'il est bavard, ce type !	❏

⊟ 102. RAPPORTER LES PAROLES DE QUELQU'UN

Écoutez l'enregistrement et choisissez, parmi les différentes façons de rapporter ce qui a été dit, celles qui se rapportent à ce que vous avez entendu :

Le coiffeur a conseillé à sa cliente un changement de coiffure.	❏
Il s'est moqué de la cliente.	❏
Il ne la trouve pas jolie.	❏
Il lui propose un prix intéressant.	❏
Il fait des compliments à la cliente.	❏
Il lui suggère de se faire couper les cheveux.	❏
Il trouve que les cheveux longs lui vont bien.	❏
Il lui propose de se teindre légèrement les cheveux.	❏
Il est plutôt désagréable avec la cliente.	❏
Il demande à la cliente de lui faire confiance.	❏

⊟ 103. RAPPORTER LES PAROLES DE QUELQU'UN

Écoutez et complétez en utilisant un des verbes proposés au passé composé :

1. Il nous .... une visite des châteaux de la Loire.
   (suggérer / inviter / présenter)

2. Il m' .... d'y aller à pied. (ordonner / conseiller / déconseiller)

3. Il m' .... d'en avoir parlé à tout le monde.
   (reprocher / demander / féliciter)

4. Il m' .... pour mon travail. (remercier / féliciter / critiquer)

5. Il nous .... à propos de la nouvelle campagne de publicité.
   (demander un avis / donner un avis / informer)

6. Il nous .... que tout serait prêt. (informer / promettre / demander)

7. Il m' .... d'entreprendre des réparations dans ma maison.
   (conseiller / demander / proposer)

8. Il .... ma façon de conduire. (approuver / recommander / critiquer)

9. Elle nous .... qu'elle nous punirait. (déclarer / avertir / apprendre)

10. Il nous a .... de sortir. (interdire / conseiller / demander)

▱ 104. LA CONCORDANCE DES TEMPS

Écoutez et choisissez la meilleure façon de rapporter ce qui a été dit :

1. Il a dit qu'il avait rencontré Pierre. ❑
   Il a dit qu'il allait rencontrer Pierre. ❑
   Il a dit qu'il rencontrait Pierre. ❑

2. Elle a dit qu'elle avait terminé. ❑
   Elle a dit qu'elle allait bientôt
   terminer. ❑
   Elle a dit que c'était terminé. ❑

3. Il a dit qu'il serait en retard. ❑
   Il a dit qu'il était en retard. ❑
   Il a dit qu'il avait été en retard. ❑

4. Il a dit que ce serait possible à partir
   de lundi. ❑
   Il a dit que cela avait été impossible. ❑
   Il a dit que c'était possible lundi. ❑

5. Il m'a demandé de me rencontrer. ❑
   Il m'a demandé s'il m'avait déjà
   rencontré. ❑
   Il m'a demandé où on se rencontrerait. ❑

6. Il m'a demandé si je serais là en
   janvier. ❑
   Il m'a demandé si j'avais participé
   à la réunion de janvier. ❑
   Il m'a demandé d'être là en janvier. ❑

7. Il a dit qu'il était parti à la Martinique. ❑
   Il a dit qu'il allait partir à la Martinique. ❑
   Il a dit qu'il partait à la Martinique. ❑

8. Elle m'a demandé de lui téléphoner. ❑
   Elle m'a demandé pourquoi je ne lui
   téléphonais plus. ❑
   Elle m'a demandé pourquoi je ne lui
   avais pas téléphoné. ❑

105. LA CONCORDANCE DES TEMPS

Transformer en respectant la concordance des temps :

1. Je vous rappellerai demain.
   Il nous a dit ....

2. J'ai pris le métro.
   Elle nous a dit ....

3. Vous serez chez vous entre midi et deux ?
   Elle nous a demandé ....

4. J'ai pris froid. Je vais aller chez le médecin.
   Elle nous a dit ....

5. Je n'ai pas terminé mon article pour *Sciences et Vie*.
   Il nous a dit ....

6. Nous reviendrons vous voir le week-end prochain.
   Ils nous ont dit ....

7. Il est resté à la maison tout le week-end.
   Il nous a dit ....

8. Je ne peux pas rentrer avant lundi.
   Elle nous a dit ....

▸▸▸ 106. LA CONCORDANCE DES TEMPS

Écoutez et trouvez ce qui a été dit (discours direct) :

1. Je suis contente de revenir à Paris. ❏
   Je suis contente d'être de nouveau
   parisienne. ❏
   J'ai été contente de revenir à Paris. ❏

2. Je serais très heureux de vous revoir
   à Paris. ❏
   J'ai été très heureux de vous revoir
   tous les deux dans la capitale. ❏
   Je serai heureux de vous revoir un de
   ces jours à Paris. ❏

3. Je préfère rester plus longtemps avec
   vous. ❏
   J'ai préféré rester plus longtemps
   parmi vous. ❏
   J'aurais préféré rester plus longtemps
   en votre compagnie. ❏

4. Je réussirai à trouver du boulot. ❏
   Je vais réussir à trouver du boulot. ❏
   J'ai réussi à trouver du travail. ❏

5. À mon avis, je reviendrai avant
   l'automne. ❏
   Je ne crois pas que je reviendrai cet
   automne. ❏
   Je ne reviendrai pas avant la fin de
   l'été. ❏

6. Je n'oublierai jamais ces deux semaines
   de bonheur. ❏
   Je n'avais jamais oublié ces deux
   semaines de bonheur. ❏
   Je n'aurais jamais oublié ces deux
   semaines de bonheur. ❏

7. On peut toujours compter sur toi. ❏
   Tu sais que tu pourras toujours
   compter sur moi. ❏
   Je peux toujours compter sur toi. ❏

8. Je t'ai attendu près de la machine à
   café. ❏
   Rendez-vous près de la machine à
   café, d'accord ? ❏
   Moi, je t'attendais près de la machine
   à café ! ❏

107. CONSTRUCTION DES VERBES DU DISCOURS RAPPORTÉ

Complétez avec le mot qui convient :

1. Il nous a dit .... ne pas nous inquiéter.

2. Il nous a promis .... tout serait prêt avant midi.

3. Il nous a invités .... réorganiser notre service après-vente.

4. Je lui ai conseillé .... ne pas se décourager.

5. Elle lui a suggéré .... ne pas chercher à la revoir.

6. Je l'ai félicité .... son succès aux élections.

7. Il m'a reproché .... ne pas l'avoir prévenu à temps.

8. Je lui ai proposé .... nous revoir le plus rapidement possible.

9. Il m'a indiqué .... il serait absent pendant quelques jours.

10. Il m'a interdit .... utiliser son ordinateur.

108. CONSTRUCTION DES VERBES DU DISCOURS RAPPORTÉ + « QUE » (AVEC OU SANS SUBJONCTIF)

Complétez les phrases suivantes :

1. Je lui ai promis que nous .... tout pour lui trouver du travail. (ferions / faisons / fassions)

2. Il m'a confirmé que le contrat .... avant la fin de la semaine. (soit signé / est signé / serait signé)

3. Il m'a indiqué qu'il .... nous rendre visite dans le courant de la semaine. (viendrait / vienne / est venu)

4. Il a suggéré que nous .... à son bureau. (passons / passerions / passions)

5. Il nous a confié qu'il .... l'intention d'écrire un roman. (ait / avait / aurait)

6. Elle a affirmé que son service n'........................ pas responsable des retards dans les livraisons. (était / serait / soit)

7. Elle souhaite que nous la .... au courant de nos projets. (tenons / tenions / tiendrions)

8. Il n'a pas voulu que je .... (viendrais / viens / vienne)

109. VERBES INTRODUCTEURS DU DISCOURS RAPPORTÉ

Faites correspondre les phrases de l'orateur (discours direct) et celle du journaliste (discours rapporté) :

Discours rapporté :

A. Il a émis des doutes sur la politique du gouvernement.

B. Il a exprimé son accord, malgré certaines réserves, avec la politique du gouvernement.

C. Il a approuvé la politique du gouvernement.

D. Il a nettement affirmé sa confiance en la politique du gouvernement.

E. Il a énergiquement condamné la politique du gouvernement.

F. Il a ironisé sur la politique du gouvernement.

G. Il a rappelé les grandes lignes de la politique du gouvernement.

Discours direct :

1. « Je suis totalement d'accord avec les nouvelles mesures prises par le gouvernement. »

2. « Je ne pense pas que le plan gouvernemental soit efficace. »

3. « Cette politique désastreuse mène le pays à la ruine. »

4. « Et c'est avec une pareille politique que le Premier ministre, décidément bien naïf, espère résoudre la crise ! » Je lui dis : « Bonne chance, Monsieur le Premier ministre ! »

5. « J'ai la ferme conviction qu'avec son nouveau plan, le gouvernement va résoudre la crise. »

6. « Lutte contre le chômage, réduction des impôts, réduction des déficits publics, voilà les objectifs du gouvernement. »

7. « J'approuve, dans l'ensemble, la politique du gouvernement mais je ne suis pas d'accord avec certaines mesures. »

1	2	3	4	5	6	7

110. VOCABULAIRE : RÉPONDRE

Remplacez le verbe « répondre » par un verbe plus précis :
conclure-expliquer-menacer-préciser-protester-rétorquer-s'excuser-se féliciter

1. « Mais je vous jure que je ne suis pas coupable », a-t-il répondu.

2. « D'accord, on se retrouve vers 11 heures au bar des cheminots, juste en face de la gare », a-t-il répondu.

3. « Voilà, c'est tout ce que je peux vous dire », a-t-il répondu.

4. « C'est vrai, je suis satisfait d'avoir mené à bien ce projet », a-t-il répondu.

5. « Posez-moi encore une fois cette question et je vous envoie mon avocat », a-t-il répondu.

6. « C'est à cause de la grève des transports. J'ai dû prendre ma voiture et bien entendu, je me suis retrouvé bloqué dans les embouteillages », a-t-il répondu.

7. « Désolé, je ne vous avais pas vue », a-t-il répondu.

8. « Très bien, et vous ? », a-t-il répondu.

111. VERBES DU DISCOURS RAPPORTÉ

Choisissez le verbe qui convient (utilisez-le au passé composé) :

1. Ils .... ma proposition à une écrasante majorité. Il n'y a que Marchand et Dupuis qui ont voté contre. (approuver / rejeter / contester)

2. Il .... des excellents résultats de notre campagne de publicité. (s'inquiéter / se plaindre / se réjouir)

3. Elle .... la politique du gouvernement, qui, selon elle, nous mène directement à la catastrophe. (approuver / dénoncer / défendre)

4. Il .... prendre des sanctions contre lui, à condition qu'il lui présente des excuses. (décider de / renoncer à / accepter de)

5. Il .... défendre sa position, seul contre tous, en répétant inlassablement les mêmes arguments. (s'obstiner à / se contenter de / se borner à)

6. Il .... nous convaincre de son innocence, mais personne ne l'a cru. (réussir à / parvenir à / tenter de)

7. L'opposition .... les mauvais résultats économiques de la politique gouvernementale. (approuver / déplorer / saluer)

8. Nous .... à grands cris notre joie devant la victoire de notre équipe. (manifester / retenir / cacher)

112. VERBES DU DISCOURS RAPPORTÉ

Choisissez le verbe qui convient (utilisez-le au passé composé) :

1. Il .... à m'accorder une augmentation de salaire. (décider / consentir / refuser)

2. Il .... me convaincre, mais il n'y est pas arrivé. (réussir à / tenter de / parvenir à)

3. Il n'............................... pas .... à m'interrompre et il m'a écouté jusqu'au bout. (chercher / essayer / renoncer à)

4. Il .... la cohérence du projet. Il est persuadé que ça ne marchera jamais. (être sûr de / croire à / émettre des doutes sur)

5. Il m'................................. sa confiance et m'a confié la direction de sa filiale de Taïwan. (refuser / renouveler / retirer)

6. Il .... de la baisse de plus de 15 millions de francs de notre chiffre d'affaires. (se réjouir / se féliciter / s'inquiéter)

7. Il .... avec une grande satisfaction que le bilan 97 avait été largement positif. (constater / déplorer / regretter)

8. Il .... mes chiffres. Il est persuadé que je me suis trompé dans mes calculs. (approuver / contester / accepter)

📼 113. RAPPORTER UN TEXTE ÉCRIT

Écoutez la conversation et choisissez le texte qui correspond le mieux à cette conversation :

Mon cher Jean-Claude,

J'ai bien reçu ton petit mot où tu me demandes de rédiger un article sur l'architecture provinciale. Ce n'est pas trop mon domaine, mais le sujet m'intéresse, d'autant plus qu'à cette saison, je n'ai pas grand chose à faire. Je pourrais faire une série de photos, d'autant plus qu'à cette époque, tous les arbres sont en fleurs. De toute façon, je passerai vous voir pour qu'on en discute. Mes amitiés à Claudine et à très bientôt.

Jean-Pierre

Mon cher Jean-Claude,

Merci pour ton petit mot. Cela m'a fait plaisir d'avoir des nouvelles de toi et de ta famille. En ce qui concerne ta proposition de collaboration à un article sur la Provence et son architecture, je t'avoue que le sujet m'intéresse depuis longtemps. J'ai d'ailleurs une belle collection de photos de mas provençaux que je pourrai de toute façon te communiquer. Le seul problème est, qu'en ce moment, j'ai du travail par-dessus la tête et que je ne vois pas comment, dans l'immédiat, je pourrais consacrer du temps à ça. Par contre, je ne dis pas non, si ça peut attendre un mois ou deux. Si tu veux, on se téléphone et on en reparle dans une quinzaine de jours. Ou mieux, passez me voir toi et Claudine un de ces week-ends. La Provence en automne, c'est très agréable.

Jean-Pierre

Mon cher Jean-Claude,

J'ai trouvé ta carte à mon retour dans la capitale. Comme tu le sais, chaque année, je fais un petit voyage en province. Je trouve formidable ton idée d'écrire ensemble un article sur l'architecture provençale. J'ai toujours les photos que nous avions faites il y a quelques années sur ce sujet. Je vais m'y mettre rapidement, malgré le boulot que j'ai en ce moment. Je passerai vous voir un de ces week-ends. Cela fait très longtemps que je ne suis pas allé en Provence et, à cette époque de l'année, il n'y a pas trop de touristes.
Je vous embrasse tous les deux et à bientôt.

Jean-Pierre

114. ACCEPTER / REFUSER (SENS ET SYNTAXE DES VERBES)

A. Complétez :

1. Il a accepté ....
   (à ma proposition / de ma proposition / ma proposition)

2. Je vous remercie d'avoir accepté .... me rencontrer.

3. Je n'accepte pas .... tu prennes des risques.

4. Marie Dupond, acceptez-vous .... prendre Roger Durand pour époux ?

B. Complétez en utilisant « accepter » ou « refuser » au passé composé :

1. Il .... de me voir. Il dit qu'on n'a rien à se dire de plus.

2. Il est au chômage et pourtant il .... ce travail.

3. J'................................... toutes les propositions de travail. J'ai décidé de prendre quelques mois de vacances.

4. J'................................... sans hésiter. J'ai eu beaucoup de chance de trouver un travail aussi intéressant et bien payé !

115. ANNONCER (SENS ET SYNTAXE DES VERBES)

Complétez :

1. Il nous a annoncé .... pour l'Angleterre.
   (à son départ / de son départ / son départ)

2. Je vous annonce .... je vais me marier avec Sophie.

3. Je vais annoncer la bonne nouvelle .... tous mes amis.

4. J'ai vu ton père. Je .... ai annoncé .... j'avais trouvé du travail.

5. Est-ce qu'il vous a annoncé qu'il .... travailler avec moi ?
   (allait / aille / est allé)

116. DÉCIDER (SENS ET SYNTAXE DES VERBES)

Complétez :

1. Je viens de décider .... donner ma démission.

2. Je me suis enfin décidé .... vous écrire.

3. Il a décidé .... vous iriez diriger son usine de Toulouse.

4. C'est lui qui décide .... tout.

5. Je me suis décidé .... la première solution. (à / pour / de)

6. Ce n'est pas moi qui ai décidé .... de 200 personnes.
   (au licenciement / le licenciement)

7. J'ai décidé .... à faire des efforts. (à René / René / de René)

8. J'ai décidé .... arrêter de fumer.

117. DEMANDER

Complétez :

1. Je me suis demandé .... tout cela était vraiment sérieux.

2. Je vous demanderai .... être à l'heure.

3. Il demande que vous .... à son bureau à 8 heures, sans faute. (passez / passiez / passerez)

4. Vous avez demandé .... me voir ?

5. Demandez-... quand il va terminer les travaux. (y / le / lui)

6. Il attend de nouveaux ordinateurs. Il .... a demandé quinze. (en / y / les)

7. Je ne demande pas .... ! (à la lune / la lune / de la lune)

8. Tu cherches une voiture ? Demande .... Je crois qu'il veut vendre la sienne. (Paul / à Paul / de Paul)

118. INSISTER (SENS ET SYNTAXE DES VERBES)

A. Complétez :

1. Il a insisté .... l'importance de ce contrat. (sur / de / pour)

2. Elle a insisté .... je la raccompagne. (pour / que / pour que)

3. Il a insisté .... m'inviter à dîner. (pour que / pour / de)

B. Remplacez « insister » par un synonyme :

1. Si vous n'y arrivez pas, **n'insistez pas** !
   abandonnez ❏   continuez ❏   ne répétez pas ❏

2. Si ça ne marche pas, **insistez** !
   répétez ❏   persévérez ❏   poursuivez ❏

3. **Il a insisté sur** les dangers d'un tel voyage.
   Il a souligné ❏   Il a répété ❏   Il s'est obstiné sur ❏

119. PENSER (SYNTAXE)

Complétez :

1. Je pense souvent .... toi.

2. Je pense .... il va arriver d'un instant à l'autre.

3. Est-ce que tu as pensé .... prévenir Pierre de ton arrivée ?

4. Qu'est-ce que tu penses .... lui ?

5. Je vais le repeindre en bleu. Qu'est-ce que tu .... penses ?

6. Aller vivre en province ? J'............................... pense très souvent.

7. Je pense .... avant minuit. (de rentrer / rentrer / à rentrer)

8. Je ne pense pas qu'il .... (vient / vienne)

120. PENSER (SENS)

Remplacez « penser » par un synonyme :

1. **Je pense** louer un petit studio près de Sète pour les vacances.
   J'envisage de ❏   J'espère ❏   Je crois ❏

2. Je n'avais pas **pensé à** ça.
   songé à ❏   cru à ❏   imaginé ❏

3. **Je pense** qu'il faut rentrer. Il va pleuvoir.
   Je songe ❏   J'envisage ❏   Je crois ❏

4. **Je pense** qu'il va falloir faire extrêmement attention à ce qu'on va dire…
   J'imagine ❏   Je crois ❏   Je songe ❏

5. Fuir loin de la ville et du stress quotidien ! Je ne **pense** qu'à ça !
   réfléchis ❏   rêve ❏   crois ❏

6. Un peu de silence, s'il vous plaît ! Je **pense**.
   songe ❏   rêve ❏   réfléchis ❏

7. Je n'aurais jamais **pensé** qu'il se comporterait de cette façon !
   cru ❏   envisagé ❏   rêvé ❏

8. J'ai **pensé à** plusieurs solutions pour les vacances.
   médité ❏   réfléchi à ❏   envisagé ❏

121. PRÉCISER

Complétez :

1. Vous ne m'avez pas précisé .... je devais vous l'envoyer à votre domicile ou à votre bureau.

2. Il ne m'a pas précisé .... je devrais faire en arrivant.

3. Est-ce que vous pouvez me préciser .... de congés d'été ?
   (à vos dates / vos dates / de vos dates)

4. J'ai bien précisé .... que nous serions fermés à partir du 10 juillet.
   (de M. Marin / à M. Marin / M. Marin)

5. Je dois vous préciser .... nous n'accepterons aucune inscription après le 15 septembre.

122. PROMETTRE

Complétez :

1. Il m'a promis .... me payer avant la fin du mois.

2. Il m'a promis .... de salaire il y a 6 mois. Je l'attends toujours !
   (à une augmentation / une augmentation / d'une augmentation)

3. Je leur ai promis .... ils auraient mon rapport d'ici une semaine.

4. Elle .... a promis d'être là. (l' / y / lui)

5. Non, pas celles-là. Je .... ai promises à Claude. (lui / les / l')

123. RÉPÉTER

Complétez :

1. Je lui ai répété .... faire attention.

2. Je ne répéterai pas .... je viens de dire. (ce que / que / ce dont)

3. Il m'a répété .... je devais l'aider.

4. Est-ce que vous pouvez répéter .... ?
   (à cette phrase / de cette phrase / cette phrase)

5. Il va le répéter .... tout le monde.

6. J'ai vu René. Je .... ai répété à plusieurs reprises ce que tu m'avais dit.
   (l' / lui / les)

7. Je n'arrive pas à apprendre ces dialogues. Je .... ai pourtant répétés plusieurs fois.
   (les / leur / lui)

124. RÉPONDRE

A. Complétez :

1. Je vais répondre .... ta mère.

2. Je réponds .... lui. C'est quelqu'un en qui j'ai toute confiance.

3. Réponds-........................, il t'a posé une question !

4. Il m'a répondu que je .... patienter encore quelques jours. (doive / devrais / dois)

5. Il n'a toujours pas répondu .... mon courrier.

B. Faites correspondre les phrases de même sens :

1. Ça ne répond pas.

2. Je réponds totalement de son honnêteté.

3. Elle n'a pas répondu à ses avances.

4. Ça sonne ! Tu peux répondre ?

5. Je vous ai déjà répondu cent fois que ce n'était pas possible !

6. Eh bien, j'attends, réponds-moi !

7. Il m'a frappé, alors j'ai répondu.

A. Vous êtes sourd ?

B. Elle l'a ignoré.

C. Tu es muet ?

D. Je me suis défendu.

E. Il n'y a personne au bout du fil

F. Décroche !

G. Je vous garantis que c'est un type honnête.

Unité 6

Cause, conséquence, hypothèse

125. RELATIONS DE CAUSE / CONSÉQUENCE

Reliez les faits en utilisant l'expression proposée :

1. L'enfant a été sauvé des flammes. / Intervention rapide des pompiers. (grâce à)

....

2. Il a gagné la course. / Crevaison à 5 km de l'arrivée. (malgré)

....

3. J'ai raté mon train. / Embouteillages. (à cause de)

....

4. La route a été coupée. / Violentes chutes de neige. (à la suite de)

....

5. Je n'ai pas pu regarder le match à la télé. / Panne d'électricité. (à cause de)

....

6. Défilé du 14 juillet. / La circulation sera interdite au centre-ville. (en raison de)

....

7. Magasin fermé du 15/7 au 15/8. / Congés annuels. (pour cause de)

....

8. Il est arrivé au sommet. / Le froid et la fatigue. (malgré)

....

126. RELATIONS DE CAUSE / CONSÉQUENCE

Complétez :

1. Il a gagné .... la chance. (malgré / grâce à / à cause de)

2. Il a glissé .... verglas. (malgré le / grâce au / à cause du)

3. Le spectacle a eu lieu .... l'orage. (à cause de / malgré / en raison de)

4. Votre attention s'il vous plaît : .... un mouvement de grève du syndicat des pilotes, le vol Paris-Francfort est annulé. (en raison d' / grâce à / malgré)

5. .... toi, je vais arriver en retard à mon rendez-vous.
   (En raison de / Grâce à / À cause de)

6. Toutes les rues sont bloquées .... manifestations.
   (malgré les / à cause des / grâce aux)

7. Il a pu terminer sa conférence .... sifflets du public.
   (grâce aux / en raison des / malgré les)

8. C'est .... sang-froid du pilote que le drame a pu être évité.
   (grâce au / à cause du / malgré le)

127. RELATIONS DE CAUSE / CONSÉQUENCE

Regroupez les phrases qui ont le même sens :

1. Cet accident est dû au brouillard.

2. Grâce à l'aide de Jacques, elle a trouvé du travail.

3. Jeanne a quitté Paris car elle ne trouvait pas de travail.

4. La pollution est la cause de l'augmentation du nombre des maladies pulmonaires.

5. Le développement de la délinquance est lié à l'augmentation du chômage.

6. Je n'ai pas trouvé de billet d'avion pour Nice, je partirai donc en train.

7. L'échec de Jacques au baccalauréat vient de son manque de travail.

A. Jeanne ne trouvait pas de travail, alors elle a quitté Paris.

B. Un accident s'est produit, à cause du brouillard.

C. Je vais à Nice en train car je n'ai pas trouvé de billet d'avion.

D. La délinquance se développe à cause de la montée du chômage.

E. Elle a trouvé du travail parce que Jacques l'a aidée.

F. Jacques n'a pas travaillé, alors il a échoué au baccalauréat.

G. L'augmentation du nombre de maladies pulmonaires est dûe à la pollution.

1	2	3	4	5	6	7

128. RELATIONS DE CAUSE / CONSÉQUENCE

Choisissez la fin de chaque phrase :

1. Elle a demandé le divorce
   parce que son mari la battait. ❏
   parce qu'il faisait beau. ❏
   car elle aime son mari. ❏

2. Il y a eu une série d'accidents sur l'autoroute
   parce qu'il faisait beau. ❏
   à cause du brouillard. ❏
   grâce aux bonnes conditions météorologiques. ❏

3. Nous devons aller nous coucher
   car il est tard. ❏
   parce qu'il pleut. ❏
   à cause du beau temps. ❏

4. Il faut apprendre deux langues
   parce que c'est inutile. ❏
   parce que c'est indispensable aujourd'hui pour trouver du travail. ❏
   pour vivre heureux. ❏

5. Elle est très fatiguée
   à cause de son excellente forme. ❏
   parce qu'elle a beaucoup travaillé. ❏
   car elle est en vacances. ❏

129. RELATIONS DE CAUSE / CONSÉQUENCE

Reliez les faits en utilisant l'expression proposée :

1. J'ai laissé un message sur son répondeur. / Il n'était pas là. (comme)

2. Vous ne voulez pas m'écouter. / Je me tais. (puisque)

3. J'avais un travail urgent à terminer. / Je n'ai pas eu le temps de déjeuner. (si bien que)

4. Je n'ai plus rien à dire. / Je me tais. (parce que)

5. Il faisait beau. / Nous avons décidé de faire une petite promenade dans la forêt. (comme)

6. Il n'y avait personne. / Je suis rentré. (alors)

7. Nous allons commencer l'entraînement. / Tout le monde est là. (puisque)

8. J'avais oublié ma clef. / J'ai dû coucher à l'hôtel. (comme)

130. RELATIONS DE CAUSE / CONSÉQUENCE

Reformulez les phrases d'une autre façon :

1. Le succès de ce film provient de la popularité de Mel Gibson.

....

2. À cause des élections anticipées, le budget de l'Etat n'a pas été voté.

....

3. Il a plu ; c'est pourquoi la fête de la Musique n'a pas connu un plein succès.

....

4. Le pont de Marly s'est écroulé ; on a donc fermé l'autoroute A5.

....

5. Avec l'aide de Paul, j'ai trouvé un appartement.

....

6. Il fait très beau, nous allons à la plage.

....

7. Le Premier ministre a démissionné car il a été violemment attaqué par la presse.

....

8. Je ne pars pas en vacances parce que je n'ai pas d'argent.

....

131. MAIS, OU, ET, DONC, OR, NI, CAR, PUIS

Complétez en utilisant les conjonctions de coordination « mais », « ou », « et », « donc », « or », « ni », « car », « puis » :

1. C'est bien Descartes qui a dit : « Je pense .... je suis » ?

2. C'est très beau, ... je trouve que c'est un peu cher.

3. Nous avons dû rentrer, ... l'orage menaçait.

4. Nous continuons .... nous faisons une petite pause ?

5. C'est une histoire sans queue .... tête.

6. Nous pensions avoir tout prévu. ...., nous ne nous doutions pas qu'un événement imprévu allait bouleverser nos prévisions.

7. Vous servirez d'abord l'apéritif, ... quand tout le monde sera là, nous passerons à table.

8. Encore une heure de travail .... c'est fini !

132. LE SENS DU CONDITIONNEL PASSÉ

Dites quel est le sens des conditionnels passés pour chacune des phrases suivantes :

1. Tu aurais pu me prévenir un peu plus tôt !

2. J'aurais dû rester à la maison. J'ai passé une soirée mortelle !

3. Sans toi, je n'aurais jamais terminé d'écrire ce livre.

4. Sans le courage des sauveteurs, l'incendie aurait sans doute fait de nombreuses victimes.

5. D'après certaines rumeurs, les deux chefs de l'État se seraient rencontrés discrètement à plusieurs reprises.

6. Il aurait pu te remercier, après tout ce que tu as fait pour lui !

7. Je n'aurais pas dû me fâcher avec elle !

8. Tu sais ce que je viens d'apprendre par Marie-Hélène ? Marc et Brigitte se seraient séparés !

9. D'après les scientifiques, la disparition des dinosaures serait due à la chute d'un astéroïde sur la terre, il y a des millions d'années.

10. Tu m'a sauvé la vie ! Je n'aurais jamais pu faire ça tout seul !

	1	2	3	4	5	6	7	8	9	10
information non sûre										
hypothèse										
remerciement										
reproche										
regret										

133. LE CONDITIONNEL PASSÉ (REPÉRAGE)

Écoutez et dites si c'est le conditionnel passé ou le futur antérieur que vous avez entendu :

	Conditionnel	Futur antérieur			Conditionnel	Futur antérieur
1.				6.		
2.				7.		
3.				8.		
4.				9.		
5.				10.		

134. LE CONDITIONNEL PRÉSENT ET PASSÉ

Complétez en utilisant le conditionnel présent ou passé :

1. Si je n'étais pas si pressé, je .... plus longtemps avec toi. (rester)

2. Si tu m'avais prévenu plus tôt, j'... des amis. (inviter)

3. Si je n'avais pas pris un taxi, j'... mon avion. (manquer)

4. Tu ne m'avais pas dit que l'ordinateur était en panne. Tu .... me prévenir ! (pouvoir)

5. Si tu me téléphonais de temps en temps, on .... plus souvent. (se voir)

6. Si tu ne regardais pas toujours la télévision, tu .... de meilleurs résultats à l'école ! (obtenir)

7. Si tu avais été plus prudent, tu n'..................................... pas .... la voiture. (casser)

8. Si j'étais président de la République, je .... les impôts. (supprimer)

135. FORMULER DES HYPOTHÈSES

Écoutez et dites ce qui s'est réellement passé :

	vrai	faux
Le voisin a été inondé.		
Paul a appelé le plombier.		
Paul a réparé la fuite lui-même.		
Il y a eu pour 12 000 francs de dégâts.		
Marie a payé l'assurance.		
L'assurance a payé les dégâts.		

136. FORMULES DE POLITESSE ÉCRITES

Complétez en choisissant la meilleure formule :

1. Nous .... vous annoncer que vous êtes l'heureux gagnant de notre grand concours. (avoir le devoir de / avoir le regret de / avoir le plaisir de)

2. J'... vous informer que la direction de notre entreprise vient de vous accorder une augmentation de salaire de 0,48 F / heure à compter du premier janvier. (avoir le regret de / avoir le plaisir de / être consterné de)

3. C'est .... que nous avons appris la nouvelle de la disparition tragique d'oncle Charles, pour lequel nous avions beaucoup d'affection. (avec beaucoup de chagrin / sans émotion / avec beaucoup de bonheur)

4. C'est .... que j'ai découvert dans le journal l'annonce de votre mariage. Beaucoup de bonheur à tous les deux. (avec consternation / avec une grande joie / avec une grande tristesse)

5. J'... vous rappeler, en tant que maire du village de Beau-soleil, que l'usage des tondeuses à gazon est interdit à des heures tardives de la nuit car il dérange le sommeil des voisins, dont je fais partie. (avoir la chance de / avoir le devoir de / avoir le plaisir de)

6. Adrien .... de vous faire part de la naissance de sa petite sœur Alice, le 17 janvier 1998, à 16 h 30. (avoir le devoir de / avoir la joie de / avoir la surprise de)

137. FORMULATION D'HYPOTHÈSES

Reformulez les hypothèses suivantes en utilisant l'expression proposée :

1. Au cas où Henri téléphonerait, dites-lui que son chèque est prêt. (si)

....

2. Si cet appareil tombe en panne, prévenez immédiatement le service de maintenance. (en cas de)

....

3. S'il n'y a plus de place dans le TGV de 17 h 15, je prendrai le suivant. (Dans le cas où)

....

4. N'hésitez pas à me téléphoner si vous avez un problème. (en cas de)

....

5. En cas de fièvre, doublez la dose. (si)

....

6. Je serai peut-être absent demain. Dans ce cas, annulez tous mes rendez-vous. (si)

....

7. Si je ne suis pas au magasin, tu peux me joindre sur mon portable. (au cas où)

....

8. Prévoyons un éclairage de secours au cas où il y aurait une panne d'électricité. (dans l'éventualité de)

....

138. TANT QUE / JUSQU'À CE QUE

Reformulez les phrases en utilisant « tant que » (+ futur antérieur) ou « jusqu'à ce que » (+ subjonctif passé) :

1. Je ne partirai pas d'ici tant qu'il ne m'aura pas reçu.

   Je resterai ici jusqu'à ce qu'...

2. Je n'arrêterai pas tant que je n'aurai pas terminé.

   Je continuerai jusqu'à ce que...

3. Je travaillerai jusqu'à ce que j'aie terminé de corriger ce manuscrit.

   Je ne prendrai pas de repos tant que ....

4. Je ne vous laisserai pas en paix tant que vous ne m'aurez pas tout expliqué.

   J'insisterai jusqu'à ce que ....

5. J'irai au lit quand j'aurai fini ça.

   Je n'irai pas au lit tant que ....

6. Vous pourrez bouger d'ici quand je vous en donnerai l'autorisation.

   Vous ne bougerez pas d'ici tant que ....

7. Je t'accepterai de nouveau en classe quand tu te seras excusé.

   Je ne t'accepterai pas en classe tant que ....

8. Je ne peux pas prendre mon billet d'avion tant que je n'ai pas reçu confirmation de ma mission.

   J'attendrai pour prendre mon billet d'avion jusqu'à ce que ....

139. TANT QUE / JUSQU'À CE QUE

Complétez les phrases suivantes en utilisant le verbe proposé :

1. Vous ne sortirez pas de table tant que vous .... pas .... votre soupe ! (manger)

2. J'attendrai jusqu'à ce que vous .... à toutes mes questions. (répondre)

3. Je refuse de la voir tant qu'elle ne .... pas .... (s'excuser)

4. J'insisterai jusqu'à ce qu'il m'............................ un rendez-vous. (accorder)

5. Je continuerai à les embêter, jusqu'à ce qu'ils .... (changer d'avis)

6. Je ne vous paierai pas tant que vous n'............................ pas .... le travail. (terminer)

7. Le professeur est prêt à reprendre l'explication jusqu'à ce que vous .... (comprendre)

8. « Tant qu'il y .... de la vie, il y a de l'espoir », dit un proverbe. (avoir)

140. DIVERSES FORMULATIONS DE L'HYPOTHÈSE

Écoutez et choisissez la phrase qui a le même sens :

1. En cas de pluie, je ne vais pas me baigner. ❑
   Je vais me baigner, sauf s'il pleut. ❑
   Qu'il pleuve ou non, je vais me baigner. ❑

2. Je ne suis là pour personne, même si ma femme appelle. ❑
   Si ma femme appelle, passez-la-moi. Sinon, je ne suis là pour personne. ❑
   Qui que ce soit qui appelle, je ne suis pas là. ❑

3. Qu'il soit libre ou pas, je veux le voir. ❑
   Je veux le voir même s'il n'est pas libre. ❑
   Je le verrai quand il sera libre. ❑

4. Je ne suis pas sûr d'être là à 10 heures. ❑
   Quoi qu'il se passe, je serai là à 10 heures. ❑
   Je serai là à 10 heures, sauf contretemps de dernière minute. ❑

5. En cas de retard, je ne ferai rien. ❑
   Je t'attendrai, sauf si tu es en retard. ❑
   De toute façon, je t'attendrai, même si tu es en retard. ❑

6. Je serai là demain matin, à moins d'un imprévu. ❑
   Je serai la demain matin de toute façon. ❑
   Je serai là à 10 heures, sauf contretemps de dernière minute. ❑

7. Même s'il pleut, la fête aura lieu en plein air. ❑
La fête aura lieu dehors, sauf en cas de pluie. ❑
Quel que soit le temps, la fête aura lieu en plein air. ❑

8. Si le concierge est là, sonnez à l'entrée de service. ❑
Même si le concierge est là, sonnez à l'entrée de service. ❑
Au cas où le concierge ne serait pas là, vous devez sonner à l'entrée de service. ❑

141. POUVOIR (SENS DES VERBES)

Mettez en relation les phrases des deux colonnes qui ont le même sens :

1. Il se peut que je sois un peu en retard.
2. Je n'en peux plus.
3. Je n'y peux rien.
4. Je ne peux rien dire.
5. Je peux y arriver. J'en suis sûr.
6. On peut y aller.
7. Je peux vous aider ?
8. Tout le monde peut se tromper.
9. Je fais ce que je peux !
10. Ça se peut…
11. Je peux ?
12. Vous ne pouvez pas vous tromper.
13. Je peux me tromper.
14. Il peut toujours attendre !

A. Tout est prêt.
B. Je fais tout ce qui est en mon pouvoir.
C. Vous avez besoin d'un coup de main ?
D. Je n'en suis pas sûr.
E. C'est possible…
F. Je suis très fatigué.
G. Il peut faire une croix dessus !
H. Errare humanum est.
I. Je n'ai pas le droit d'en parler.
J. Vous permettez ?
K. J'en suis capable.
L. C'est un jeu d'enfant.
M. Il y a des chances pour que je ne sois pas à l'heure.
N. Ce n'est pas moi qui décide.

142. PRENDRE (SENS)

Mettez en relation les phrases des deux colonnes qui ont le même sens :

1. Je vais prendre l'air
2. Je crois que je ne vais pas prendre racine ici.
3. Je vais prendre tout mon temps.
4. Il l'a pris de haut.
5. J'y ai pris goût.
6. Je l'ai pris en grippe.
7. Il a pris du poids.
8. Il a pris ses cliques et ses claques.
9. Elle a pris la mouche.
10. J'ai pris mon pied.
11. Qu'est-ce que tu prends ?
12. Je prends le soleil.
13. Je prends mes précautions.
14. J'ai pris froid.

A. Je ne suis pas pressé.
B. C'était super !
C. Je bronze.
D. Je ne vais pas m'éterniser.
E. Je ne le supporte plus.
F. Je fais attention.
G. Il a grossi.
H. Qu'est-ce que tu bois ?
I. Elle s'est fâchée.
J. J'ai la grippe.
K. Je sors.
L. Il s'est fâché.
M. Je ne peux plus m'en passer.
N. Il est parti.

143. COMPRENDRE (SYNTAXE)

Complétez en choisissant :

1. Je n'ai pas compris ....
   (ses explications / à ses explications / de ses explications)

2. Je n'ai rien compris ....
   (ses explications / à ses explications / de ses explications)

3. Je n'ai pas compris .... (qu'il m'a dit / qu'il me dise / ce qu'il m'a dit)

4. Je comprends que vous .... prudent dans cette affaire.
   (êtes / soyez / serez)

5. D'après ce qu'il m'a dit, j'ai compris qu'il .... se dépêcher.
   (fallait / faille / ait fallu)

6. On .... comprend à peu près. Nous avons quelques notions de russe.
   (Les / y / en)

7. Qu'est-ce qu'elle dit ? Tu .... comprends quelque chose ? (en / la / y)

144. COMPRENDRE (SENS)

Remplacez le verbe « comprendre » par un synonyme :

1. Le séjour coûte 5 000 francs. Cela **comprend** le voyage, l'hébergement en hôtel et trois excursions.

   inclut ❑   entend ❑   contient ❑

2. **Je comprends** très bien votre stratégie, mais je doute des résultats.

   J'entends ❑   Je conçois ❑   Je trouve ❑

3. **Je comprends** l'écriture cyrillique.

   Je déchiffre ❑   Je conçois ❑   Je découvre ❑

4. J'ai **compris** le sens de la vie.

   entendu ❑   conçu ❑   appris ❑

5. Je viens de **comprendre** que j'avais fait une erreur.

   réaliser ❑   trouver ❑   apprendre ❑

6. Je n'ai pas **compris** le sens exact de son message.

   réalisé ❑   saisi ❑   entendu ❑

145. ATTENDRE (SENS ET SYNTAXE DES VERBES)

Complétez en utilisant « à », « de », « à ce que », « que », ou choisissez l'une des expressions proposées :

1. Je m'attends .... de nombreuses difficultés.

2. Je m'attends .... il vienne me voir pour me demander de l'argent.

3. J'attends .... connaître les résultats pour triompher.

4. J'attends .... il soit là pour commencer.

5. J'attends .... extrêmement important.
   (à un courrier / d'un courrier / un courrier)

6. Qu'est-ce que vous attendez .... moi ?

7. Attendez- .... ! (à moi / moi / de moi)

8. Je ne m'attendais pas .... de si bons résultats.

9. Je ne m'attendais pas .... le voir arriver si tôt.

10. Vous pourriez attendre .... (votre tour / à votre tour / de votre tour)

11. J'attends qu'il .... une décision. (prendra / prend / prenne)

146. VOCABULAIRE : LES MOTS FRANÇAIS D'ORIGINE ÉTRANGÈRE

Soulignez le ou les mots d'origine étrangère et essayez de dire de quelle langue ils viennent :

	espagnol	italien	anglais	arabe	grec	hindoustani	turc	esquimau	allemand
1. Elle est amoureuse d'un torero.									
2. Ce soir, je vais vous faire des spaghettis et un bon steak.									
3. Henri, c'est un vrai macho !									
4. J'habite dans un petit bled près de Nice.									
5. Dans la vie, il faut être philosophe…									
6. Rendez-vous en face du kiosque à musique.									
7. Mets ton anorak pour faire du kayak, il fait très froid.									
8. J'ai loué un petit bungalow près de la plage.									
9. Ici, c'est la vie de pacha, la dolce vita…									
10. C'est le souk dans ta chambre ! Range ton pyjama !									
11. Je trouve cette robe très chic.									
12. Moi pour les chiffres, je suis zéro.									

147. VOCABULAIRE : LES MOTS FRANÇAIS D'ORIGINE ÉTRANGÈRE

Soulignez le ou les mots d'origine étrangère et essayez de dire de quelle langue ils viennent :

	espagnol	italien	anglais	arabe	grec	turc	allemand	tchèque	chinois	persan
1. Le ciel est bleu azur.										
2. C'est un bambin de 3 ans.										
3. J'aime bien les histoires de vampires.										
4. Il travaille comme un robot.										
5. Tu veux du thé ou du café ?										
6. Je suis invité à un cocktail à l'ambassade d'Espagne.										
7. Il est très sympathique.										
8. Mon rêve ? Faire une croisière sur un gros paquebot.										
9. Il est parti en vacances en caravane.										
10. Bravo !										
11. Comme c'est bizarre !										
12. Je suis arrivé ici par hasard.										

Unité 7

Argumenter

📼 **148.** ARGUMENTER : CRITIQUE POSITIVE OU NÉGATIVE

Écoutez les enregistrements et dites si la critique est positive ou négative :

enr.	positive	négative
1.		
2.		
3.		
4.		
5.		

149. ARGUMENTER : CRITIQUE POSITIVE OU NÉGATIVE

Complétez en choisissant les adjectifs qui conviennent :

Voilà un fim .... ; les acteurs y sont ....

Pour traiter ce thème difficile, Cyril Vanne a vraiment fait le .... choix en adaptant un roman policier de Guy Torn, un .... polar. Le héros est .... et plein d'humour. Un rythme trépidant pour un film plein de talent.

(mauvais / formidables / médiocre / passionnant / époustouflant / triste / nuls / ennuyeux / bon / superbe / sympathique)

📼 **150.** EXPRESSION DE L'OPPOSITION

Écoutez les enregistrements et identifiez la (ou les) constructions des expressions permettant d'établir une opposition entre deux faits :

	enr.	+ subjonctif présent	+ subjonctif passé	+ indicatif	+ nom	+ adjectif	+ phrase
bien que							
malgré							
pourtant							
en dépit de							
quoique							
quoi que							
même si							

151. EXPRESSION DE L'OPPOSITION

Complétez en choisissant l'expression qui convient :

1. .... une augmentation des exportations, l'entreprise n'a pas pu éviter les licenciements.
   (Malgré / Pourtant / En raison d')

2. .... aux prévisions météorologiques qui prévoyaient de violents orages sur toute la France, il a fait un temps splendide.
   (Conformément / Contrairement / Semblablement)

3. C'est lui qui a gagné. Et ...., c'était la première fois qu'il jouait à ce jeu.
   (pourtant / en revanche / au contraire)

4. Je n'ai plus de Macintosh en stock en ce moment. .... je peux vous proposer un PC.
   (au contraire / pourtant / en revanche)

5. .... efforts des pompiers, l'immeuble a été entièrement détruit par les flammes.
   (En raison des / En dépit des / Grâce aux)

6. – Je ne vous dérange pas ?

   – ...., je suis très content de vous voir.

   (Au contraire / Pourtant / En revanche)

7. .... son frère qui n'a pas inventé l'eau chaude et qui se comporte toujours comme un grossier personnage, il est beau, intelligent et d'une très grande gentillesse.
   (Comme / Semblablement à / À l'inverse de)

8. C'est un excellent film, ... la fin soit un peu décevante.
   (bien que / malgré / même si)

152. EXPRESSION DE L'OPPOSITION

Reliez les deux informations en utilisant la relation d'opposition proposée :

1. La soirée a été très réussie. / Elle s'est terminée un peu trop tôt à mon goût. (même si)

2. Son exposé a été très brillant / Il ne connaissait pas très bien le sujet. (Et pourtant)

3. Je lui ai proposé de travailler avec moi. / Nous ne sommes pas très amis. (bien que)

4. Il est en pleine forme. / Il a 75 ans. (malgré)

5. Nous sommes en février. / Il fait un soleil de printemps. (quoique)

6. Il fait froid. / Il se promène habillé d'une chemise d'été. (en dépit de)

153. EXPRESSION DE L'OPPOSITION

Complétez les phrases avec l'expression qui convient :

1. En dépit de quelques bonnes actions en première mi-temps ....
   le match a été passionnant.
   nous avons assisté à un match exceptionnel.
   ce match était sans intérêt.

2. Je n'ai plus de chambres simples, en revanche ....
   je peux vous proposer une chambre double, pour le même prix.
   toutes les chambres sont prises.
   vous voulez une chambre pour une personne ?

3. C'est un garçon très compétent bien que ....
   très expérimenté.
   légèrement timide.
   super intelligent.

4. Il est très séduisant malgré ....
   son âge.
   qu'il est vieux.
   son charme.

5. Nous nous sommes quittés et pourtant ....
   je ne l'aime pas.
   nous sommes toujours ensemble.
   nous nous aimons.

6. Je ferai ma conférence même ....
   si la salle est vide.
   s'il y a peu de monde.
   si la salle est pleine.

7. Contrairement à nos prévisions les plus pessimistes ....
   le bilan financier de cette année est excellent.
   le bilan financier de cette année est désastreux.
   nous allons devoir fermer l'entreprise.

8. Tout le monde m'avait dit qu'elle était triste et sans humour. Au contraire ....
   je n'ai jamais rencontré quelqu'un d'aussi amusant.
   elle est gaie comme une porte de prison.
   avec elle, ce n'est pas la joie.

154. LES ARTICULATEURS LOGIQUES

Complétez les phrases suivantes en utilisant les articulateurs logiques qui conviennent :

1. Je ne viendrai pas chez toi jeudi .... j'ai trop de travail.

   ...., si tu veux, je pourrai venir te voir samedi matin.

car	Donc
pourquoi	En revanche
si bien que	Parce que

2. .... il ait sans doute raison, personne ne veut l'écouter.

   Même s'
   Bien qu'
   Malgré

3. Pour commander cet imperméable élégant, pratique, à un prix exceptionnel, il vous suffit

   de nous téléphoner au 05.06.07.07. Vous pouvez .... commander par Mi-

   nitel : 3615 FRINGANT.

   au contraire
   pourtant
   également

4. Mes chers concitoyens, il faut aujourd'hui accorder toute leur importance aux problèmes écologiques : .... parce que cela concerne l'avenir de nos enfants et de notre pays, ... parce que c'est notre santé qui est en jeu, ... parce que la protection de l'environnement est une réalité économique d'aujourd'hui. Pour conclure, mes chers concitoyens, vous trouverez en moi un partisan convaincu de la défense de l'environnement.

d'abord	premièrement	ensuite
ensuite	pour finir	et surtout
enfin	ensuite	et encore

5. .... il a un caractère difficile, je trouve que Christophe est un garçon intéressant .... il est très cultivé .... il a beaucoup d'humour.

Même s'	parce qu'	et parce qu'
Parce qu'	bien qu'	et bien qu'
Bien qu'	de sorte qu'	et qu'

6. Les accidents sont dus en grande partie aux excès de vitesse .... des mesures plus sévères seront prises contre les chauffards.

si bien que
parce que
quoique

155. ARGUMENTER : ENCHAÎNER DES ARGUMENTS

Mettez en relation les phrases de la colonne de gauche et les arguments de la colonne de droite :

1. Une diminution de la pollution passe par une règlementation de la circulation dans la ville.

2. Le chômage des jeunes reste le premier problème de notre pays.

3. L'organisation d'élections dans ce pays est la preuve du retour à la normale.

4. Le président a annoncé une diminution des impôts.

5. La pollution devient un réel problème à Paris.

A. contrairement à toutes les prévisions faites pour le budget.

B. mais ce n'est pas le seul moyen de réduire la pollution.

C. en effet, il n'a cessé d'augmenter ces trois dernières années.

D. c'est pourquoi la circulation a été interdite hier.

E. mais elle ne sera pas possible avant deux ans.

1	2	3	4	5

📼 **156.** ARGUMENTER

Observez les deux curriculum vitae. Écoutez les enregistrements et dites, pour chaque enregistrement, s'il se réfère au CV d'Alain ou à celui de Pierre, puis précisez si l'argument de l'homme et celui de la femme sont favorables ou défavorables :

<table>
<tr><td colspan="2">

CURRICULUM VITAE

Nom : Alain DIETRICH
Date de naissance : 28.11.1972
Célibataire

Études / Diplômes :
Baccalauréat A2
Licence de mathématiques (université de Poitiers – 1994)
Maîtrise en informatique et systèmes automatisés (université de Lille – 1995)
Stage formation chez IBM France (juin 1995 – octobre 1996)

Langues parlées :
Anglais, espagnol, portugais

Expérience professionnelle :
Responsable du parc d'ordinateurs aux Établissements Eurocarton (production de cartonnages en gros) (1996 – 1997)

Goûts et activités :
Brevet de pilote privé (1990)
Surf
Cinéma

</td><td>

CURRICULUM VITAE

Nom : Pierre TODESCHINI
Date de naissance : 15.06.1964
Divorcé – Sans enfant

Études / Diplômes :
Scolarité secondaire jusqu'en 1980

Expérience professionnelle :
– 1982 : apprentissage en mécanique automobile
– 1983 : mécanicien motoriste diesel – Transports FEUCHTER-HERRMANN à Münich (Allemagne)
– 1986 : chauffeur routier – Transports FEUCHTER-HERMANN à Münich (Allemagne)
– 1987 : chauffeur routier – entreprise de déménagements SCALFERTONI à Lyon
– 1990 : contremaître à France-Route (transports internationaux) à Grenoble
– 1991 : stage de formation en marketing et communication – Centre de formation permanente d'Issy-les-Moulineaux
– 1997: chef du personnel aux établissements DUFFAIT (transports routiers)

Langues parlées :
Italien et allemand

Goûts personnels et activités de loisir :
Football
Lecture
Voyages

</td></tr>
</table>

	1	2	3	4	5	6	7	8
Alain								
Pierre								
favorable (homme)								
défavorable (homme)								
favorable (femme)								
défavorable (femme)								

▣ 157. ARGUMENTER : NOUVEAU / PAS NOUVEAU

Écoutez et dites de quoi on parle et si le commentaire évoque quelque chose qui est nouveau ou pas nouveau :

	enr.	nou-veau	pas nouveau
un livre			
un film			
une voiture			
un tableau			
un camescope			

	enr.	nou-veau	pas nouveau
la prison			
un bâtiment			
la télévision			
un meuble			
quelqu'un			

▣ 158. ARGUMENTER : CHER / PAS CHER

Écoutez et dites si on évoque quelque chose de cher ou quelque chose de pas cher :

	cher	pas cher
1.		
2.		
3.		
4.		
5.		
6.		
7.		

	cher	pas cher
8.		
9.		
10.		
11.		
12.		
13.		
14.		

▣ 159. ARGUMENTER : LAID / BEAU

Écoutez et dites si on évoque quelque chose de laid ou quelque chose de beau :

	beau	laid
1.		
2.		
3.		
4.		

	beau	laid
5.		
6.		
7.		
8.		

⊡ 160. ARGUMENTER : AGRÉABLE / DÉSAGRÉABLE

Écoutez et dites si l'événement évoqué a été agréable ou désagréable :

	agréable	désagréable
1.		
2.		
3.		
4.		
5.		
6.		
7.		

	agréable	désagréable
8.		
9.		
10.		
11.		
12.		
13.		
14.		

161. ARGUMENTER : CHOISIR UN ARGUMENT

Complétez :

1. Ne craignez rien, c'est .... (dangereux / inoffensif / risqué)

2. .... Je ne vous veux pas de mal.
   (N'ayez pas peur ! / Faites attention ! / Prenez garde !)

3. Je vous préviens ! Méfiez-vous de lui. Je suis sûr qu'il fera tout pour vous .... faire votre travail ! (empêcher de / permettre de / aider à)

4. Les risques de crise économique sont .... La bourse est en chute libre, le chômage augmente. (infimes / manifestes / minimes)

5. Vous pouvez tout me dire. Je suis un homme très........................... (indiscret / bavard / discret)

6. Je vous assure : c'est un appareil très ....
   (inefficace / efficace / inutile)

7. Permettez-moi de vous recommander chaleureusement Serge Abbout. C'est un garçon .... (énergique / indolent / paresseux)

8. Pourquoi n'allez-vous pas passer quelques jours dans le Lubéron ? C'est une région tellement .... (banale / ordinaire / pittoresque)

162. ARGUMENTER :
CHOISIR UN ARGUMENT POSITIF OU NÉGATIF

Complétez :

1. Vous pouvez lui faire confiance, c'est une fille .... et ....
   (sans scrupule / honnête / consciencieuse / calculatrice / brouillonne)

2. Il a beaucoup de défauts. Il est ....
   et totalement .... (franc / menteur / inorganisé / efficace)

3. Dans l'ensemble, les résultats sont bons. Claudine est .... en français, par contre,
   elle est très douée en maths. (excellente / nulle / très régulière / motivée)

4. Ce que j'aime bien dans cet hôtel, c'est qu'il est .... et ....
   (calme / bruyant / cher / simple)

5. Vous devriez passer par la vallée de Chevreuse : la route est ....
   et .... (encombrée / plaisante / tranquille / défoncée)

6. J'avoue que je n'aime pas Fabrice : il est .... et ....
   (sûr de lui / prétentieux / modeste / timide)

7. Moi, je n'aime pas la télévision parce que je trouve que les programmes sont
   .... et .... (passionnants / creux / inintéressants / variés)

8. J'aime beaucoup cette boutique, tu sais. Les vendeuses sont ....
   et .... (souriantes / impolies / maussades / attentionnées)

163. (S') APERCEVOIR

A. Complétez :

1. Je me suis vite aperçu .... il me mentait.

2. Il ne s'est pas aperçu .... son erreur.

3. J'aperçois .... au milieu de la foule. (Depardieu / à Depardieu / de Depardieu)

B. Remplacez le verbe « (s') apercevoir » par un synonyme :

1. **Je me suis aperçu** qu'il était fatigué.
   J'ai conclu ❏   J'ai remarqué ❏   J'ai estimé ❏

2. Je l'ai **aperçu** au milieu de la foule.
   découvert ❏   deviné ❏   repéré ❏

3. Vous allez très vite **vous apercevoir** que j'avais raison.
   vous rendre compte ❏   conclure ❏   repérer ❏

4. Il **s'est aperçu** que c'était moi qui avais écrit ce texte.
   a pensé ❏   a estimé ❏   a remarqué ❏

164. CHERCHER

Complétez :

1. Ne cherche pas .... me revoir ! (à / de)

2. Je vais chercher ....
   (votre manteau / à votre manteau / de votre manteau)

3. Est-ce que vous pouvez chercher .... elle habite toujours à la même adresse ? (si / qu')

4. Il n'y a plus de sel. Tu peux aller .... chercher à la cuisine ?

5. Je n'ai pas cherché .... leur parler. (de / à)

6. – Je pourrais avoir de l'eau ?
   – Je vais vous .... chercher tout de suite.

7. Il est où Gaston ? Le patron .... cherche partout !

8. Si quelqu'un .... cherche, je suis chez moi.

165. CHOISIR

Complétez :

1. Il a choisi .... rester en France.

2. Je n'arrive pas à choisir .... ces deux modèles. (à / entre / de)

3. Je crois que je vais choisir .... moins cher des deux. (le / au / entre)

4. .... choisissez-vous ? (Auquel / Lequel / Duquel)

5. Si ça ne vous plaît pas, vous .... choisissez un autre.

166. ESPÉRER

A. Complétez :

1. J'espère .... ça ira mieux demain.

2. Je n'espère plus qu'il .... à son examen. (réussit / réussisse / réussirait)

3. J'espère .... meilleurs. (à des jours / des jours)

4. J'espère .... là avant la nuit. (à être / d'être / être)

5. Je n'espère plus rien .... sa part.

B. Remplacez le verbe « espérer » par un synonyme :

1. J'**espère** de bonnes nouvelles de mes enfants.
   J'attends ❏   Je compte sur ❏   J'ai besoin ❏

2. J'**espère** retrouver du travail rapidement.
   Je souhaite ❏   J'ai l'intention de ❏   J'ai besoin de ❏

3. J'ai toujours **espéré** le grand amour.
   nécessité ❏   compté sur ❏   attendu ❏

167. OUBLIER

A. Complétez :

1. J'ai oublié .... fermer la porte.

2. J'avais oublié .... tu n'aimais pas le fromage.

3. J'ai oublié .... Tu sais comment il s'appelle ?
   (à son nom / de son nom / son nom)

B. Remplacez le verbe « oublier » par un synonyme :

1. J'ai **oublié** l'heure.
   perdu ❑   égaré ❑   négligé ❑

2. J'ai **oublié** mon attaché case dans le métro.
   perdu ❑   abandonné ❑   négligé ❑

3. Avant de quitter l'avion, vérifiez que vous n'avez rien **oublié**.
   perdu ❑   abandonné ❑   laissé ❑

4. J'avais **oublié** de me présenter. Claude Petit, je suis journaliste.
   omis ❑   manqué ❑   égaré ❑

168. PRÉVENIR (SENS ET SYNTAXE DES VERBES)

A. Complétez :

1. Je vous préviens .... je ne tolérerai aucune absence injustifiée !

2. Je voudrais vous prévenir .... une chose : ici, il n'y a pas d'horaires !

3. Est-ce que vous .... avez prévenu à temps ? (lui / l' / y)

B. Remplacez le verbe « prévenir » par un synonyme :

4. Mon travail consiste à prévenir tout risque d'accident.
   éviter ❑   anticiper ❑   alerter ❑

5. Préviens-moi, en cas de problème.
   Évite-moi ❑   Parle-moi ❑   Avertis-moi ❑

6. Je vous avais prévenu ! Vous êtes viré !
   informé ❑   parlé ❑   averti ❑

7. Est-ce que vous l'avez prévenu de mon arrivée ?
   évité ❑   alerté ❑   informé ❑

8. Si vous continuez, je préviens la police.
   j'évite ❑   j'appelle ❑   vais à ❑

169. RECONNAÎTRE (SENS)

Reformulez les phrases en utilisant « admettre », « identifier » ou « visiter » :

1. Je reconnais mes erreurs.

....

2. Je l'ai reconnu à son rire.

....

3. Il a reconnu les lieux avant le tournage du film.

....

4. Est-ce que vous reconnaissez quelqu'un sur cette photo ?

....

5. Le public a enfin reconnu son immense talent.

....

B. Mettez en relation les phrases des deux colonnes qui ont le même sens :

1. Il a reconnu ses méfaits.   A. Il a changé

2. Il n'a pas reconnu les faits.   B. Il a nié.

3. Si tu voyais Henri, tu ne le reconnaîtrais pas.   C. Il a avoué.

4. Il a reconnu son fils illégitime.   D. Il est parti repérer les lieux.

5. Il est allé reconnaître le terrain.   E. C'est son père.

170. REGRETTER / AVOIR LE REGRET

Complétez :

1. Je regrette .... ne pas être là pour ton anniversaire.

2. Nous regrettons tous beaucoup que tu ne .... pas être parmi nous pour les fêtes de fin d'année. (peux / pourras / puisses)

3. Je regrette .... J'aimerais que tu me pardonnes.
   (de mon geste / mon geste / à mon geste)

4. J'ai le regret .... vous annoncer que votre candidature n'a pas été retenue.

Exposer, prendre la parole

171. LES PRONOMS RELATIFS

Complétez en utilisant « qui », « que » ou « dont » :

1. C'est une journée .... je me rappellerai toute ma vie.

2. C'est une fille .... j'ai connue au lycée.

3. C'est le seul .... soit capable de résoudre ce problème.

4. La question .... je vais vous entretenir pendant plus d'une heure est la suivante…

5. Il a connu un destin .... rêvent peut-être beaucoup d'entre vous.

6. C'est un ouvrage .... vous devez absolument lire.

7. C'est une anecdote .... n'est connue que par très peu de gens.

8. Il s'est passé un événement .... les journaux n'ont pas parlé.

172. LES PRONOMS RELATIFS

Complétez :

1. C'est un livre auquel .... beaucoup.
   (je tiens / j'aime / j'apprécie)

2. Je vais te présenter le garçon dont .... hier.·
   (j'ai rencontré / je t'ai parlé / j'ai connu)

3. René, c'est un vieil oncle pour qui ....
   (j'aime beaucoup / j'ai beaucoup d'affection / j'estime beaucoup)

4. Roger est un ami en qui ....
   (j'ai une grande amitié / je suis très fier / j'ai toute confiance)

5. Voilà des vacances dont .... toute ma vie !
   (je me souviendrai / je me rappellerai / je garderai en mémoire)

6. Les amies à qui elle .... lui ont rendu courage.
   (s'est informée / a consultées / s'est confiée)

7. Robert ne sait rien du pays où ....
   (il se rend / il visite / il parcourt)

8. Catherine est une personne dont ....
   (on critique beaucoup / on dit beaucoup de mal / on calomnie injustement)

173. LES PRONOMS RELATIFS : EMPLOI AVEC UNE PRÉPOSITION

Complétez les phrases en choisissant la préposition qui convient (à, avec, dans, pour, grâce, chez, sans, pendant, devant, de, sur, selon) :

1. Rosine est une amie .... qui je peux compter.

2. J'ai un sac .... lequel je mets toutes mes affaires de classe.

3. L'hypothèse .... laquelle la maladie de la vache folle serait transmissible à l'homme a été confirmée.

4. J'ai perdu une valise .... laquelle je n'avais pas inscrit mon nom et mon adresse.

5. André est quelqu'un .... qui je fais tout à fait confiance.

6. L'adolescence est une période .... laquelle beaucoup de jeunes gens éprouvent des difficultés.

7. Je ne te dirai pas le nom de la personne .... qui je tiens cette information.

8. José a fait des économies .... auxquelles il a pu s'acheter un petit appartement en Espagne.

174. CONSTRUCTION DE QUELQUES LOCUTIONS VERBALES

Complétez :

1. C'est quelqu'un .... j'ai tout à fait confiance. (en qui / auquel / pour qui)

2. C'est une fille .... j'ai la plus grande estime.
   (à laquelle / pour qui / en qui)

3. La seule chose .... j'ai envie, c'est d'aller me coucher.
   (dont / que / à laquelle)

4. Il y a une chose .... tu dois être attentif pendant tout le vol : c'est l'altimètre. (dont / à quoi / à laquelle)

5. Le coiffeur .... je vais est un véritable artiste. (où / chez lequel / que)

6. L'amour est un sentiment .... on ne peut s'empêcher de croire.
   (qu' / dont / auquel)

7. Malheur à celui .... le scandale arrive ! (par qui / à qui / de qui)

8. Il y a une colline au pied .... passe une petite route tranquille.
   (de laquelle / dont / de qui)

175. VOCABULAIRE : LE VERBE « TENIR »

Mettez en relation les phrases qui ont le même sens dans chacune des deux colonnes :

1. Je tiens beaucoup à lui.

2. Claude tient beaucoup de son père.

3. Ça y est ! Je tiens le bon bout !

4. Je tiens à vous annoncer personnellement la bonne nouvelle.

5. Ne tenez pas compte de ce que j'ai dit.

6. J'espère que ma voiture va tenir le coup !

7. Tiens bon ! J'arrive !

8. Il tient tête à tout le monde.

9. Est-ce que tu peux me tenir mon sac quelques instants ?

10. Il ne tient pas sa droite.

A. Il roule à gauche.

B. Je veux vous l'annoncer moi-même.

C. J'espère qu'elle ne tombera pas en panne.

D. J'ai beaucoup d'affection pour lui.

E. Il s'oppose à tout le monde.

F. Est-ce que tu peux prendre ça deux minutes ?

G. Résiste encore un moment !

H. Oubliez ce que j'ai dit.

I. Il ressemble à son père.

J. C'est presque fini.

176. LA NOMINALISATION

Complétez en utilisant une forme nominale représentant l'action du verbe en caractères gras :

1. Si vous voulez vous **abonner**, remplir la fiche d'........................... ci-jointe.

2. 40 % des Français **se sont abstenus** de voter. Il s'agit d'un taux d'........................... exceptionnel.

3. Nous allons **accueillir** plus de 200 personnes ce week-end.
   Qui se charge de l'........................... ?

4. Il y avait 800 candidats au concours d'........................... Nous en **avons admis** 250.

5. Vous **avez affirmé** que des élections auraient lieu prochainement. Pouvez-vous nous confirmer cette .... ?

6. Je l'**aime**. On ne peut rien contre l'...........................

7. Le temps va **s'améliorer** demain, mais cette .... sera passagère.

8. En été, les rues **sont animées**, mais cette .... disparaît en hiver.

9. Pour **annuler** votre commande, remplir le formulaire d'........................... ci-joint.

10. Nous **nous sommes associés** en 1977. Cette .... nous a permis de doubler notre chiffre d'affaire.

177. LA NOMINALISATION

Complétez en utilisant une forme nominale représentant l'action du verbe en caractères gras :

1. Avant d'**assurer** votre voiture, lire attentivement le contrat d' ....

2. Il va falloir **attendre**. Si vous voulez, je peux vous inscrire sur la liste d'...........................

3. Il passe des heures à **bavarder**. Je ne supporte plus ses ....

4. Il **s'est blessé** en tombant, mais ses .... ne sont pas graves.

5. Si vous voulez **boire**, il y a des .... fraîches dans le frigo.

6. Voilà, j'**ai** tout **branché**. Tu peux vérifier les .... ?

7. Si vous désirez **bronzer** en toute sécurité, il est conseillé d'utiliser une crème de ....

8. Vous **avez choisi** ce modèle. Je crois que vous avez fait le bon ....

9. J'**ai** déjà **collaboré** avec lui sur plusieurs projets. Cette .... a toujours été très efficace.

10. Je ne le **connais** pas très bien. J'ai fait sa .... il y a quelques jours seulement.

178. LA NOMINALISATION

Complétez en utilisant une forme nominale représentant l'action du verbe en caractères gras :

1. Vous ne pouvez pas **emprunter** d'argent. Vous avez déjà fait plusieurs ....

2. Si vous vous **ennuyez**, j'ai un bon remède contre l'..................................

3. Venez **essaycr** nos nouveaux modèles. Si cet .... vous a convaincu, contactez notre agence commerciale.

4. Je **me suis coupé** avec un couteau, mais la .... n'est pas grave.

5. Les passagers pour le vol AF 632, à destination de Tokyo, sont priés d'**embarquer** immédiatement. Je répète : vol AF 632, ... immédiat !

6. Il **a évoqué** son enfance. Cette .... était très émouvante.

7. **A**-t-il vraiment **existé** ? Beaucoup contestent son ....

8. J'ai essayé de lui **expliquer** mon programme. Je ne crois pas qu'il ait bien compris mes ....

9. Travaillez l'.................................. orale, si vous voulez vous **exprimer** sans difficulté en français.

10. Une bombe **a explosé**. L '.................................. a brisé les vitres des immeubles du quartier.

179. LA NOMINALISATION

Complétez en utilisant une forme nominale représentant l'action du verbe en caractères gras :

1. C'est **fermé**. Vous n'avez pas lu l'affiche ? C'est écrit « .... annuelle ».

2. Ce n'**est** pas encore **ouvert**. L'.................................. est pour demain.

3. L'usine **a été fondée** par mon arrière-grand-père. Nous fêterons cette année le centenaire de sa ....

4. Il **a été formé** par le professeur Lenotre. Il a donc reçu une excellente ....

5. Vous allez **guérir** dans quelques jours. Après votre ...., je vous conseille quelques jours de repos.

6. Claude Guérin **connaît** très bien la forêt amazonienne. Cette .... de l'environnement sera utile à l'expédition.

7. Nous **sommes arrivés** à minuit passé. À cause de cette .... tardive, nous n'avons pas pu visiter la ville.

8. J'ai dû faire **contrôler** ma voiture et ce .... technique m'a coûté près de 2500 francs !

9. À cause du brouillard, les voitures ont dû **ralentir** et ce .... est à l'origine des bouchons à la sortie de l'autoroute.

10. Il faut **visiter** notre ville ! Je vous assure qu'elle vaut la .... !

180. LA NOMINALISATION

Complétez en utilisant le verbe qui correspond à la forme nominale en caractères gras :

1. Vous pouvez .... tout ce que vous voulez. Les **consommations** sont gratuites.

2. Faire .... les pâtes dans de l'eau bouillante salée. Temps de **cuisson** : 10 minutes.

3. Il doit .... cela dans la journée. Vous serez informé de sa **décision** dans la soirée.

4. Pour vous ...., vous devez vous adresser au bureau des **inscriptions**.

5. Je vais bientôt .... Tu pourras m'aider pour le **déménagement** ?

6. Si vous voulez ...., vous devez vous adresser à l'Office National d'**Immigration**.

7. Il vient de faire un **héritage**. Il .... de son oncle Georges.

8. Surtout pas d'**hésitation**. Moi, j'ai accepté sans ....

9. Il faudra vous .... Pour cela, je vais vous donner un numéro d'**identification**.

10. Il faut .... Avec un peu d'**insistance**, je suis sûr que vous obtiendrez de bons résultats.

181. LA NOMINALISATION

Complétez en utilisant la forme nominale qui correspond au verbe en caractères gras :

1. Je vais vous **installer** un nouveau programme de gestion. Je vous explique comment ça fonctionne dès que j'ai terminé l'..

2. Je l'**ai** longuement **questionné**, mais il n'a pas répondu à toutes mes ....

3. Vous pouvez l'**inviter**, mais je ne sais pas si elle acceptera votre ....

4. Nous allons **lancer** dans l'espace un satellite de télécommunication. Le .... est prévu pour le 12 décembre.

5. J'**ai lavé** ta chemise, mais elle a rétréci au ....

6. Je n'ai plus le temps de **lire**, pourtant j'adore la ....

7. Si vous ne trouvez pas de ...., vous pouvez **loger** quelques jours à la maison.

8. Je voudrais **louer** une voiture. Vous pouvez m'indiquer une agence de .... ?

9. Vous **êtes né** en France. Quelle est votre date de .... ?

10. Je fais du théâtre pour **m'occuper**, mais j'ai d'autres ....

182. LA NOMINALISATION

Complétez en utilisant le verbe qui correspond à la forme nominale en caractères gras :

1. Je vais vous .... L'**opération** aura lieu demain matin.

2. Vous allez tout .... On m'a dit que vous aviez le sens de l'**organisation**.

3. Effectivement, nous .... de vous prévenir. Je m'excuse pour cet **oubli**.

4. Nous allons .... l'aile droite du château. La **visite** durera 20 minutes.

5. C'est une **perte** de temps inutile. J'ai horreur de .... mon temps !

6. Qui vous .... d'entrer ? Vous ne m'en avez pas demandé la **permission** !

7. Je .... le programme moi-même ou c'est vous qui faites les **présentations** ?

8. En mars, nous n'... que 12 000 voitures. Il faudra augmenter la **pro-duction** en avril.

9. On va ...., et après la **promenade,** vous pourrez regarder la télé.

10. Il .... beaucoup de choses, mais il ne respecte pas souvent ses **pro-messes**.

183. LA NOMINALISATION

Complétez en utilisant la forme nominale qui correspond au verbe en caractères gras :

1. Il n'y a aucune .... : la maison n'**est protégée** par aucun système de sécurité.

2. Ce n'est pas la peine de **protester**. Il n'admet pas la ....

3. Après la .... de son premier roman en 92, il n'**a** plus rien **publié**.

4. Après **avoir réalisé** plusieurs courts métrages, il travaille à la .... d'un film sur la Révolution française.

5. Je vais le **recevoir**. Dites-lui de m'attendre à la ....

6. Il ne **rédige** pas d'article, mais il travaille à la .... du journal.

7. Vous m'aviez promis de me **rembourser**. J'attends toujours mon ....

8. Je vous **remercie**. Et soyez sûr que mes .... sont sincères.

9. Cela vous fera 150 francs pour le .... de la courroie de ventilateur. Voulez-vous que je vous **remplace** aussi les bougies ?

10. Je ne garantis pas la .... Je l'**ai réparé** moi-même.

184. LA NOMINALISATION

Complétez en utilisant la forme nominale qui correspond au verbe en caractères gras :

1. Ne lui **confie** aucun secret ! Je n'ai pas .... en lui.

2. Nous allons **répéter** la scène. Tout le monde en place pour la .... !

3. Vous n'**avez** pas **réservé** ? Désolé, mais vous ne pouvez pas entrer sans .... !

4. Je **suis satisfait**. Ce matériel m'a donné entière ....

5. Ils **se sont séparés** plusieurs fois. La dernière .... date de la semaine dernière.

6. Vous devez **signer**. J'ai besoin d'une .... en bas, à droite.

7. Nous avons reçu de nombreux .... de sympathie. Tous **témoignent** de la popularité de Paul Simon.

8. Votre roman **a été traduit** en plusieurs langues. Que pensez-vous de la .... française de votre livre ?

9. Cet appareil est très facile d'.. Un enfant de 4 ans pourrait l'**utiliser**.

10. Il faut **verser** 200 francs à la commande et le solde en six .... de 456 francs.

185. LA NOMINALISATION

Complétez :

1. On ne peut pas **se baigner**. Il y a un panneau « .... interdite ». (baignoire / baigneur / baignade)

2. Je vous **ai commandé** un téléviseur et je n'ai toujours pas reçu .... (mon commandement / ma commande / mon commandant)

3. Vous **avez compté** ? Les bons .... font les bons amis. (compteurs / comptes / comptages)

4. J'**espérais** partir à l'étranger. L'.. fait vivre. (espoir / espérance / expérience)

5. J'**habite** dans une HLM. HLM, ça signifie ...., à Loyer Modéré. (Habitat / Habitant / Habitation)

6. Les écologistes **agissent** pour la défense de l'environnement et j'approuve chaleureusement leurs .... (actions / actes / agissements)

7. Il faut **garnir** la pâte brisée et répandre deux cuillerées à soupe de sucre sur .... de fruits. (le garnissage / la garniture / la garnison)

8. Désolé, Monsieur Perrin : le poisson n'**est** pas **arrivé**. Attendez l'.. de demain. (arrivée / arrivisme / arrivage)

186. LES MOMENTS D'UNE PRISE DE PAROLE

Écoutez et dites s'il s'agit du début, du milieu ou de la fin d'une prise de parole. Identifiez l'expression utilisée :

enr.	expression utilisée	début	milieu	fin
1.				
2.				
3.				
4.				
5.				
6.				
7.				
8.				

187. LES MOMENTS D'UNE PRISE DE PAROLE

Écoutez l'orateur et dites s'il est au début, au milieu, ou à la fin de son discours. Indiquez l'expression qui vous a permis d'identifier le passage du discours :

enr.	début	milieu	fin	expression utilisée
1.				
2.				
3.				
4.				
5.				
6.				
7.				
8.				
9.				
10.				

188. PRÉFIXATION EN « RE- » (VERBES)

Reformulez les phrases en utilisant le préfixe « re- », « ré- » ou « r- » :

1. Je me suis abonné pour un an supplémentaire au *Nouvel Observateur*.

....

2. Je l'ai appelé à nouveau.

....

3. Je l'ai vu pour la deuxième fois ce matin.

....

4. J'ai de nouveau branché la prise.

....

5. Elle a changé les meubles de place une nouvelle fois.

....

6. J'ai encore déménagé !

....

7. Je vais peindre en bleu la chambre jaune.

....

8. J'ai organisé de façon différente le service d'accueil.

....

189. PRÉFIXATION EN « RE- » (NOMS)

Dites si le nom en « re- » ou « ré- » exprime une répétition (exemple : reformulation / formulation). Si oui, écrivez ce nom :

1. J'ai une réunion à 10 heures. ....

2. Les syndicats ont demandé une renégociation de la durée
du temps de travail. ....

3. Il m'a adressé ses remerciements. ....

4. Je dois faire une relecture de son manuscrit. ....

5. Je souhaite une réévaluation de mes dettes. ....

6. Est-ce que vous pouvez me faire un petit résumé de la situation ? ....

7. On assiste à un refroidissement de la planète. ....

8. J'exige une redéfinition de nos objectifs. ....

9. La réorganisation de nos services va prendre plus de temps
que prévu. ....

10. Il prépare une nouvelle réglementation du droit d'asile. ....

190. PRÉFIXATION EN « IN- » OU « IM- » (NOMS) :

Dites si le nom en « in- » ou « im- » est le contraire d'un autre nom (exemple : précision / imprécision). Si oui, écrivez ce nom :

1. Il a agi avec beaucoup d'imprudence. ....

2. Il a fait preuve de beaucoup d'ingéniosité. ....

3. Il m'a regardé avec incompréhension. ....

4. Je ne comprends pas votre impatience. ....

5. Il a fait preuve d'injustice. ....

6. On a remarqué son intelligence. ....

7. Les médias ont souligné son impopularité. ....

8. Interdiction de stationner. ....

9. Je ne supporte pas l'immobilité. ....

10. Le Premier ministre a souligné l'instabilité du franc. ....

191. PRÉFIXATION EN « IN- » OU « IM- » (ADJECTIFS) :

Dites si l'adjectif en « in- » ou « im- » est le contraire d'un autre adjectif (exemple : impossible / possible). Si oui, écrivez ce nom :

1. C'est un garçon très imaginatif. ....

2. Je le trouve un peu trop imprudent. ....

3. Votre dossier est incomplet. ....

4. Je vais vous faire un contrat à durée indéterminée. ....

5. C'est très immoral ! ....

6. C'est une décision imbécile. ....

7. Tout cela était parfaitement imprévisible. ....

8. On a fait une réunion informelle. ....

9. C'est une attitude incompréhensible. ....

10. Ils sont innocents. ....

192. PRÉFIXATION EN « DÉ- »

Dites, pour chaque couple de phrases, si les actions exprimées par les verbes sont inverses ou non :

	inverse	pas inverse
1. J'ai **décollé** le papier peint. J'ai **collé** un timbre sur l'enveloppe.		
2. Christophe Colomb **a découvert** l'Amérique. Il **a couvert** son livre.		
3. Le lavabo **est bouché**. Je vais **déboucher** une bouteille.		
4. Tu peux **débrancher** la télévision. Tu peux **brancher** la prise ?		
5. Je vais **chausser** mes bottes. Vous devez vous **déchausser** avant d'entrer.		
6. J'ai oublié de **me coiffer** ce matin. Avec ce vent, je **suis** complètement **décoiffée**.		
7. Il sait **se défendre**. Je vais **fendre** du bois.		
8. Est-ce que vous pouvez **définir** votre projet en quelques mots ? Je viens de **finir** mon projet.		

193. COMMENCER

A. Complétez :

1. J'ai commencé .... vers 5 heures du matin. (de dormir / à dormir / dormir)

2. Je n'ai pas encore commencé ....
   (à mon rapport / de mon rapport / mon rapport)

B. Remplacez « commencer » par un synonyme :

1. J'**ai commencé** ma carrière dans un petit théâtre de banlieue.
   ai débuté ❑   ai initialisé ❑   suis né ❑

2. J'**ai commencé** un régime pour maigrir.
   ai entrepris ❑   ai amorcé ❑   ai ouvert ❑

3. C'est lui qui **a commencé** la discussion.
   a créé ❑   a entrepris ❑   a entamé ❑

4. Le mouvement surréaliste **a commencé** dans les années 20.
   a entamé ❑   est né ❑   s'est ouvert ❑

5. J'**ai commencé** les premiers contacts avec son équipe.
   J'ai amorcé ❑   J'ai fondé ❑   J'ai attaqué ❑

6. Les coureurs **ont commencé** l'ascension de l'Alpe d'Huez.
   ont ouvert ❑   ont attaqué ❑   ont initialisé ❑

7. Nous pouvons **commencer** la séance.
   ouvrir ❑   attaquer ❑   entreprendre ❑

8. C'est mon grand-père qui **a commencé** l'entreprise.
   a fondé ❑   est né ❑   a amorcé ❑

9. La France **a commencé** son redressement économique.
   a ouvert ❑   a créé ❑   a amorcé ❑

10. J'**ai commencé** à réorganiser le Centre de documentation.
    J'ai entrepris de ❑   J'ai entamé de ❑   J'ai débuté à ❑

194. ACHEVER (SENS ET SYNTAXE)

A. Complétez :

1. J'ai achevé .... dans les délais. (à mon travail / de mon travail / mon travail)

2. J'aurai achevé .... réparer la voiture en fin de journée.

B. Remplacez « achever » par un synonyme :

1. Il est parti sans **achever** son repas.
   finir ❑   aboutir ❑   prendre fin ❑

2. La seconde guerre mondiale **s'est achevée** en 1944.
   a abouti ❑   a pris fin ❑   s'est conclue ❑

3. « Et maintenant, je souhaite bonne chance à tous », a-t-il **achevé**.
   a conclu ❑   a pris fin ❑   a abouti ❑

195. QUELQUES SENS PARTICULIERS DE « UN » ET « UNE »

Mettez en relation les phrases de la première colonne avec les mots de la deuxième colonne :

1. Il n'en a pas décroché **une** de toute la soirée.   A. double utilisation

2. Sa photo est à **la une** de tous les journaux.   B. le roi

3. La République est **une** et indivisible.   C. la première page

4. Il y a un bon film sur **la une**.   D. TF1

5. C'est le **numéro un** de la chaussure.   E. une parole

6. C'est un produit **2 en 1**.   F. unique

196. PRÉFIXATION EN « RE- » OU « DE- » (VERBES)

Comparez les verbes des deux colonnes et dites s'ils expriment une répétition (verbes en « re- »), ou le contraire (verbes en « de- ») les uns par rapport aux autres, ou s'il s'agit d'un autre sens :

		répétition	contraire	autre sens
1. Je vais **réchauffer** le rôti.	Tu fais **chauffer** du lait ?			
2. J'**ai dépensé** beaucoup d'argent.	J'ai beaucoup **pensé** à toi.			
3. J'**ai défait** ma valise.	J'**ai fait** le lit.			
4. Tu peux **refaire** les comptes ?	Je **fais** mon travail.			
5. Je **recommence** à zéro.	La séance va **commencer**.			
6. Je vais **rejouer** le cinq.	Tu sais **jouer** aux échecs ?			
7. **Déshabillez-vous** !	Je vais **m'habiller**.			
8. Vous pouvez **découper** le poulet ?	Attention ! Tu vas te **couper** !			
9. Vous devez **déconnecter** l'écran.	Voilà, j'**ai connecté** tous les câbles.			
10. Vous pouvez me **répondre** rapidement ?	Une poule, ça **pond** combien d'œufs par jour ?			

197. VOCABULAIRE : VERBE « PRENDRE »

Mettez en relation les phrases qui ont le même sens dans chacune des deux colonnes :

1. J'ai pris froid à la piscine.

2. Françoise a mal pris mes reproches.

3. Le boxeur a pris des coups.

4. L'enfant a pris peur en voyant le gros chien.

5. Excuse-moi, je t'ai pris pour quelqu'un d'autre.

6. Prends garde à toi !

7. Claude s'est décidé à prendre femme.

8. Je ne sais pas combien le dentiste va me prendre.

9. Jean prend sa retraite l'année prochaine.

A. Il s'est enfin marié.

B. J'ignore le prix de son intervention.

C. Mes paroles l'ont blessée.

D. Fais attention !

E. Il va prochainement arrêter de travailler.

F. Je me suis enrhumé.

G. Je t'ai confondu avec une autre personne.

H. Il a été frappé.

I. Il a été effrayé.

198. VOCABULAIRE : VERBE « PRENDRE »

Mettez en relation les phrases qui ont le même sens dans chacune des deux colonnes :

1. Le voleur a pris la fuite avant l'arrivée de la police.

2. Qu'est-ce qui te prend ? Pourquoi tu ris ?

3. Avec moi, ce genre de ruse ne prend pas.

4. Le patron s'en est pris à moi.

5. Ne fais pas comme ça : tu t'y prends mal.

6. Il faut attendre que la colle prenne.

7. J'ai dû m'y reprendre à plusieurs fois.

8. La police l'a pris à 200 km/h sur l'autoroute.

9. Jean-François ? Il se prend trop au sérieux !

10. Même si tu n'aimes pas ce boulot, il faut prendre sur toi, mon vieux !

A. Tu ne sais pas bien faire.

B. Il s'est fait arrêter pour excès de vitesse.

C. Il faut qu'elle sèche et durcisse.

D. Il faut faire des efforts de bonne volonté.

E. J'ai dû recommencer le travail.

F. Il se considère comme très important.

G. Qu'est-ce que tu as ?

H. Je ne me laisse pas tromper.

I. Il s'est échappé.

J. Il m'a fait des reproches.

199. EXPRESSIONS MÉTAPHORIQUES ET POPULAIRES : EMPLOI DE PRONOMS

Dans les expressions suivantes, dites ce que représente le pronom :

1. Écoute, je vais t'**en** raconter une bien bonne. ....

2. Tu sais, Robert, c'est un homme heureux : il se **la** coule douce. ....

3. On a vraiment beaucoup mangé : on s'**en** est mis jusque-là ! ....

4. À la fin du repas, comme d'habitude, Vincent **en** a poussé **une**. ....

5. Ça suffit ! Ferme-**la** ! ....

6. Il m'énervait. Alors, il s'**en** est pris **une** ! ....

7. On se **les** gèle ! ....

8. J'**en** ai entendu de belles sur son compte. ....

9. Il s'**en** est mis plein les poches. ....

10. Il ne **l**'a pas ouverte de toute la soirée. ....

(la nourriture / les fesses / une chanson / de l'argent / des informations / la bouche / une gifle / une histoire / la vie)

200. LA COMPARAISON : EXPRESSIONS IMAGÉES

Indiquez le sens de la comparaison en choisissant l'expression qui correspond :

1. Le plombier a fait ce travail à la va comme je te pousse.
   Il a travaillé très vite. ❑
   Il a travaillé n'importe comment. ❑
   Il n'a pas travaillé du tout. ❑

2. Nous avons été reçus comme des chiens dans un jeu de quilles.
   Nous avons été très mal accueillis. ❑
   ˙ Nous avons été reçus chaleureusement. ❑
   Personne n'est venu nous attendre. ❑

3. Quand je suis entré sans la classe, on m'a regardé comme une bête curieuse.
   J'ai regardé tout le monde avec curiosité. ❑
   On m'a reproché d'être trop curieux. ❑
   Tout le monde m'a regardé avec insistance. ❑

4. À la fin du film, Rosine a pleuré comme une Madeleine.
   Elle a pleuré toutes les larmes de son corps ❑
   Elle a retenu ses larmes. ❑
   Ses yeux sont restés secs. ❑

5. René tient à sa voiture comme à la prunelle de ses yeux.
   Il aime beaucoup sa voiture. ❑
   Sa voiture est très belle. ❑
   Il se préoccupe peu de sa voiture. ❑

6. Tu es heureux comme un roi !
   Tu as beaucoup de soucis. ❑
   Tu as vraiment de la chance. ❑
   Tu es très heureux. ❑

7. Habillé comme ça, tu es beau comme un astre.
   Tu es très beau. ❑
   Tu as des habits neufs. ❑
   Tu es habillé trop discrètement. ❑

8. Mais c'est simple comme bonjour !
   Il y a quelques petites difficultés. ❑
   C'est très facile. ❑
   C'est difficile. ❑

201. LA COMPARAISON

Complétez les phrases avec le mot qui convient, puis indiquez le sens de la comparaison en choisissant l'expression qui correspond :

1. Tu .... comme un chat ! (manges / écris / cours)
   Cette expression signifie : tu manges très vite. ❑
                                tu écris très mal. ❑
                                tu cours bien. ❑

2. Je .... comme de l'an quarante de ce qu'Elise m'a dit.
   (me moque / me souviens / suis content)
   Cette expression signifie : je me rappelle exactement ce qu'elle m'a dit. ❑
                                je ne me soucie absolument pas de ce qu'elle m'a dit. ❑
                                je suis très satisfait de ce qu'elle m'a dit. ❑

3. Il .... comme un phoque en montant les escaliers. (peine / marche / souffle)
   Cette expression signifie : il a une démarche ridicule. ❑
                                il respire bruyamment. ❑
                                il est beaucoup trop gros. ❑

4. Méfie-toi de Denise : elle est .... comme la gale.
   (méchante / féroce / atroce)
   Cette expression signifie :   elle est violente.   ❑
                                 elle est malfaisante.   ❑
                                 elle est hypocrite.   ❑

5. C'est un garçon qui .... toujours comme un chat sur ses pattes.
   (saute / se déplace / retombe)
   Cette expression signifie :   il sait se tirer de situations difficiles.   ❑
                                 il est très souple.   ❑
                                 c'est un athlète complet.   ❑

6. C'est incroyable ! Jean-Pierre, il est sérieux comme ....
   (un croque-mort / un pape / un marchand de vin)
   Cette expression signifie :   il ne plaisante jamais.   ❑
                                 il a toujours le mot pour rire.   ❑
                                 il travaille bien.   ❑

7. Ce garçon, je ne l'aime pas trop : il est raide comme ....
   (la justice / la loi / la liberté)
   Cette expression signifie :   c'est un joyeux plaisantin.   ❑
                                 il n'est pas très drôle.   ❑
                                 il a beaucoup d'humour.   ❑

Rédiger

202. REPÉRAGE DES MARQUEURS TEMPORELS ET ARTICULATEURS LOGIQUES

Relevez dans le texte d'une part les éléments qui indiquent le temps, et d'autre part les articulateurs logiques :

Il y a eu hier, sur l'autoroute A9, un gigantesque accident. En raison du brouillard très épais, un camion a percuté une voiture de tourisme ; après cette première collision, six autres véhicules n'ont pas pu s'arrêter à temps et sont ainsi venus créer un énorme carambolage. Peu après, une personne qui voulait porter secours aux blessés a été renversée par un véhicule sur l'autre voie de l'autoroute. À cause de cet autre accident, un accrochage s'est produit sur l'autre voie. Il y a donc eu dans ce carambolage un mort, trois blessés graves et plusieurs blessés légers. Grâce à la diligence des secours, les blessés ont été transportés à l'hôpital de Marseille. Une fois de plus, les causes de ce dramatique accident sont le brouillard et la vitesse excessive sur autoroute.

marqueurs temporels	articulateurs logiques

203. AFFINER SON STYLE

Récrivez le texte en utilisant les pronoms relatifs, les articulateurs logiques, des appositions, etc :

Aujourd'hui, beaucoup de personnes connaissent des problèmes sentimentaux. Elles vivent souvent seules. Elles sont parfois mariées. Elles écrivent au courrier du cœur d'un journal. Elles consultent des voyantes. Elles téléphonent aux animateurs d'émissions de radio spécialisées. Elles pensent que ces « spécialistes » peuvent les aider. Elles ne sont pas capables d'analyser elles-mêmes la situation. Elles n'ont personne à qui se confier. Leur solitude est vraiment grande. Elles sont souvent timides et réservées. Elles craignent les indiscrétions. Elles choisissent l'anonymat de ces interlocuteurs. Pour elles, ce sont des oreilles amies. Elles peuvent enfin exprimer leur angoisse et leur mal de vivre.

....
....
....
....
....
....
....
....
....
....

204. AFFINER SON STYLE (SIMPLIFIER SON EXPRESSION)

Récrivez les phrases suivantes en évitant l'accumulation des propositions relatives :

La pollution est un fléau majeur qui met en danger la vie de la planète que l'homme est en train de détruire et dont il épuise les ressources qui feront demain défaut aux générations futures.

....

....

....

L'apprentissage d'une langue étrangère est une ouverture sur une autre culture qui enrichit celui qui apprend et qui lui permet de confronter son mode de pensée à celui d'autres hommes dont il découvre les différences et qu'il apprend à connaître et à aimer.

....

....

....

205. AFFINER SON STYLE

Récrivez le texte suivant en le structurant au moyen d'articulateurs :

Antoine est un garçon très déplaisant. Il ne fait que ce qui lui plaît. Il ne se préoccupe absolument pas des autres. Tout le monde doit être à sa disposition. Il est présent ; personne n'existe plus. On lui demande un petit service ; il fait comme s'il n'avait pas entendu. Il n'écoute pas les autres. Il leur coupe la parole. Il ne s'intéresse qu'à lui-même. Quelqu'un se moque gentiment de lui ; il se met en colère. Il a réussi à se faire détester de tout le monde.

....

....

....

....

....

....

....

206. AFFINER SON STYLE

Récrivez le texte suivant en le simplifiant et en le structurant au moyen d'articulateurs :

J'aimerais bien voyager et partir droit devant moi pour visiter les cinq continents et voir vivre les gens d'autres pays et découvrir d'autres façons de vivre et goûter les mille et un plats nouveaux de la gastronomie du monde et me faire beaucoup d'amis et je m'emplirais les yeux des plus beaux paysages de la planète et je rentrerais chez moi et je serais plus riche de toutes ces rencontres et de toutes ces beautés.

....

....

....

....

....

....

207. STRUCTURER UN TEXTE

Reconstituez un texte à partir des phrases suivantes données dans le désordre, en introduisant des articulateurs logiques et la ponctuation qui convient :

1. Il appartient aux publicitaires de réglementer la profession.
2. La publicité est au service du consommateur.
3. Elle rend la vente de masse possible en abaissant les coûts.
4. Il arrive que la publicité informe mal et même trompe délibérément le consommateur.
5. La publicité a un rôle positif sur la consommation.
6. Elle favorise, voire provoque, des achats inutiles.
7. Elle a un incontestable attrait esthétique.
8. Elle occupe une place trop importante dans les médias et défigure nos villes.
9. Il faut que les consommateurs contrôlent la publicité et se montrent exigeants.
10. Son premier but est d'informer le client.
11. Certains films publicitaires sont de véritables chefs-d'œuvre d'humour.

....
....
....
....
....
....
....
....
....
....
....
....

208. DÉFINIR

Écoutez les enregistrements et mettez en relation le numéro de la définition que vous avez entendue avec l'objet, la personne ou la notion définis :

objet, personne ou notion définis	dialogue
la pollution urbaine	
Voltaire	
ricaner	
Le Mouvement de Libération des Femmes (M.L.F.)	
une inauguration	
les Objets Volants Non Identifiés (O.V.N.I.)	
un mini-hachoir électrique	
la solidarité	

209. DÉFINIR

Complétez les définitions suivantes en utilisant l'expression qui convient :

1. Les nouvelles mesures gouvernementales .... réduire la durée du travail.

2. « L'innovation » .... « l'invention, la nouveauté ».

3. L'intérêt des nouvelles mesures gouvernementales .... une répartition différente de l'impôt.

4. Un sécateur .... tailler les rosiers et les arbres.

5. Qu'est-ce que le progrès social, ... l'amélioration du sort des plus défavorisés ?

6. Les moustiques .... paludisme.

7. « Une névrose » : .... une maladie qui affecte la vie psychique du patient.

8. « Réprouver quelque chose » .... « approuver ».

(consister en / sinon / servir à / consister à / être un synonyme de / être l'agent de / s'agir de / signifier le contraire de)

210. PRÉCISION DU VOCABULAIRE : LE VERBE « FAIRE »

Récrivez les phrases suivantes en remplaçant le verbe « faire » par un verbe plus précis emprunté à la liste ci-dessous :

1. Cet été, nous avons fait 2400 kilomètres en un mois.

....

2. C'est un garçon très habile de ses mains : il a fait lui-même sa maison.

....

3. Dans cette région, la plupart des agriculteurs font des céréales.

....

4. Henri a fait beaucoup d'argent en vendant des voitures d'occasion à l'étranger.

....

5. Excusez-moi, monsieur, est-ce que vous faites ce modèle d'aspirateur ?

....

6. Je pense que Josette fait du 36 ou du 37, maximum.

....

7. Il ne faut pas t'en faire pour Jacques : il va réussir, tu verras.

....

8. La fille aînée des Reverdy fait droit à Montpellier.

....

9. Jean-Paul, est-ce que tu as fait ta chambre ?

....

10. Ces chaussures sont solides : elles m'ont fait quatre ans.

....

(durer / étudier / être soucieux, soucieuse / vendre / construire / chausser / parcourir / gagner / produire / nettoyer)

211. PRENDRE DES NOTES

Écoutez l'enregistrement et prenez des notes :

....

....

....

....

....

....

....

212. ORAL / ÉCRIT : RAPPORTER UN ÉVÉNEMENT PAR ÉCRIT

Écoutez l'enregistrement et écrivez un article de journal en reprenant et en développant les informations :

....

....

....

....

....

....

....

....

....

....

213. ORAL / ÉCRIT : EXPRESSION DE L'OPINION

Lisez le texte, écoutez les enregistrements et dites, pour chaque partie du texte, de quel enregistrement le journaliste s'est servi pour rédiger son article :

1   ***Extérieur nuit*** : le nouveau film de Claude Durand

C'était hier la sortie attendue du dernier film de Claude Durand, *Extérieur nuit*.
5   Nous avons recueilli les opinions des premiers spectateurs, à l'issue de la projection. Ce sondage, première réaction « à chaud », peut permettre de détecter des tendances et de vérifier si les
10   éloges des critiques parues dans la presse sont justifiées ou non. Ce qui se dégage de ce micro-trottoir, c'est que chacun a vu le film à sa façon. Les réactions sont en effet très disparates. D'un
15   côté, il y a la jeune femme que j'ai interrogée et qui sort en pleurant et se déclare bouleversée par le film. De l'autre, le jeune homme blasé qui, tout en appréciant la qualité du film, en sort
20   sans enthousiasme. Il y a ceux qui l'ont trouvé sans intérêt. Mais en face de ces spectateurs déçus, il y a les enthousiastes, les passionnés.

Pourtant, certains en sont sortis avec une impression générale positive et, en
25 même temps, avec le sentiment d'un assemblage de séquences connues. Ce film restera sans doute comme un hommage rendu par Claude Durand au ci-
30 néma français avec toute une série de clins d'œil à des chefs-d'œuvre comme *Les Enfants du paradis*, *La Nuit américaine*.

Le *happy end* semble très réussi puisque les spectateurs sont unanimes dans
35 les louanges en ce qui concerne les scènes finales du film.

Edouard Legolf, *Cinépanorama*.

214. RÉSUMER UN TEXTE

Résumez le texte ci-dessous en 90 mots, en vous servant du schéma :

Un sport universel...

La pétanque est un jeu extrêmement populaire en France : retraités sur les places publiques du Sud (et du Nord aussi !), familles en villégiature campagnarde pendant les dimanches d'été, touristes en vacances dans les campings de France, tous s'adonnent à ce sport sympathique et bon enfant. La Fédération française de pétanque compte 460 000 licenciés. Elle arrive en quatrième position derrière les « grandes fédérations », celles de football, de tennis et de ski.

Il faut dire que la pétanque a pour elle son extrême simplicité. Le jeu consiste pour chaque joueur à placer trois boules métalliques aussi près que possible d'une petite sphère de bois qu'on appelle « le bouchon ». On peut aussi chasser du jeu les boules de l'adversaire en les « tirant ». La pétanque peut être pratiquée en individuel ou en équipes de deux, trois ou quatre joueurs.

Née à la fin du siècle dernier à La Ciotat, à proximité de Marseille, la pétanque est en passe de devenir un sport universel. Ainsi, le championnat du monde en triplettes (c'est-à-dire en équipes de trois joueurs) rassemble quelque deux cents champions originaires d'une quarantaine de pays. La France, longtemps souveraine dans ce championnat, risque de se voir ravir sa suprématie par des nations qui lui contestent régulièrement son titre : autres pays d'Europe ou du Maghreb mais aussi joueurs venus de pays très lointains comme les Thaïlandais.

Bref, économique, facile, ouverte à tous et conviviale, la pétanque était appelée à franchir les frontières étroites de son midi natal pour conquérir le monde. On la pratique aujourd'hui sur tous les continents.

(270 mots)

rapport logique		idées
thème		**Pétanque = jeu populaire** – retraités, familles, touristes la pratiquent – Fédération française de pétanque = 460 000 membres – 4^e
explication / idée 1	Il faut dire que	**pétanque = extrême simplicité** – règle du jeu : 3 boules + « bouchon » – jeu individuel ou en équipes (2, 3 ou 4 joueurs)
explication / idée 2 exemple	Ainsi	**Pétanque = en passe de devenir un sport universel** championnat du monde = 200 champions / 40 pays France = titre de champion menacé par d'autres pays (Europe, Maghreb, Thaïlande)
conclusion	Bref	pétanque = économique, facile, ouverte à tous, conviviale ⇒ pratiquée sur tous les continents

215. RÉSUMER UN TEXTE

Résumez le texte ci-dessous en 110 mots, en vous servant du schéma :

La voiture de demain

La voiture de demain présentera un grand nombre d'innovations sur lesquelles travaillent déjà les bureaux d'études des constructeurs automobiles. Voici un aperçu de ce que sera la voiture du siècle prochain...

Comment ouvrira-t-on la voiture de demain ? Elle ne comportera ni poignée, ni clé, ni serrure. Il suffira d'appuyer sa main sur un point de la carrosserie et la voiture intelligente reconnaîtra son propriétaire et légitime conducteur à ses empreintes digitales. Une fois installé à l'intérieur, l'automobiliste affiche sur l'écran du système de navigation le lieu où il veut se rendre. L'ordinateur central de bord propose alors plusieurs itinéraires : le plus rapide, le plus économique, le plus intéressant sur le plan touristique, le moins encombré. Et le conducteur dispose...

Mais les principales innovations concernent la sécurité et la protection de l'environnement. Ainsi, les voitures de demain seront construites dans des matériaux plus résistants. Les constructeurs vont également augmenter le nombre de coussins gonflables qui éviteront les chocs meurtriers contre le haut de la portière ou même le toit en cas de tonneau. Grâce à des capteurs électroniques, le véhicule pourra analyser l'haleine du conducteur et refusera de démarrer si le test révèle un taux d'alcoolémie supérieur à 0,5 g. Enfin, les ingénieurs étudient un radar anti-collision. Celui-ci détecte les obstacles et repère le véhicule qui précède ou qui suit. L'ordinateur de bord intervient alors sur le moteur pour adapter la vitesse et la réduire si le véhicule s'approche trop près d'un obstacle mobile ou fixe.

La voiture électrique est appelée à se développer parce que l'opinion publique est de plus en plus sensible au problème de la pollution de l'air par les gaz d'échappement, dans les grandes villes notamment. D'autre part, les énergies fossiles (pétrole) ne sont pas inépuisables. Cependant, la mise au point de véhicules électriques performants sur le plan de la vitesse et de l'autonomie demandera encore plusieurs années. Mais déjà, les ingénieurs se tournent vers une réalisation technique à plus long terme : le moteur à hydrogène.

(333 mots)

rapport logique		idées
introduction		Voiture de demain = beaucoup **d'innovations**
explication		1. Ouverture = empreintes digitales 2. Système de navigation / ordinateur = choix d'itinéraire
ajout d'arguments	Mais	principales innovations = sécurité + protection de l'environnement
exemples / idée 1	Ainsi	**1. Sécurité :** – matériaux + résistants
ajout d'un exemple	également	– augmentation du nombre de coussins gonflables – analyse de l'haleine du conducteur ⇒ refus de démarrer si alcoolémie > 0,5 g
ajout d'un exemple	Enfin	– radar anticollision = détecte les obstacles ⇒ ordinateur intervient sur le moteur
exemples / idée 2		**2. Protection de l'environnement** – Voiture électrique = développement
explication / cause	parce que	opinion publique sensible à la pollution
ajout d'une explication	D'autre part	– énergies fossiles ≠ inépuisables
opposition	Cependant	– elle n'est pas encore au point (plusieurs années)
opposition	Mais	– projet à long terme : le moteur à hydrogène

216. ORAL / ÉCRIT : SYNTHÈSE D'INFORMATIONS

Écoutez la conversation et, en choisissant parmi les différentes propositions, rédigez la lettre qui correspond :

Suite à notre réunion…   ❑ que nous n'organiserons pas de…   ❑
Suite à notre conversation téléphonique…   ❑ que nous organiserons un…   ❑
Suite à notre rencontre…   ❑
                                                         concert   ❑
j'ai le plaisir de…   ❑ voyage   ❑
j'ai le regret de…   ❑ colloque   ❑

vous confirmer…   ❑ du 8 au 15 septembre   ❑
vous informer…   ❑ le 18 septembre   ❑
vous annoncer…   ❑

217. ENRICHISSEMENT DU VOCABULAIRE : LA MÉTAPHORE

Précisez le sens de la phrase (l'expression métaphorique est en caractères gras) :

1. Josana, c'est une vraie **peste** !
   Elle est insupportable. ❑
   Elle sent mauvais. ❑
   Elle parle trop. ❑

2. Tu as de vrais **yeux de lynx.**
   Tu as les yeux très foncés. ❑
   Tu as une très bonne vue. ❑
   Tu as de tout petits yeux. ❑

3. Quel **rasoir**, ce conférencier !
   Il est très précis. ❑
   Il est intéressant. ❑
   Il est ennuyeux. ❑

4. Je ne connaissais rien à Internet, mais **je me suis jeté à l'eau**.
   J'ai longuement appris cette activité nouvelle. ❑
   Je me suis lancé sans hésiter dans cette activité nouvelle. ❑
   J'ai renoncé à apprendre cette activité nouvelle. ❑

5. Jérémie est passé **en coup de vent** tout à l'heure.
   Il est venu avec plusieurs amis. ❑
   Il a dérangé tout le monde. ❑
   Il n'est pas resté longtemps. ❑

6. Il ne faut pas **mettre la charrue avant les bœufs.**
   Il faut respecter l'ordre naturel des choses. ❑
   Il ne faut pas entreprendre quelque chose qu'on ne sait pas faire. ❑
   Chacun doit faire ce qu'il sait faire. ❑

7. C'est **à vous couper le souffle** !
   C'est très inquiétant. ❑
   C'est très fatigant. ❑
   C'est très beau. ❑

8. Je ne sais pas **sur quel pied danser**.
   Je suis très maladroit. ❑
   Je suis indécis. ❑
   Je danse très mal. ❑

📼 218. ÉLARGISSEMENT DU VOCABULAIRE : « -PHILE » / « -PHOBE » / « - PHONE »

Écoutez les enregistrements et dites, pour chaque enregistrement, comment on peut caractériser la personne qui parle :

	enr.
agoraphobe	
arachnophobe	
bibliophile	
claustrophobe	
francophile	
xénophile	

	enr.
hydrophobe	
germanophile	
hispanophone	
lusophone	
cinéphile	
xénophobe	

📼 219. ÉLARGISSEMENT DU VOCABULAIRE : « -LOGUE »

Écoutez les enregistrements et dites, pour chaque enregistrement, comment on peut caractériser la personne qui parle :

	enr.
anthropologue	
cancérologue	
égyptologue	
géologue	
graphologue	

	enr.
musicologue	
philologue	
psychologue	
sociologue	
vulcanologue	

📼 220. ÉLARGISSEMENT DU VOCABULAIRE : « -MANE »

Écoutez les enregistrements et dites, pour chaque enregistrement, comment on peut caractériser la personne dont on parle :

	enr.
kleptomane	
mégalomane	
mélomane	

	enr.
mythomane	
pyromane	
toxicomane	

📼 221. ÉLARGISSEMENT DU VOCABULAIRE : « POLY- »

Écoutez les enregistrements et dites, pour chaque enregistrement, comment on peut caractériser la personne dont on parle :

	enr.
polyglotte	
polygame	
polythéiste	

	enr.
polyvalent	
polytechnicien	

📼 222. ÉLARGISSEMENT DU VOCABULAIRE : « AUTO- »

Écoutez les enregistrements et dites, pour chaque enregistrement, comment on peut caractériser la personne dont on parle :

	enr.
autodidacte	
autonome	
autonomiste	

	enr.
autocrate	
autochtone	

CORRECTIONS

UNITÉ 1

1. Exprimer une opinion positive ou négative
1. hiver (positif)
2. ville (négatif)
3. téléphone portable (négatif)
4. Internet (positif)
5. journal (négatif)
6. gouvernement (positif)
7. ponctualité (positif)
8. versatilité (négatif)

2. Classer du positif au négatif
1. 1. Ce riz est excellent.
   2. Ce riz est assez bon.
   3. Ce riz n'a pas de goût.

2. 1. C'était le plus beau jour de ma vie.
   2. J'ai passé une journée intéressante.
   3. C'était une journée ordinaire

3. 1. Elle est superbe, ta jupe.
   2. Elle est pas mal, ta jupe.
   3. Cette jupe ne te va pas du tout.

4. 1. C'est délicieux !
   2. C'est plutôt bon.
   3. Ce n'est pas mauvais.

5. 1. Quel garçon délicat, ton frère.
   2. Ton frère ? C'est un gentil garçon.
   3. Il est d'une grossièreté, ton frère !

6. 1. L'Italie ? C'est fabuleux !
   2. J'aime bien l'Italie.
   3. L'Italie ? Bof !

3. Exprimer une opinion négative
1. Ton frère, c'est un parfait imbécile.
2. Il passe sa journée à faire des mots croisés.
3. Ils sont sympas comme une porte de prison !
4. Tu veux parler de mon tas de ferraille ?
5. Il fait un bruit d'enfer.
6. On se serait cru à un enterrement !
7. Ne m'en parle pas : un vrai fauve !
8. Oui, regarde ! C'est cette cravate. Atroce !

4. Exprimer une opinion positive
1. Beau comme un dieu !
2. Je suis une fanatique de Soulages.
3. Très ouvert.
4. On ne s'est pas ennuyé.
5. C'est la première fois que j'y comprends quelque chose.
6. C'est très grand et on a le soleil toute la journée.

5. Exprimer une opinion positive ou négative
Êtes-vous satisfait :
  de l'accueil ? (oui)
  du service ? (oui)
  du repas ? (oui)
  du confort ? (non)
  du film projeté pendant le voyage ? (sans opinion)
  du respect des horaires ? (oui)

6. Vocabulaire du jugement
1. imbattables
2. imprenable
3. inoubliables
4. désopilants
5. haletante
6. endiablés

7. Exprimer une opinion positive ou négative
confortable (chambre)
pas très confortable (lit)
spacieux (salle de bains)
bruyant (chambre)
bien équipé (salle de bains)
Êtes-vous satisfait :
  du personnel ? (oui)
  de l'entretien des chambres ? (oui)
  du petit déjeuner ? (oui)
  des horaires pour le petit déjeuner ? (non)
  du restaurant panoramique ? (sans opinion)
  des tarifs ? (non)

8. Vocabulaire du jugement (chaud / froid)
1. A.
2. E.
3. D.
4. F.
5. C.
6. B.

9. Vocabulaire (chaud / froid)
1. Ils ont évoqué les questions d'actualité les plus **brûlantes**. (chaud – sens second)
2. Tu as les mains **gelées**. (froid – sens premier)
3. Il faut garder **la tête froide**. (froid – sens second)
4. Je vais prendre le **frais** sur la terrasse. (froid – sens premier)
5. La discussion a été très **chaude**. (chaud – sens second)
6. Il souffle un vent **glacial**. (froid – sens premier)
7. Les relations entre les deux pays **se sont réchauffées**. (chaud – sens second)
8. Son arrivée à provoqué un léger **froid**. (froid – sens second)
9. C'est la fin de la guerre **froide** entre l'Est et l'Ouest. (froid – sens second)
10. Quand il m'a dit le prix de la voiture, ça m'a tout de suite **refroidi**. (froid – sens second)
11. Un peu d'amour, ça **réchauffe** le cœur. (chaud – sens second)
12. Je vais servir quelques boissons **fraîches**. (froid – sens premier)
13. Je ne suis pas **frais** ce matin. (froid – sens second)
14. Ouf ! **J'ai eu chaud** ! Heureusement que j'ai de bons freins ! (chaud – sens second)

10. Vocabulaire : chaud / froid (sens premier / sens second)
1. chauffer
2. bouillant
3. chaleureuse
4. fraîche
5. glacial
6. chaud
7. brûlé
8. chaud
9. frais
10. refroidi

11. Syntaxe des verbes : « à » ou « de » + infinitif
1. à
2. de
3. à
4. à
5. de
6. à
7. à
8. de

12. Comparatif / superlatif
1. de
2. que
3. du
4. de
5. qu'
6. de
7. que
8. de

13. Comparatif / superlatif
1. le plus lourd
2. moins longtemps
3. plus bruyante
4. le plus beau
5. aussi cher
6. plus rapidement
7. la plus âgée
8. une meilleure

14. Comparatif / superlatif
1. que son frère
2. que le mien
3. les meilleures
4. meilleure
5. mieux
6. meilleure
7. pire
8. meilleur

15. Nuancer une opinion positive
1. timide
2. il manque d'expérience
3. il ne brille pas par son intelligence
4. réaliste
5. il chante comme une casserole
6. il est sans scrupule

16. Vocabulaire de l'opinion
1. ponctuel
2. imprévisible
3. fiable
4. imprudent
5. efficace
6. chaotique

17. Vocabulaire : facile / difficile
1. complexe
2. ardue
3. épineux
4. enfantine
5. compliqué
6. aisée
7. pénible
8. délicate

18. Vocabulaire : gentil / méchant
1. une peste
2. odieux
3. ange
4. diabolique
5. attentionné
6. sa délicatesse

19. Vocabulaire : bête / intelligent
1. Jean-Paul, il n'a pas inventé l'eau chaude ! (bêtise)
2. Cette fille, elle est géniale ! (intelligence)
3. Il n'est pas très futé, ton copain ! (bêtise)
4. Roger, ce n'est pas une lumière ! (bêtise)
5. Henri, ce n'est pas Einstein ! (bêtise)
6. Il a fait preuve d'une grande subtilité. (intelligence)
7. Je le trouve complètement stupide ! (bêtise)
8. Ce n'est pas très fin ce que tu dis ! (bêtise)
9. Elle est loin d'être idiote. (intelligence)
10. C'est complètement débile comme raisonnement ! (bêtise)

20. Vocabulaire : habile / malhabile
1. D.
2. F.
3. G.
4. H.
5. C.
6. E.
7. A.
8. B.

21. Élargissement du vocabulaire – exprimer une appréciation positive sur une personne
1. fascination
2. dynamique
3. merveilleuse
4. exquise
5. vraiment cultivée
6. généreux
7. séduisant
8. la complicité

22. Elargissement du vocabulaire – exprimer une appréciation négative sur une personne
1. un raté
2. la haine
3. débile mental
4. faux jeton
5. directive
6. horrible
7. insupportable
8. fainéant

23. Aimer
1. B.
2. F.
3. C.
4. E.
5. A.
6. D.

24. Désirer
A. 1. vous poser
   2. parliez
   3. un café

B. 1. souhaitez
   2. voulez
   3. J'aspire à
   4. J'ai envie d'
   5. J'ai besoin d'

25. Avoir envie
A. 1. d'
   2. vienne
   3. de

B. 1. voulez
   2. Il a la volonté
   3. j'ai besoin

UNITÉ 2

26. Impératif / infinitif
1. changez
2. partir
3. Laisse
4. stocker
5. soyez/prenez
6. Venez
7. Voir
8. Trouver
9. Trouvez
10. Asseyez-vous

27. « Il faut que » + subjonctif
1. tu rentres
2. nous partions
3. j'y aille
4. tu fasses
5. vous hésitiez
6. elles viennent
7. vous sachiez
8. je prenne

28. Impératif / Infinitif
Impératif : 1, 2, 6, 8.
Infinitif : 3, 4, 5, 7.

29. Donner des instructions
1. Choisir l'article à commander.
2. Reporter le code de l'article sur le bulletin de commande.
3. Préciser la taille de l'article.
4. Indiquer la quantité.
5. Indiquer le prix de l'article.
6. Ajouter les frais de port (35 francs).
7. Préciser le mode de paiement.
8. Porter le montant global de la commande en bas à droite.
9. Signer le chèque.
10. Introduire le chèque et le bulletin de commande dans une enveloppe timbrée.
11. Poster l'enveloppe.

30. Donner des instructions
Pour installer le progamme antivirus :
1. Introduire une disquette vierge dans le lecteur A.
2. Formater la disquette.
3. Retirer la disquette du lecteur A.
4. La remplacer par la disquette n° 1(disquette de démarrage).
5. Taper « installe ».
6. Suivre les instructions qui apparaissent à l'écran.
7. Attendre l'annonce « installation réalisée avec succès ».
8. Lorsque le programme vous le demandera, remplacer la disquette de démarrage par celle que vous avez formatée.
9. Appuyer sur entrée.
10. N'oubliez pas d'identifier votre disquette (en inscrivant « antivirus » par exemple).

Pour vérifier que votre ordinateur n'est pas contaminé par un virus :
1. Éteindre l'ordinateur.
2. Introduire votre disquette « antivirus » dans le lecteur A.
3. Allumer l'ordinateur.
4. Attendre la fin des opérations.
5. Vérifier la présence éventuelle de virus.

31. Verbes + « que » avec ou sans subjonctif
1. Je souhaite
2. Il faut
3. J'espère
4. J'exige
5. Je crois
6. Je doute

32. Les adverbes en « -ment »
1. Sois gentil !
2. Soyez patient/patiente/patients !
3. Soyez intelligent/intelligente/intelligents !
4. Soyez élégant/élégante/élégants !
5. Soyons efficaces !
6. Soyez courtois/courtoise !
7. Soyez rapide/rapides !
8. Soyez direct/directe/directs !
9. Soyez bref/brève/brefs !
10. Soyez discret/discrète/discrets !

33. Les adverbes en « -ment »
1. méchamment
2. amoureusement
3. brillamment
4. bêtement
5. précisément
6. étonnamment
7. récemment
8. innocemment

34. Les adverbes en « -ment »
1. brillamment
2. follement
3. agressivement
4. naïvement
5. exclusivement
6. sèchement
7. prodigieusement
8. doucement
9. rageusement
10. Inconsciemment

35. Les adverbes en « -ment »

1. correctement
2. précipitamment
3. distinctement
4. tendrement
5. aimablement
6. joyeusement
7. momentanément
8. délicatement
9. pesamment
10. calmement
11. Habituellement
12. gentiment

36. Les adverbes en « -ment »

1. poliment
2. difficilement
3. franchement
4. amicalement
5. sagement
6. Finalement
7. prudemment
8. avidement
9. férocement
10. haineusement
11. cordialement
12. dangereusement

37. Impératif + pronom

1. prends-en
2. Ouvrez-la !
3. Fais-les
4. Mets-les
5. Vas-y
6. téléphone-lui
7. Conduisez-moi
8. Montrez-leur

38. Impératif + double pronom

1. Apporte-m'en
2. envoyez-le
3. donne-le-lui
4. Présente-la-leur
5. changez-les-nous
6. leur en offrez

39. Verbe + pronom

1. Tu en veux plusieurs ?
2. Tu as vu des problèmes ?
3. Vous m'avez envoyé les contrats ?
4. Vous avez trouvé l'adresse de Monsieur Legrand ?
5. Vous avez connu des moments de difficulté dans votre carrière ?
6. Vous lui avez trouvé un petit hôtel pas cher ?

40. les pronoms

1. en
2. le
3. les
4. en
5. les
6. en
7. y
8. y

41. les pronoms (avec « penser » et « croire »)

1. y
2. à elle
3. en

4. le
5. te
6. le
7. en
8. y
9. en
10. le

42. les pronoms

1. Lis-le !
2. Écoute-le !
3. Annule-la !/ annulons-la !/ annulez-la !
4. Prenez-le !
5. Attends-les !
6. Recommence-les / recommençons-les / recommencez-les tous !
7. Gare-la devant le magasin !
8. Postez-les, s'il vous plaît.
9. Reprends-en !
10. Vas-y tout de suite !
11. Réponds-lui / répondons-lui / répondez-lui avant quarante-huit heures !

43. les pronoms

1. leur
2. les
3. la
4. le
5. en
6. la
7. l'
8. en
9. le
10. lui

44. les pronoms

1. Donne-les-lui.
2. Laisse-la-moi.
3. Achète-nous-en.
4. Envoie-la-lui.
5. Offre-le-lui.
6. Montre-le-leur.
7. Raconte-la-nous.
8. Prend-nous-en un.

45. les pronoms

1. les-nous
2. les-moi
3. le-lui
4. m'en
5. les-leur
6. m'en
7. la-leur
8. la-moi
9. lui-en
10. vous-en

46. Vocabulaire : ne parlez pas « franglais » !

1. parc de stationnement
2. baladeur
3. entraîneur
4. tour de chauffe / première position
5. chef
6. spectacle
7. informations
8. fin de semaine
9. entrevue
10. emploi

47. Vocabulaire : ne parlez pas « franglais » !

1. tir au but
2. réception
3. remue-méninges
4. emploi du temps
5. expédition
6. vedette
7. chèque de voyage
8. voyagistes
9. sang-froid
10. courrier électronique

48. Vocabulaire : ne parlez pas « franglais » !

1. la nostalgie
2. allégés
3. étanche
4. une planche à roulettes
5. la garde d'enfant / travail
6. chariot
7. tendu
8. retour en arrière
9. verre
10. excité

UNITÉ 3

49. Imparfait / passé composé

	événement	situation
1.		X
2.	X	
3.	X	
4.		X
5.		X
6.	X	
7.		x
8.	X	
9.		X
10.		X

50. Accord du participe passé

	homme	femme
1.		X
2.		X
3.	X	
4.		X
5.	X	
6.		X
7.		X
8.		X
9.	X	
10.		X

51. Accord du participe passé

	homme	femme	?
1.			X
2.		X	
3.			X
4.		X	
5.	X		
6.			X
7.			X
8.		X	
9.		X	
10.		X	

52. Accord du participe passé

1. comprendre / sans préposition
2. répondre / avec préposition « à »
3. croire / sans préposition
4. téléphoner / avec préposition « à »
5. chercher / sans préposition
6. voir / sans préposition
7. appeler / sans préposition
8. apprécier / sans préposition
9. expliquer / avec préposition « à »
10. croiser / sans préposition

53. Accord du participe passé

	homme	femme	?
1.		X	
2.	X		
3.			X
4.		X	
5.		X	
6.			X
7.	X		
8.			X
9.			X
10.	X		

54. Accord du participe passé

1. ai accompagnées
2. as vues
3. ai cherchés
4. ai aidée
5. ai envoyée
6. ai rencontrée
7. ai trouvés
8. ai salué
9. a appelé
10. ai perdues

55. Accord du participe passé

1. parlé
2. trouvé
3. connue
4. méritée
5. promis
6. permis
7. accompagnée
8. conduite

56. Accord du participe passé

1. J'ai téléphoné à Betty ce matin.
2. Vous avez vu Betty ?
3. J'ai cherché Betty partout.
4. Elle a donné ton adresse à Betty
5. J'ai parlé à Betty de ton projet.
6. J'ai conseillé à Betty de prendre quelques jours de repos.
7. On a nommé Betty responsable de la communication.
8. Tu as appelé Betty ?
9. J'ai dit à Betty que j'avais envie de la revoir.
10. J'ai donné rendez-vous à Betty à 10 heures.

57. Accord du participe passé

1. Je l'ai trouvée très préoccupée.
2. Nous l'avons employée pendant 10 ans.
3. Je les ai appelés pour les remercier de leur hospitalité.
4. Je les ai entendus chanter. Cela m'a beaucoup plu.
5. Je les ai aidées à repeindre leur appartement.
6. Je l'ai félicitée pour son examen.
7. Je les ai trouvées très sympas.
8. Je les ai accompagnées à Paris.

58. Accord du participe passé

1. Qu'est-ce que tu lui as répondu ?
2. Tu l'as conduite à la gare ?
3. Vous lui avez écrit ?
4. Je les ai aperçues hier soir au concert.
5. Je l'ai croisée rue du Four.
6. Je lui ai demandé de m'aider.
7. J'ai enfin pu lui parler.
8. Tu l'as laissée toute seule !

59. Accord du participe passé

	homme	femme	?
1.		X	
2.			X
3.		X	
4.	X		
5.		X	
6.			X
7.		X	
8.		X	
9.		X	
10.			X

60. Accord du participe passé

1. Brigitte et sa sœur sont passées à la maison.
2. Brigitte et sa mère sont nées le même jour, un 19 juillet.
3. Brigitte ? Il y a des années que je ne l'ai pas vue.
4. Brigitte et Danièle ? Elles se sont rencontrées à la faculté des lettres.
5. Tu connais Andrée ? Et bien, elle et Brigitte se sont téléphoné pendant des heures hier soir.
6. Brigitte ? C'est la fille qui s'est assise à ma table à midi.
7. Tu sais que Brigitte et Annie se sont disputées toute la soirée ?
8. Brigitte et Catherine ? Je te les ai présentées à la soirée chez Ferdinand.

61. Accord du participe passé : les verbes pronominaux

1. se sont dépêchés.
2. se sont rencontrées
3. se sont mariés
4. êtes levée
5. êtes lavé
6. se sont vus
7. se sont plu
8. nous sommes réveillés
9. se sont perdues
10. nous sommes séparés

62. Le plus-que-parfait

1. avaient fini
2. nous étions rencontrés (ées)
3. avais compris
4. aviez dit
5. avais prévenu
6. avais prévu
7. avais laissé
8. avait pu
9. avions conclu
10. avions passé

63. Le sens du plus-que-parfait

1. reproche
2. excuse
3. regret
4. reproche
5. vérification
6. reproche
7. explication
8. vérification

64. L'antériorité

1. 1. oublier un dossier
   2. retourner au bureau
   3. surprendre un voleur

2. 1. repeindre le plafond
   2. poser le papier
   3. poser la moquette

3. 1. sélectionner le format et le contraste
   2. placer le document sous le capot de la machine
   3. appuyer sur le bouton de mise en route

4. 1. début de carrière en France
   2. séjour au Nigéria
   3. installation en Finlande

5. 1. décider de voyager
   2. vendre la maison
   3. acheter le bateau

6. 1. regarder dans le rétroviseur
   2. mettre le clignotant
   3. se déporter sur la voie de gauche

7. 1. vérifier le fonctionnement des machines
   2. enclencher la système de sécurité
   3. quitter les lieux

8. 1. donner un ticket
   2. prendre un plateau
   3. faire la queue

65. Le futur antérieur

1. auras terminé
2. aurons fini
3. seront rentrés
4. se sera calmé
5. aurez fait
6. aura pu
7. auront compris
8. aurez bu
9. aurai déménagé
10. aurez répondu

66. Antériorité / postériorité

		plus de	moins de
1.	15 ans		X
2.	22 h	X	
3.	20 ans	X	
4.	18 ans	X	
5.	20 h		X
6.	1 heure		X
7.	1 semaine	X	
8.	24 h		X
9.	18 ans	X	
10.	15 h	X	

67. « Avant de » / « après » + infinitif

1. avant de
2. avant de
3. Après
4. avant de
5. Après
6. Après
7. Avant de
8. Après

68. « Avant de » / « après » + infinitif

1. s'être trompé
2. avoir vu
3. travailler
4. avoir changé
5. avoir vérifié
6. avoir remporté
7. avoir vécu
8. de terminer

69. Passé proche / futur proche

1. Proche / futur
2. Proche / passé
3. Lointain / futur
4. Proche / futur
5. Lointain / futur
6. Proche / passé
7. Proche / passé
8. Proche / futur
9. Proche / futur
10. Proche / futur

70. Proximité dans le temps

1. tout de suite
2. bientôt
3. il y a une seconde
4. ce matin
5. est en train de partir
6. une petite minute
7. après-demain
8. tout à l'heure

71. Éloignement dans le temps

1. une éternité
2. un de ces jours
3. indéterminé
4. un bail
5. il y a quelque temps déjà
6. Jadis
7. dernièrement
8. l'année prochaine

72. Adjectifs exprimant une durée

1. passagère
2. brèves
3. concis
4. ce léger
5. court
6. fulgurants
7. imminente
8. dans les jours qui viennent
9. légèrement retardée
10. sur le champ

73. Expression de la durée

enr.	durée courte	durée longue
1.	X	
2.		X
3.	X	
4.		X
5.		X
6.	X	
7.	X	
8.		X
9.		X
10.	X	
11.		X
12.		X

74. Vocabulaire : les couleurs

1. vert
2. bleu
3. noir
4. rouge
5. blanche
6. rouge
7. vert
8. vert
9. bleue
10. blanche
11. gris
12. verte
13. blanc / vert
14. rouge

UNITÉ 4

75. Le conditionnel

	conditionnel	futur
1.		X
2.	X	
3.	X	
4.	X	
5.		X
6.	X	
7.		X
8.	X	
9.	X	
10.		X

76. Le conditionnel

1. voudrais
2. pourriez
3. auriez envie
4. serait
5. ferait plaisir
6. aimeraient
7. préférerais
8. devriez
9. souhaiterions
10. sauriez

77. Faire une proposition

	proposition	autre chose
1.		X
2.	X	
3.	X	
4.	X	
5.		X
6.	X	
7.		X
8.	X	
9.		X
10.	X	

78. Faire une proposition

1. allait
2. envie de
3. une petite faim
4. plairait
5. pourriez
6. allait
7. pourrait
8. aimeriez

79. Faire une proposition

1. reproche
2. proposition
3. reproche
4. proposition
5. proposition
6. demande
7. conseil
8. proposition
9. demande
10. conseil

80. Faire une proposition

1. Ça te plairait de faire du lèche-vitrines ?
2. Si on invitait les voisins à dîner ?
3. Tu (n') aurais (pas) envie de faire une balade à vélo ?
4. Si on rentrait à la maison ?
5. Ça te dirait de faire un tour à la fête foraine ?
6. Si on faisait une petite pause ?
7. Ça te plairait de voir un bon film ?
8. Tu (n') aurais (pas) envie d'un petit repas en amoureux ?

81. Faire une proposition en utilisant ou non le conditionnel

Faire du vélo : dial. 3
Parler de projets : dial. 7
Passer Noël en Grèce : dial. 9 / conditionnel
Souhaiter bon anniversaire : dial. 10 / conditionnel
Aller au lit : dial. 5
Aller chez des amis : dial. 1 / conditionnel
Aller dehors : dial. 8 / conditionnel
Aller au restaurant : dial. 2
Prendre un instant de repos : dial. 4 / conditionnel
Boire un verre : dial.6 / conditionnel

82. Accepter / refuser

1. Aller à la campagne (refusée)
2. Aller au restaurant (acceptée)
3. Offrir un vélo (refusée)
4. Constituer des groupes (acceptée)
5. Faire une pause (refusée)
6. Voter (refusée)
7. Déménager (refusée)
8. Chercher la voiture (refusée)

83. Accepter / refuser

1. C'est déjà moi qui l'ai mise à midi !
2. Mais il est à peine 9 heures !
3. Une autre fois, Bernard, je meurs de fatigue.
4. Je ne suis pas ta bonne !
5. Je ne reçois que sur rendez-vous.
6. Je n'ai pas de temps à perdre.

84. Accepter / refuser

1. Elle ne danse pas avec les inconnus.
2. Tu n'as qu'à travailler !
3. Écoute, je t'ai déjà dit trois fois que je n'avais plus faim !
4. Pas question ! Il y a un match de foot à la télé.
5. Ça va pas la tête ! Pour le 15 août ! Tu es complètement folle ! Tu ne me feras pas bouger d'ici.
6. Et alors ?

85. Accepter/refuser

1. H.
2. F.
3. D.
4. B.
5. E.
6. A.
7. C.
8. G.

86. Vocabulaire : le corps humain

	enr.
cheveu	10
cœur	9
doigt	6
dos	1
genou	7
jambe	5
langue	10
main	8
nez	3
œil	4
pouce	2

sens des expressions	enr.
Il a trop bu.	3
J'en ai assez.	1
Il est très généreux.	9
Il zozote.	10
Je l'ai demandée en mariage.	8
Je m'en fiche.	5
Je suis épuisé.	7
Je vous surveille.	4
Stop ! J'arrête !	2
Vous prenez l'apéritif ?	6

87. Vocabulaire : le corps humain (la main)

1. Bernard m'a aidé.
2. J'ai participé au travail.
3. J'en suis sûr.
4. Vous devez me donner ça personnellement.
5. Je n'ai plus l'habitude.
6. Nous collaborons très bien.

88. Vocabulaire : le corps humain (la main)

1. D.
2. C.
3. E.
4. B.
5. A.
6. G.
7. I.
8. F.
9. H.
10. J.

89. Vocabulaire : le corps humain (la main)

1. E.
2. F.
3. G.
4. H.
5. B.
6. A.
7. C.
8. D.

90. Vocabulaire : le corps humain (le nez)

1. H.
2. C.
3. A.
4. B.
5. F.
6. J.
7. E.
8. D.
9. I.
10. G.

91. Vocabulaire : le corps humain (les yeux)

1. D.
2. F.
3. G.
4. I.
5. L.
6. E.
7. A.
8. J.
9. K.
10. B.
11. C.
12. H.

92. Vocabulaire : le corps humain (le dos)

1. Il est détesté de tous.
2. Je n'ai donné raison ni à l'un, ni à l'autre.
3. Ça me fait peur.
4. J'en ai assez.
5. La crise économique n'est pas responsable de tout.
6. Il n'a plus le choix.

93. Vocabulaire : le corps humain (le cœur)

1. Ça me fait mal au cœur de partir. (tristesse)
2. Elle a le cœur gros. (tristesse)
3. Il a du cœur au ventre. (courage)
4. Il a le cœur lourd. (tristesse)
5. Il a pris cela à cœur. (volonté)
6. Il a un cœur en or. (générosité)
7. Il a un cœur de pierre. (insensibilité)
8. Il n'a pas le cœur à rire. (tristesse)
9. J'en ai gros sur le cœur. (tristesse)
10. Il a bon cœur. (générosité)
11. Il a mis du cœur à l'ouvrage. (volonté)
12. Il a le portefeuille à la place du cœur. (insensibilité)

94. Vocabulaire : le corps humain

1. B.
2. A.
3. E.
4. C.
5. F.
6. H.
7. K.
8. I.
9. J.
10. L.
11. M.
12. N.
13. G.
14. D.

95. Vocabulaire : le corps humain

avare	
distraite	X
généreuse	X
médisante	
menteuse	
modeste	X
orgueilleuse	
réaliste	X
serviable	X
vigilante	

96. Vocabulaire : le corps humain

Il a un défaut de prononciation.	X
Il boit.	X
Il est ambitieux.	
Il est avare.	X
Il est bizarre.	
Il est curieux.	X
Il est fier.	
Il est médisant.	
Il est menteur.	
Il est orgueilleux.	X
Il est vindicatif.	X
Il manque d'humour.	
Il n'est pas très bon profession-nellement.	X
Il parle mal anglais.	X
Il se trompe souvent.	X

97. Vocabulaire : le corps humain

1. L'autre jour, j'ai invité Edith dans mon **pied**-à-terre. Je lui ai offert deux **doigts** de porto, et j'ai été à deux **doigts** de demander sa **main**, comme ça, sur un coup de **tête**. Je t'assure, il s'en est fallu d'un **cheveu** !

2. Serge, il n'a pas la **langue** dans sa poche. En plus, il ne manque pas d'**estomac**. C'est peut-être pour ça qu'il s'est mis tout le monde à **dos**. Lui et moi, c'est comme les cinq **doigts** de la **main**. Je l'aime beaucoup car il a un **cœur** d'or.

3. Ce que tu m'as dit n'est pas tombé dans l'**oreille** d'un sourd : je me doutais bien que Josette me cassait du sucre sur le **dos**. Je te remercie. Grâce à toi, je sais à quoi m'en tenir et j'aurai à l'**œil** maintenant. Ça me fend le **cœur** d'apprendre qu'elle dit du mal de moi ; j'ai longtemps cru qu'elle m'aimait bien : j'en aurais mis ma **main** à couper. Mais je me suis bien mis le **doigt** dans l'**œil** !

4. J'ai rencontré le père Émile : à 80 ans, il a toujours bon **pied** bon **œil**. Il a beau répéter qu'il a déjà un **pied** dans la tombe, il est toujours gaillard. Et il a la **langue** bien pendue ! L'autre jour, il m'a tenu la **jambe** pendant une demi-heure. Vraiment, quand je le vois en si bonne santé, les **bras** m'en tombent.

UNITÉ 5

98. Rapporter les paroles de quelqu'un
A. 5.
B. 1.
C. 6.
D. 3.
E. 4.
F. 2.

99. Vocabulaire : les expressions du discours rapporté familier
1. H.
2. E.
3. D.
4. B.
5. F.
6. J.
7. A.
8. I.
9. G.
10. C.

100. Rapporter les paroles de quelqu'un
Il m'a draguée dès le début de la conversation.
J'ai l'impression que c'est surtout moi qui l'intéresse.
Il m'a fait beaucoup de compliments sur mon projet.
Il semble pressé de démarrer ce projet.

101. Rapporter les paroles de quelqu'un
C'est un vrai moulin à parole.
Il m'a raconté sa vie avant de me proposer une audition.
Il m'a tenu la jambe pendant dix minutes pour finalement me fixer rendez-vous samedi soir.
Il n'écoute même pas ce qu'on lui dit.
Il ne m'a pas dit grand-chose. On se voit samedi.
Je n'ai pas pu en placer une !
Je pense que ça ne va pas être facile de travailler avec lui.
Qu'est-ce qu'il est bavard, ce type !

102. Rapporter les paroles de quelqu'un
Le coiffeur a conseillé à sa cliente un changement de coiffure.
Il lui a proposé un prix intéressant.
Il a fait des compliments à la cliente sur sa beauté.
Il lui a suggéré de se faire couper les cheveux.
Il lui a proposé de se teindre légèrement les cheveux.
Il a demandé à la cliente de lui faire confiance.

103. Rapporter les paroles de quelqu'un
1. a suggéré
2. a conseillé
3. a reproché
4. a critiqué
5. a demandé notre avis
6. a promis
7. a conseillé
8. a critiqué
9. a averti(e)s
10. a interdit

104. La concordance des temps
1. Il a dit qu'il avait rencontré Pierre.
2. Elle a dit qu'elle allait bientôt terminer.
3. Il a dit qu'il serait en retard.
4. Il a dit que ce serait possible à partir de lundi.
5. Il m'a demandé s'il m'avait déjà rencontré.
6. Il m'a demandé si j'avais participé à la réunion de janvier.
7. Il a dit qu'il allait partir à la Martinique.
8. Elle m'a demandé pourquoi je ne lui avais pas téléphoné.

105. La concordance des temps
1. Il nous a dit qu'il nous rappellerait demain.
2. Elle nous a dit qu'elle avait pris le métro.
3. Elle nous a demandé si nous serions chez nous entre midi et deux.
4. Elle nous a dit qu'elle avait pris froid et qu'elle allait aller chez le médecin.
5. Il nous a dit qu'il n'avait pas terminé son article pour *Sciences et Vie*.
6. Ils nous ont dit qu'ils reviendraient nous voir le week-end prochain.
7. Il nous a dit qu'il était resté à la maison tout le week-end.
8. Elle nous a dit qu'elle ne pouvait pas (ou : ne pourrait pas) rentrer avant lundi.

106. La concordance des temps
1. Je suis contente d'être de nouveau parisienne.
2. J'ai été très heureux de vous revoir tous les deux dans la capitale.
3. J'aurais préféré rester plus longtemps en votre compagnie.
4. J'ai réussi à trouver du travail.
5. Je ne reviendrai pas avant la fin de l'été.
6. Je n'oublierai jamais ces deux semaines de bonheur.
7. Tu sais que tu pourras toujours compter sur moi.
8. Rendez-vous près de la machine à café, d'accord ?

107. Construction des verbes du discours rapporté
1. de
2. que
3. à
4. de
5. de
6. pour
7. de
8. de
9. qu'
10. d'

108. Construction des verbes du discours rapporté + « que » (avec ou sans subjonctif)
1. ferions
2. serait signé
3. viendrait
4. passions
5. avait
6. était
7. tenions
8. vienne

109. Verbes introducteurs du discours rapporté
1. C.
2. A.
3. E.
4. F.
5. D.
6. G.
7. B.

110. Vocabulaire : répondre
1. a-t-il protesté
2. a-t-il précisé
3. a-t-il conclu
4. s'est-il félicité
5. a-t-il menacé
6. a-t-il expliqué
7. s'est-il excusé
8. a-t-il rétorqué

111. Verbes du discours rapporté
1. ont approuvé
2. s'est réjoui
3. a dénoncé
4. a renoncé à
5. s'est obstiné à
6. a tenté de
7. a déploré
8. avons manifesté

112. Verbes du discours rapporté
1. a consenti
2. a tenté de
3. a cherché à
4. a émis des doutes sur
5. a renouvelé
6. s'est inquiété
7. a constaté
8. a contesté

113. Verbes du discours rapporté
Texte n° 2

114. Accepter / refuser
A. 1. ma proposition
   2. de
   3. que
   4. de

B. 1. a refusé
   2. a refusé
   3. ai refusé
   4. ai accepté

115. Annoncer
1. son départ
2. que
3. à
4. lui / que
5. allait

116. Décider
1. de
2. à
3. que
4. de
5. pour
6. le licenciement
7. René
8. d'

117. Demander
1. si
2. d'
3. passiez
4. à
5. lui
6. en
7. la lune
8. à Paul

118. Insister
A. 1. sur
   2. pour que
   3. pour

B. 1. abandonnez
   2. persévérez
   3. Il a souligné

119. Penser (syntaxe)
1. à
2. qu'
3. à
4. de
5. en
6. y
7. rentrer
8. vienne.

120. Penser (sens)
1. J'envisage de
2. songé à
3. Je crois
4. Je crois
5. rêve qu'à ça
6. réfléchis
7. cru
8. envisagé

121. Préciser
1. si
2. ce que
3. vos dates
4. à M. Marin
5. que

122. Promettre
1. de
2. une augmentation
3. qu'
4. lui
5. les

123. Répéter
1. de
2. ce que
3. que
4. cette phrase
5. à
6. lui
7. les

124. Répondre
A. 1. à
   2. de
   3. lui
   4. devrais
   5. à

B. 1. E.
   2. G.
   3. B.
   4. F.
   5. A.
   6. C.
   7. D.

UNITÉ 6

125. Relations de cause / conséquence
1. L'enfant a été sauvé des flammes grâce à l'intervention rapide des pompiers.
2. Il a gagné la course malgré une crevaison à 5 km de l'arrivée.
3. J'ai raté mon train à cause des embouteillages.
4. La route a été coupée à la suite de violentes chutes de neige.
5. Je n'ai pas pu regarder le match à la télé à cause d'une panne d'électricité.
6. En raison du défilé du 14 juillet, la circulation sera interdite au centre-ville.
7. Le magasin sera/est fermé du 15/7 au 15/8 pour cause de congés annuels.
8. Il est arrivé au sommet malgré le froid et la fatigue.

126. Relations de cause / conséquence
1. grâce à
2. à cause du
3. malgré
4. en raison d'
5. À cause du
6. à cause des
7. malgré les
8. grâce au

127. Relations de cause / conséquence
1. B.
2. E.
3. A.
4. G.
5. D.
6. C.
7. F.

128. Relations de cause / conséquence
1. parce que son mari la battait.
2. à cause du brouillard.
3. car il est tard.
4. parce que c'est indispensable aujourd'hui pour trouver du travail.
5. parce qu'elle a beaucoup travaillé.

129. Relations de cause / conséquence
1. Comme il n'était pas là, j'ai laissé un message sur son répondeur.
2. Puisque vous ne voulez pas m'écouter, je me tais.
3. J'avais un travail urgent à terminer si bien que je n'ai pas eu le temps de déjeuner.

4. Je me tais parce que je n'ai plus rien à dire.
5. Comme il faisait beau, nous avons décidé de faire une petite promenade dans la forêt.
6. Il n'y avait personne, alors je suis rentré.
7. Puisque tout le monde est là, nous allons commencer l'entraînement.
8. Comme j'avais oublié ma clef, j'ai dû coucher à l'hôtel.

130. Relations de cause / conséquence
1. La popularité de Mel Gibson fait le succès de ce film. / Ce film a du succès grâce à la popularité de Mel Gibson, etc.
2. Comme il y a eu des élections anticipées, le budget de l'État n'a pas été voté.
3. À cause de la pluie, la fête de la Musique n'a pas connu un plein succès.
4. On a fermé l'autoroute A5 parce que le pont de Marly s'est écroulé.
5. J'ai trouvé un appartement grâce à Paul. / J'ai trouvé un appartement parce que Paul m'a aidé.
6. Comme il fait très beau, nous allons à la plage.
7. Comme le Premier ministre a été violemment attaqué, il a démissionné.
8. Je n'ai pas d'argent, donc je ne pars pas en vacances. / Comme je n'ai pas d'argent, je ne pars pas en vacances.

131. Mais, ou, et, donc, or, ni, car, puis
1. donc
2. mais
3. car
4. ou
5. ni
6. Or
7. puis
8. et

132. Le sens du conditionnel passé
information non sûre : 5 / 8 / 9
hypothèse : 4
remerciement : 3 / 10
reproche : 1 / 6
regret : 2 / 7

133. Le conditionnel passé (repérage)

	conditionnel	futur antérieur
1.	X	
2.	X	
3.		X
4.		X
5.	X	
6.	X	
7.		X
8.	X	
9.	X	
10.	X	

134. Le conditionnel présent et passé
1. resterais
2. aurais invité
3. aurais manqué
4. aurais pu
5. se verrait
6. obtiendrais
7. aurait cassé
8. supprimerais

135. Formuler des hypothèses
Le voisin a été inondé. (vrai)
Paul a appelé le plombier. (faux)
Paul a réparé la fuite lui-même. (vrai)
Il y a eu pour 12 000 francs de dégâts. (vrai)
Marie a payé l'assurance. (faux)
L'assurance a payé les dégâts. (faux)

136. Formules de politesse écrites
1. Nous avons le plaisir de
2. J'ai le plaisir de
3. C'est avec beaucoup de chagrin
4. C'est avec une grande joie
5. J'ai le devoir de
6. Adrien a la joie de

137. Formulation d'hypothèses
1. Si Henri téléphone, dites-lui que son chèque est prêt.
2. En cas de panne de l'appareil, prévenez immédiatement le service de maintenance.
3. Dans le cas où il n'y aurait plus de place dans le TGV de 17 h 15, je prendrais le suivant.
4. En cas de problème, n'hésitez pas à me téléphoner.
5. Si vous avez de la fièvre, doublez la dose.
6. Si je suis absent demain, vous annulerez tous mes rendez-vous.
7. Au cas où je ne serais pas au magasin, tu peux me joindre sur mon portable.
8. Prévoyons un éclairage de secours dans l'éventualité d'une panne d'électricité.

138. Tant que / jusqu'à ce que
1. il m'ait reçu.
2. j'aie terminé.
3. je n'aurai pas terminé de corriger ce manuscrit.
4. vous m'ayez tout expliqué.
5. je n'aurai pas fini ça.
6. je ne vous en aurai pas donné l'autorisation.
7. tu ne te seras pas excusé.
8. j'aie reçu confirmation de ma mission.

139. Tant que / jusqu'à ce que
1. n'aurez …mangé
2. ayez répondu
3. se sera …excusée
4. ait accordé
5. aient changé d'avis.
6. n'aurez …terminé
7. ayez compris
8. a

140. Diverses formulations de l'hypothèse
1. Qu'il pleuve ou non, je vais me baigner.
2. Si ma femme appelle, passez-la-moi. Sinon, je ne suis là pour personne.
3. Je le verrai quand il sera libre.
4. Quoi qu'il se passe, je serai là à 10 heures.
5. De toute façon, je t'attendrai, même si tu es en retard.
6. Je serai là demain matin, à moins d'un imprévu.
7. La fête aura lieu dehors, sauf en cas de pluie.
8. Au cas où le concierge ne serait pas là, vous devez sonner à l'entrée de service.

141. pouvoir (sens)
1. M.
2. F.
3. N.
4. I.
5. K.
6. A.
7. C.
8. H.
9. B.
10. E.
11. J.
12. L.
13. D.
14. G.

142. Prendre (sens)
1. K.
2. D.
3. A.
4. L.
5. M.
6. E.
7. G.
8. N.
9. I.
10. B.
11. H.
12. C.
13. F.
14. J.

143. Comprendre (syntaxe)
1. ses explications
2. à ses explications
3. ce qu'il m'a dit
4. soyez
5. fallait
6. les
7. y

144. Comprendre (sens)
1. inclut
2. Je conçois
3. Je déchiffre
4. J'ai appris
5. réaliser
6. saisi

145. Attendre
1. Je m'attends à de nombreuses difficultés.

2. Je m'attends à ce qu'il vienne me voir pour me demander de l'argent.
3. J'attends de connaître les résultats pour triompher.
4. J'attends qu'il soit là pour commencer.
5. J'attends un courrier extrêmement important.
6. Qu'est-ce que vous attendez de moi ?
7. Attendez-moi !
8. Je ne m'attendais pas à de si bons résultats.
9. Je ne m'attendais pas à le voir arriver si tôt.
10. Vous pourriez attendre votre tour.
11. J'attends qu'il prenne une décision.

146. Vocabulaire : les mots français d'origine étrangère
1. Elle est amoureuse d'un torero. (espagnol)
2. Ce soir, je vais vous faire des spaghettis et un bon steak. (italien / anglais)
3. Henri, c'est un vrai macho ! (espagnol)
4. J'habite dans un petit bled près de Nice. (arabe)
5. Dans la vie, il faut être philosophe… (grec)
6. Rendez-vous en face du kiosque à musique. (turc)
7. Mets ton anorak pour faire du kayak, il fait très froid. (esquimau / esquimau)
8. J'ai loué un petit bungalow près de la plage. (anglais)
9. Ici, c'est la vie de pacha, la dolce vita… (turc / italien)
10. C'est le souk dans ta chambre ! Range ton pyjama ! (arabe / hindoustani)
11. Je trouve cette robe très chic. (allemand)
12. Moi pour les chiffres, je suis zéro. (arabe / arabe)

147. Vocabulaire : les mots français d'origine étrangère
1. Le ciel est bleu azur. (espagnol)
2. C'est un bambin de 3 ans. (italien)
3. J'aime bien les histoires de vampires. (allemand)
4. Il travaille comme un robot. (tchèque)
5. Tu veux du thé ou du café ? (thé : chinois - café : arabe ou turc)
6. Je suis invité à un cocktail à l'ambassade d'Espagne. (anglais)
7. Il est très sympathique. (grec)
8. Mon rêve ? Faire une croisière sur un gros paquebot. (anglais)
9. Il est parti en vacances en caravane. (persan)
10. Bravo ! (italien)
11. Comme c'est bizarre ! (espagnol)
12. Je suis arrivé ici par hasard. (arabe)

UNITÉ 7

148. Argumenter : critique positive ou négative

enr.	positive	négative
1.		X
2.	X	
3.		X
4.	X	
5.		X

149. Argumenter : critique positive ou négative
Voilà un film passionnant / époustouflant ; les acteurs y sont formidables. Pour traiter ce thème difficile, Cyril Vanne a vraiment fait le bon choix en adaptant un roman policier de Guy Torn, un superbe polar. Le héros est sympathique et plein d'humour. Un rythme trépidant pour un film plein de talent.

150. Expression de l'opposition
bien que + subjonctif présent : 5
bien que + subjonctif passé : 1
bien que + adjectif : 10
pourtant + phrase : 2
en dépit de + nom : 3
quoique + subjonctif présent : 4
quoique + subjonctif passé : 8
quoique + adjectif : 11
quoi que + subjonctif présent : 6
même si + indicatif présent : 7
malgré + nom : 9-12

151. Expression de l'opposition
1. Malgré
2. Contrairement
3. pourtant
4. En revanche
5. En dépit des
6. Au contraire
7. À l'inverse de
8. bien que

152. Expression de l'opposition
1. La soirée a été très réussie, même si elle s'est terminée un peu trop tôt à mon goût.
2. Son exposé a été très brillant et pourtant, il ne connaissait pas très bien le sujet.
3. Je lui ai proposé de travailler avec moi, bien que nous ne soyons pas très amis.
4. Il est en pleine forme malgré ses 75 ans.
5. Quoique nous soyons en février, il fait un soleil de printemps.
6. Il se promène habillé d'une chemise d'été en dépit du froid.

153. Expression de l'opposition
1. ce match était sans intérêt.
2. je peux vous proposer une chambre double, pour le même prix.
3. légèrement timide.
4. son âge.
5. nous nous aimons.
6. s'il y a peu de monde.
7. le bilan financier de cette année est excellent.
8. je n'ai jamais rencontré quelqu'un d'aussi amusant.

154. Les articulateurs logiques
1. car / En revanche
2. Bien qu'
3. également
4. d'abord / ensuite / et surtout
5. Même s' / parce qu' / et qu'
6. si bien que

155. Argumenter : enchaîner des arguments
1. B.
2. C.
3. E.
4. A.
5. D.

156. Argumenter
1. Alain : défavorable (homme) / favorable (femme)
2. Alain : favorable (homme) / favorable (femme)
3. Pierre : favorable (homme) / défavorable (femme)
4. Alain : favorable (homme) / défavorable (femme)
5. Pierre : défavorable (homme) / favorable (femme)
6. Alain et Pierre : favorable (homme)
7. Pierre : favorable (homme) / défavorable (femme)
8. Pierre : favorable (homme) / favorable (femme)

157. Argumenter : nouveau / pas nouveau

	enr.	nouveau	pas nouveau
un livre	1		X
un film	10	X	
une voiture	5		X
la peinture	8		X
un camescope	7	X	
la prison	3		X
un bâtiment	2	X	
la télévision	6		X
un meuble	9		X
quelqu'un	4		X

158. Argumenter : cher / pas cher

	cher	pas cher
1.	X	
2.		X
3.		X
4.	X	
5.	X	
6.	X	
7.		X
8.		X
9.	X	
10.		X
11.		X
12.		X
13.	X	
14.		X

159. Argumenter : laid / beau

	beau	laid
1.		X
2.	X	
3.		X
4.	X	
5.		X
6.	X	
7.		X
8.	X	

160. Argumenter : agréable / désagréable

	agréable	désagréable
1.		X
2.		X
3.		X
4.		X
5.	X	
6.		X
7.		X
8.	X	
9.	X	
10.	X	
11.		X
12.		X
13.		X
14.		X

161. Argumenter : choisir un argument

1. inoffensif
2. N'ayez pas peur !
3. empêcher de
4. manifestes
5. discret
6. efficace
7. énergique
8. pittoresque

162. Argumenter : choisir un argument positif ou négatif

1. consciencieuse / honnête.
2. menteur / inorganisé.
3. nulle
4. calme / simple.
5. plaisante / tranquille.
6. sûr de lui / prétentieux.
7. creux / inintéressants.
8. souriantes / attentionnées

163. (S') apercevoir

A. 1. qu'
   2. de
   3. Depardieu

B. 1. J'ai remarqué
   2. repéré
   3. vous rendre compte
   4. a remarqué

164. Chercher

1. à
2. votre manteau.
3. si
4. en
5. à
6. en
7. le
8. me

165. Choisir

1. de
2. entre
3. Le
4. Lequel
5. en

166. Espérer

A. 1. que
   2. réussisse
   3. des jours
   4. être
   5. de

B. 1. J'attends
   2. Je souhaite
   3. attendu

167. Oublier

A. 1. de
   2. que
   3. son nom

B. 1. négligé
   2. perdu
   3. laissé.
   4. omis

168. Prévenir

A. 1. que
   2. d'
   3. l'

B. 1. éviter
   2. Avertis-moi
   3. averti
   4. informé
   5. j'appelle

169. Reconnaître (sens)

A. 1. J'admets mes erreurs.
   2. Je l'ai identifié à son rire.
   3. Il a visité les lieux avant le tournage du film.
   4. Est-ce que vous identifier quelqu'un sur cette photo ?
   5. Le public a enfin admis son immense talent.

B. 1. C.
   2. B.
   3. A.
   4. E.
   5. D.

170. Regretter / avoir le regret

1. de
2. puisses
3. mon geste
4. de

UNITÉ 8

171. Les pronoms relatifs

1. dont
2. que

3. qui
4. dont
5. dont
6. que
7. qui
8. dont

172. Les pronoms relatifs

1. je tiens
2. je t'ai parlé
3. j'ai beaucoup d'affection
4. j'ai toute confiance
5. je me souviendrai
6. s'est confiée
7. il se rend
8. on dit beaucoup de mal

173. Les pronoms relatifs : emploi avec une préposition

1. sur
2. dans
3. selon
4. sur
5. à
6. pendant / durant
7. de
8. grâce

174. Construction de quelques locutions verbales

1. en qui
2. pour qui
3. dont
4. à laquelle
5. chez lequel
6. auquel
7. par qui
8. de laquelle

175. Vocabulaire : le verbe « tenir »

1. D.
2. I.
3. J.
4. B.
5. H.
6. C.
7. G.
8. E.
9. F.
10. A.

176. La nominalisation

1. abonnement
2. abstention
3. accueil
4. admission
5. affirmation
6. amour
7. amélioration
8. animation
9. annulation
10. association.

177. La nominalisation

1. assurance
2. attente
3. bavardages
4. blessures
5. boissons
6. branchements
7. bronzage
8. choix
9. collaboration
10. connaissance

178. La nominalisation
1. emprunts
2. ennui
3. essai
4. coupure
5. embarquement
6. évocation
7. existence
8. explications
9. expression
10. explosion

179. La nominalisation
1. fermeture
2. ouverture
3. fondation
4. formation
5. guérison
6. connaissance
7. arrivée
8. contrôle
9. ralentissement
10. visite

180. La nominalisation
1. consommer
2. cuire
3. décider
4. inscrire
5. déménager
6. immigrer
7. a hérité
8. hésiter
9. identifier
10. insister

181. La nominalisation
1. installation
2. questions
3. invitation
4. lancement
5. lavage
6. lecture
7. logement
8. location
9. naissance
10. occupations

182. La nominalisation
1. opérer
2. organiser
3. avons oublié
4. visiter
5. perdre
6. a permis
7. présente
8. avons produit
9. se promener
10. promet

183. La nominalisation
1. protection
2. protestation
3. publication
4. réalisation
5. réception
6. rédaction
7. remboursement
8. remerciements
9. remplacement
10. réparation

184. La nominalisation
1. confiance
2. répétition
3. réservation
4. satisfaction
5. séparation
6. signature
7. témoignages
8. traduction
9. utilisation
10. versements

185. La nominalisation
1. baignade
2. ma commande
3. comptes
4. espoir
5. habitation
6. actions
7. garniture
8. arrivage

186. Les moments d'une prise de parole
1. en premier lieu (début)
2. le mot de la fin (fin)
3. transition (milieu)
4. débuterons (début)
5. En guise de conclusion (fin)
6. Une fois franchie cette première étape (milieu)
7. ne pas avoir été trop long (fin)
8. La suite (milieu)

187. Les moments d'une prise de parole
1. terminer (fin)
2. J'aborde maintenant (milieu)
3. revenir sur ce point (milieu)
4. En somme / finit (fin)
5. au terme (fin)
6. commencerai (début)
7. Cette deuxième partie (milieu)
8. assez de paroles (fin)
9. aborder (début)
10. avoir exposé les faits (fin)

188. Préfixation en « re- » (verbes)
1. réabonné
2. rappelé
3. revu
4. rebranché
5. rechangé
6. redéménagé
7. repeindre
8. réorganisé

189. Préfixation en « re- » (noms)
2. négociation
4. lecture
5. évaluation
8. définition
9. organisation

190. Préfixation en « in-» ou « im- » (noms)
1. prudence
3. compréhension
4. patience
5. justice
7. popularité
9. mobilité
10. stabilité

191. Préfixation en « in-» ou « im- » (adjectifs)
2. prudent
3. complet
4. déterminée
5. moral
7. prévisible
8. formelle
9. compréhensible

192. Préfixation en « dé- »
1. Inverse : 1, 3, 4, 5, 6.
2. Pas inverse : 2, 7, 8.

193. Commencer
A. 1. à dormir
   2. mon rapport.

B. 1. ai débuté
   2. ai entrepris
   3. a entamé
   4. est né
   5. ai amorcé
   6. ont attaqué
   7. ouvrir
   8. a fondé
   9. a amorcé
   10. ai entrepris de

194. Achever (sens et syntaxe)
A. 1. mon travail
   2. de

B. 1. finir
   2. a pris fin
   3. conclu

195. Quelques sens particuliers de « un » et « une »
1. E.
2. C.
3. F.
4. D.
5. B.
6. A.

196. Préfixation en « re- » ou « de- » (verbes)
1. répétition
2. autre sens
3. contraire
4. répétition
5. répétition
6. répétition
7. contraire
8. autre sens
9. contraire
10. autre sens

197. Vocabulaire : verbe « prendre »
1. F.
2. C.
3. H.
4. I.
5. G.
6. D.
7. A.
8. B.
9. E.
10. J.

198. Vocabulaire : verbe « prendre »
1. I.
2. G.

3. H.
4. J.
5. A.
6. C.
7. E.
8. B.
9. F.
10. D.

199. Expressions métaphoriques et populaires : emploi de pronoms

1. une histoire
2. la vie
3. la nourriture
4. une chanson
5. la bouche
6. une gifle
7. les fesses
8. des informations
9. de l'argent
10. la bouche

200. La comparaison : expressions imagées

1. Il a travaillé n'importe comment.
2. Nous avons été très mal accueillis.
3. Tout le monde m'a regardé avec insistance.
4. Elle a pleuré toutes les larmes de son corps.
5. Il aime beaucoup sa voiture.
6. Tu es très heureux.
7. Tu es très beau.
8. C'est très facile.

201. La comparaison

1. écris / Tu écris très mal.
2. me moque / Je ne me soucie absolument pas de ce qu'elle m'a dit.
3. souffle / Il respire bruyamment.
4. méchante / Elle est malfaisante.
5. retombe / Il sait se tirer de situations difficiles.
6. un pape / Il ne plaisante jamais.
7. la justice / Il n'est pas très drôle.

UNITÉ 9

202. Repérage des marqueurs temporels et articulateurs logiques

Marqueurs temporels :
hier
après [cette première collision]
Peu après
Articulateurs logiques :
En raison de (cause)
ainsi (conséquence)
À cause de [cet autre accident] (cause)
donc (conséquence / conclusion)
Grâce à [la diligence des secours]

203. Affiner son style

Exemple de corrigé :
Aujourd'hui, beaucoup de personnes connaissent des problèmes sentimentaux. Vivant seules ou parfois mariées, elles écrivent au courrier du cœur d'un journal **ou encore** consultent des voyantes. Elles téléphonent **aussi** aux animateurs d'émissions de radio spécialisées **car** elles pensent que ces « spécialistes » peuvent les aider. **En effet**, elles ne sont pas capables d'analyser elles-

mêmes la situation ; **et souvent,** elles n'ont personne à qui se confier. **Enfin,** leur solitude est vraiment grande. **D'autre part**, elles sont souvent timides et réservées ; **et puis** elles craignent les indiscrétions. **Aussi,** elles choisissent l'anonymat de ces interlocuteurs, **car** pour elles, ce sont des oreilles amies, **et** elles peuvent enfin exprimer leur angoisse et leur mal de vivre.

204. Affiner son style (simplifier son expression)

Exemple de corrigé :
La pollution est un fléau majeur qui met en danger la vie de la planète. L'homme est en train de la détruire. Il en épuise les ressources qui feront demain défaut aux générations futures.

L'apprentissage d'une langue étrangère est une ouverture sur une autre culture. Il enrichit celui qui apprend. Il lui permet de confronter son mode de pensée à celui d'autres hommes. Il en découvre ainsi les différences et il apprend à les connaître et à les aimer.

205. Les articulateurs

Exemple de corrigé :
Antoine est un garçon très déplaisant **qui** ne fait que ce qui lui plaît. Il ne se préoccupe absolument pas des autres **et** tout le monde doit être à sa disposition. **À peine** est-il présent **que** personne n'existe plus. **Quand** on lui demande un petit service, il fait comme s'il n'avait pas entendu **car** il n'écoute pas les autres **et, en outre,** il leur coupe toujours la parole. **En fait,** il ne s'intéresse qu'à lui-même **et quand** quelqu'un se moque gentiment de lui, il se met **tout de suite** en colère. **Finalement,** il a réussi à se faire détester de tout le monde.

206. Affiner son style

Exemple de corrigé :
J'aimerais bien voyager et partir droit devant moi pour visiter les cinq continents. **Ainsi,** je verrais les gens d'autres pays **et** je pourrais découvrir d'autres façons de vivre. **Par exemple,** je goûterais les mille et un plats nouveaux de la gastronomie mondiale. Je me ferais **aussi** beaucoup d'amis. **Ainsi,** je m'emplirais les yeux des plus beaux paysages de la planète. **Enfin,** je rentrerais chez moi, enrichi par toutes ces rencontres et ces beautés.

207. Structurer un texte

Exemple de corrigé :
La publicité est au service du consommateur. Son premier but est d'informer le client. **En outre,** elle rend la vente de masse possible en abaissant les coûts. Elle a **donc** un rôle positif sur la consommation. **D'autre part,** elle a un incontestable intérêt esthétique : **ainsi,** certains films sont de véritables chefs-d'œuvre d'humour.
Mais il arrive que la publicité informe mal et même trompe délibérément le consommateur.

En outre, elle favorise, voire provoque, des achats inutiles. **Par ailleurs,** elle occupe une place trop importante dans les médias et défigure nos villes.
C'est pourquoi il appartient aux publicitaires de réglementer la profession.
Il faut **aussi** que les consommateurs contrôlent la publicité et se montrent exigeants.

208. Définir

la pollution urbaine : 6
Voltaire : 5
ricaner : 8
Le Mouvement de Libération des Femmes (M.L.F.) : 3
une inauguration : 4
les Objets Volants Non Identifiés (O.V.N.I.) : 1
un mini-hachoir électrique : 2
la solidarité : 7

209. Définir

1. consistent à
2. est un synonyme de
3. consiste en
4. sert à
5. sinon
6. sont les agents du
7. il s'agit d'
8. signifie le contraire d'

210. Précision du vocabulaire : le verbe « faire »

1. Cet été, nous avons parcouru 2400 kilomètres en un mois.
2. C'est un garçon très habile de ses mains : il a construit lui-même sa maison.
3. Dans cette région, la plupart des agriculteurs produisent des céréales.
4. Henri a gagné beaucoup d'argent en vendant des voitures d'occasion à l'étranger.
5. Excusez-moi, monsieur, est-ce que vous vendez ce modèle d'aspirateur ?
6. Je pense que Josette chausse du 36 ou du 37, maximum.
7. Il ne faut pas être soucieux/soucieuse pour Jacques : il va réussir, tu verras.
8. La fille aînée des Reverdy étudie le droit à Montpellier.
9. Jean-Paul, est-ce que tu as nettoyé ta chambre ?
10. Ces chaussures sont solides : elles m'ont duré quatre ans.

211. Prendre des notes

Proposition de correction :
M. Lebrun :
Demain : 1. Prendre RV pr M. Lebrun auprès de Claude Lenoir (Bordeaux) pr lundi 27.
   2. Réserver une place sur vol → Madrid – Aller le 30 / retour 31 (fin de journée)
   3. Envoyer dossier Leblanc → Londres
– Documentation salon du Livre (mercredi)
– Annuler tous les RV pr jeudi.

212. Oral / écrit : rapporter un événement par écrit

Proposition d'article :

Légère secousse sismique au sud du pays

On a enregistré hier soir à 16 h 42 un tremblement de terre dans la partie méridionale du pays. La secousse sismique, d'une magnitude de 3,9 sur l'échelle de Richter n'a pas provoqué de dégâts importants. Mais la population de la région a été terrorisée et est aussitôt sortie en courant dans les rues.

L'épicentre du tremblement de terre est situé à 200 kilomètres au sud de la capitale et la secousse n'a duré que 3 secondes. La semaine dernière déjà, on avait enregistré dans la même zone un premier tremblement de terre, d'une magnitude inférieure. Il est probable qu'il faut rapprocher cet événement des tremblements de terre qui ont secoué le centre de l'Italie le mois dernier, provoquant une dizaine de morts et des dégâts considérables dans plusieurs villages.

213. Oral / écrit : expression de l'opinion

1. « D'un côté, il y a la jeune femme que j'ai interrogée et qui sort en pleurant et se déclare bouleversée par le film. »
2. « Pourtant, certains en sont sortis avec une impression générale positive et, en même temps, avec le sentiment d'un assemblage de séquences connues. »
3. « … le jeune homme blasé qui, tout en appréciant la qualité du film, en sort sans enthousiasme. »
   « Le *happy end* semble très réussi puisque les spectateurs sont unanimes dans les louanges en ce qui concerne les scènes finales du film. »
4. « … certains en sont sortis avec une impression générale positive… »
5. « Mais en face de ces spectateurs déçus, il y a les enthousiastes, les passionnés. »
6. « … les spectateurs sont unanimes dans les louanges en ce qui concerne les scènes finales du film. »
   « Il y a ceux qui l'ont trouvé sans intérêt. »
7. « … certains en sont sortis avec une impression générale positive et, en même temps, avec le sentiment d'un assemblage de séquences connues. »
8. « … il y a les enthousiastes, les passionnés. »

214. Résumer un texte

Proposition de résumé :

Sport très populaire, la pétanque est pratiquée par de nombreuses catégories de population et sa fédération, 4e par l'importance des fédérations sportives, compte 460 000 membres. Cette popularité est due à la simplicité de ses règles : le jeu consiste à placer des boules métalliques près d'un « bouchon ». C'est un jeu individuel ou en équipes. La pétanque – apparue dans le Midi au siècle dernier – va devenir un sport mondial. La France, par exemple, est désormais menacée, dans sa suprématie aux championnats du monde, par des concurrents venus de nations très lointaines. Grâce à ses qualités, la pétanque est pratiquée partout.

(99 mots)

215. Résumer un texte

Proposition de résumé :

L'innovation sera la caractéristique principale de la voiture de demain. Ainsi, elle s'ouvrira par simple reconnaissance des empreintes digitales de son propriétaire et son ordinateur embarqué proposera des itinéraires personnalisés.

Mais surtout elle sera plus sûre : matériaux plus solides, coussins gonflables, système antidémarrage par analyse de l'haleine en cas d'alcoolémie positive, système anticollision par détection radar des obstacles, amélioreront la sécurité. La voiture sera aussi moins polluante parce que la pollution et l'épuisement des énergies non renouvelables préoccupent l'opinion. Le véhicule électrique devrait s'imposer bien qu'il ne soit pas encore au point. Mais déjà on songe au moteur à hydrogène…

(107 mots)

216. Oral / écrit : synthèse d'informations

Proposition de lettre :

Monsieur,

Suite à notre conversation téléphonique en date du 15 juin 1997, j'ai le plaisir de vous confirmer notre souhait d'organiser un voyage en République Tchèque du 8 au 15 septembre 1997.

Je vous serais reconnaissant de bien vouloir m'adresser une proposition de programme accompagnée d'un devis. Notre groupe sera composé d'une soixantaine de personnes.

En vous remerciant, je vous prie d'agréer, Monsieur, mes salutations distinguées.

217. Enrichissement du vocabulaire : la métaphore

1. Elle est insupportable.
2. Tu as une très bonne vue.
3. Il est ennuyeux.
4. Je me suis lancé sans hésiter dans cette activité nouvelle.
5. Il n'est pas resté longtemps.
6. Il faut respecter l'ordre naturel des choses.
7. C'est très beau.
8. Je suis indécis.

218. Élargissement du vocabulaire : « -phile » / « -phobe » / « -phone »

	enr.
agoraphobe	2
arachnophobe	8
bibliophile	7
claustrophobe	4
francophile	1
xénophile	12

hydrophobe	11
germanophile	6
hispanophone	3
lusophone	5
cinéphile	9
xénophobe	10

219. Élargissement du vocabulaire : « -logue »

	enr.
anthropologue	10
cancérologue	3
egyptologue	4
géologue	5
graphologue	9
musicologue	1
philologue	8
psychologue	6
sociologue	7
vulcanologue	2

220. Élargissement du vocabulaire : « -mane »

	enr.
kleptomane	5
mégalomane	3
mélomane	2
mythomane	6
pyromane	4
toxicomane	1

221. Élargissement du vocabulaire : « poly- »

	enr.
polyglotte	4
polygame	2
polythéiste	5
polyvalent	3
polytechnicien	1

222. Élargissement du vocabulaire : « auto- »

	enr.
autodidacte	4
autonome	2
autonomiste	5
autocrate	1
autochtone	3

TRANSCRIPTIONS

UNITÉ 1

1. Exprimer une opinion positive ou négative

1. C'est la saison que je préfère. J'adore faire du ski, et puis il y a les fêtes de fin d'année, les cadeaux, le Jour de l'an...
2. Moi, je ne pourrais plus jamais vivre en ville. J'en ai assez de la pollution, des embouteillages, de l'agressivité.
3. Maintenant tout le monde a un portable. Cela devient insupportable. Je ne pense pas que les gens communiquent mieux qu'avant.
4. Internet ? Mais c'est formidable ! Maintenant tu as le monde à ta portée !
5. *Le Monde* ? Je ne le lis jamais ! En plus, il n'y a pas de photos !
6. -- Qu'est-ce que tu penses du nouveau gouvernement ?
   -- Ils sont jeunes, dynamiques et en plus il y a beaucoup de femmes. Ça change du précédent !
7. Ce que j'apprécie le plus chez Jacques, c'est qu'il est toujours à l'heure.
8. Paul ? Il m'énerve. Un jour, il dit « blanc » et le lendemain, il dit « noir ».

5. Exprimer une opinion positive ou négative

– Merci de voyager sur notre compagnie. Avant l'arrivée, si vous êtes d'accord, je voudrais vous poser quelques petites questions.
– Si vous voulez.
– Que pensez-vous de l'accueil ?
– Excellent ! Tout le monde est souriant.
– Que pensez-vous du confort ?
– Avec mes 120 kilos, je ne sais pas où mettre mes jambes.
– Avez-vous apprécié le repas qui vous a été servi pendant le vol ?
– Oui, puisque je vous ai demandé un deuxième plateau.
– Comment trouvez-vous le service ?
– Rapide, efficace.
– Avez-vous aimé le film projeté pendant le vol ?
– Je ne sais pas. J'ai dormi.
– Avons-nous respecté les horaires ?
– Oui, nous sommes partis à l'heure.

7. Exprimer une opinion positive ou négative

– Qu'est-ce que tu fais ?
– Je remplis le questionnaire. Ils veulent savoir si on est satisfaits des hôtels Cigogne.
– Ah bon ! Tu crois que ça sert à quelque chose ?
– S'ils font ça, c'est que ça doit servir... Comment tu as trouvé le confort de la chambre ?
– Pas trop mal. Le lit est un peu dur. Mais on entend tout ce que font les voisins.

Celui d'à côté, il ronfle et l'autre met la télévision à fond toute la nuit.
– Oh ! Toi, tu n'es jamais contente. Ça ne t'a pourtant pas empêchée de dormir.
– Par contre la salle de bains est très grande. Très pratiques, le sèche-cheveux et l'appareil pour cirer les chaussures.
– Et le petit déjeuner ?
– Ah ! Ça, très bien, copieux, le café est bon, mais après 10 heures c'est fermé. Nous, on est en vacances. Alors pas possible de faire la grasse matinée.
– Le restaurant… On n'y est jamais allés. On ne peut pas dire si c'est bien. Bon ensuite le personnel, l'entretien des chambres.
– Le personnel est très sympa. Le ménage est impeccable. De ce côté-là, rien à dire.
– Les tarifs ?
– Ce n'est pas donné. Quand on était au Royal Hôtel, c'était aussi bien et beaucoup moins cher.
– Ils demandent si on a des suggestions.
– Ce serait bien s'il y avait une télé et un mini-bar et aussi s'il y avait des chambres non-fumeurs. Ça sentait le tabac en entrant.

19. Vocabulaire : bête / intelligent

1. Jean-Paul, il n'a pas inventé l'eau chaude !
2. Cette fille, elle est géniale !
3. Il n'est pas très futé, ton copain !
4. Roger, ce n'est pas une lumière !
5. Henri, ce n'est pas Einstein !
6. Il a fait preuve d'une grande subtilité.
7. Je le trouve complètement stupide !
8. Ce n'est pas très fin ce que tu dis !
9. Elle est loin d'être idiote.
10. C'est complètement débile comme raisonnement !

UNITÉ 2

28. Impératif / Infinitif

1. S'il vous plaît, Paul, prêtez-moi votre stylo.
2. Bon, d'accord, amenez-moi votre voiture à 8 heures.
3. Décrocher le combiné puis introduire une pièce de 1 franc.
4. Mon rêve ? Visiter le Brésil.
5. Ah ! Manger, quel plaisir…
6. Un bon conseil : changez de régime !
7. Ouvrir la boîte puis verser le contenu dans la casserole, puis laisser cuire 10 minutes.
8. Vous ! Approchez-vous !

29. Donner des instructions

– Elle est jolie, ta robe.
– Je l'ai commandée aux Six Helvètes.
– Qu'est-ce que c'est ?
– Tu sais bien, un magasin de vente par correspondance.

– Ah ! oui. Moi, je n'aime pas... C'est long et compliqué.
– Mais non, c'est tout simple. Regarde... Tu choisis ton article dans le catalogue.
– Et après ?
– Après, il faut remplir le bulletin de commande. D'abord, tu reportes le code de l'article dans la colonne « référence ». Tu vois, il y a un 7 chiffres et une lettre.
– C'est tout ?
– Non, attends ! Tu indiques la taille, puis la quantité.
– Et le prix ?
– Le prix, tu le portes dans la colonne à droite, là. Ensuite, il faut ajouter 35 francs pour les frais de port, ici.
– C'est raisonnable, 35 francs.
– Oui. Après, tu précises ton mode de paiement en cochant une case, ici en bas. Moi, je paie par chèque, alors il faut que je signe un chèque...
– Bien sûr.
– Mais, avant de faire le chèque, il faut que tu calcules le montant global de la commande et que tu l'inscrives en bas à droite.
– C'est fini ?
– Tu glisses le chèque avec le bon de commande dans une enveloppe timbrée...
– ... Et tu la postes. Oui, effectivement, c'est tout simple.
– Dis-donc, tu ne veux pas te commander un petit tailleur pour le printemps ?

30. Donner des instructions

– Tu peux m'aider à installer ça ? C'est un programme antivirus.
– Bon, d'abord tu mets une disquette vierge dans le lecteur de disquette.
– Le A ou le B ?
– Le A. Tu la formates.
– C'est y est, elle est formatée.
– Bon, tu l'enlève et tu mets la disquette 1 dans le lecteur.
– Celle où il y a marqué « démarrage ».
– Oui. Maintenant, tu tapes « install ».
– Ça ne marche pas.
– « Installe » avec deux « l » « e ».
– OK. Maintenant ça marche. Qu'est-ce que je fais après ?
– Rien, tu suis les instructions.
– Qu'est-ce que je fais maintenant ? Ils disent que l'installation a réussi.
– Maintenant que c'est fini, tu mets ta disquette à toi, celle que tu as formatée.
– Voilà. J'appuie sur « entrée » ?
– Oui.
– Bon voilà, c'est fait. C'est drôlement rapide. Et après ?
– Tu inscris « antivirus » sur l'étiquette.
– Et comment je fais pour savoir si j'ai un virus ?
– D'abord, éteins. Maintenant mets ta disquette dans le lecteur A. Allume.
– Tu crois que ça marche ? Cela fait au moins 5 minutes que ça tourne.

– Tu ne sais pas lire ? C'est écrit « Patientez jusqu'à la fin des opérations ».
– C'est vrai. Tu as raison.
– Ah ! Voilà, c'est fini. Dis donc tu as 3 virus ! Il était temps !

39. Verbe + pronom
1. Non, j'en veux un seul.
2. Je n'en ai vu aucun.
3. Je vous les ai envoyés ce matin.
4. Non, et pourtant je l'ai cherchée toute la journée.
5. Oui, j'en ai connu plusieurs.
6. Je lui en ai indiqué deux.

UNITÉ 3

59. Accord du participe passé
1. Je l'ai surprise avec mes questions.
2. Je lui ai appris la mauvaise nouvelle.
3. Je ne l'ai pas comprise tout de suite.
4. Je l'ai conduit chez un médecin.
5. Je l'ai inscrite dans un cours de langues.
6. Je lui ai interdit de la revoir.
7. Je crois que je l'ai séduite.
8. Je l'ai reconduite chez sa mère.
9. Je l'ai rejointe vers minuit.
10. Je lui ai offert des fleurs.

66. Antériorité / postériorité
1. Il a à peine 15 ans.
2. Passé 22 heures, vous êtes priés de respecter la tranquillité de vos voisins.
3. J'ai 20 ans et des poussières.
4. Il vient tout juste d'avoir 18 ans.
5. Il est près de 20 heures à ma montre.
6. J'arrive dans une petite heure.
7. J'ai passé une bonne semaine à attendre.
8. Il me faut une demi-journée de travail pour terminer ça.
9. Je suis majeure.
10. Il est un peu plus de 15 h.

69. Passé proche / futur proche
1. Bon, je vais y aller !
2. Je viens de le croiser au restaurant.
3. Dans une dizaine d'années, vous allez constater que nos prévisions, hélas, étaient les bonnes.
4. J'arrive tout de suite !
5. Dans une vingtaine d'années, l'homme va débarquer sur Mars.
6. Cela a commencé il y a à peine 5 minutes.
7. J'arrive à l'instant !
8. Je vous reçois dans un instant.
9. J'ai terminé dans 5 minutes.
10. C'est presque fini.

73. Expression de la durée
1. Tu as une petite minute à m'accorder ?
2. Je t'attends depuis des heures.
3. J'en ai juste pour un instant.
4. Je t'aimerai jusqu'à ce que la mort nous sépare.
5. Le voyage a été interminable.
6. Je serai bref...
7. À peine arrivé, il était déjà reparti.

8. Ça existe depuis la nuit des temps.
9. Il est vieux comme Hérode.
10. Il a réparé ma voiture en un clin d'œil.
11. Cet appareil est garanti à vie.
12. Cela fait des siècles qu'on ne s'était pas vus.

UNITÉ 4

75. Le conditionnel
1. Vous aurez le temps de terminer ce rapport avant demain ?
2. Je partirais bien quelques jours en vacances...
3. Vous auriez dû me le dire plus tôt !
4. Qu'est-ce que vous auriez fait à ma place ?
5. Vous pourrez vous reposer pendant le week-end.
6. J'aimerais que nous parlions de tout ça un de ces jours.
7. Je serai là à midi pile.
8. Ça te ferait du bien une bonne douche.
9. Un bon film, ça nous changerait les idées...
10. Vous ferez attention au chien.

77. Faire une proposition
1. Tu pourrais faire attention !
2. Si on allait faire un petit tour à la plage ?
3. J'ai envie de voir ma mère. Qu'est-ce que tu en penses ?
4. On pourrait rendre visite aux Dupré ? Qu'est-ce que tu en dis ?
5. Si tu vas au marché, achète des tomates.
6. Ça te dirait d'aller au théâtre ce soir ?
7. On dirait qu'il n'est pas là.
8. Tu n'aurais pas envie de prendre un peu l'air ? On étouffe ici.
9. Tu n'as pas envie de sortir ? Tant pis.
10. Ça te plairait, un petit week-end à Londres ?

79. Faire une proposition
1. Vous ne pourriez pas être un peu plus clair ? On n'y comprend rien.
2. Si on tirait ça au clair ?
3. Vous pourriez au moins vous excuser !
4. Et si on y allait ? Il est plus de 6 heures.
5. On pourrait peut-être demander à Marc de nous aider.
6. Tu pourrais m'aider ? C'est lourd.
7. Je serais toi, je m'y prendrais autrement.
8. Qu'est-ce que vous diriez d'un petit plongeon à la piscine ?
9. Est-ce que vous pourriez me trouver l'adresse des établissements Duchaussois ?
10. Tu devrais tout reprendre à zéro !

81. Faire une proposition en utilisant ou non le conditionnel
1. On pourrait passer chez les Legros, ça fait longtemps que je ne les ai pas vus.
2. Et si on se faisait une petite bouffe à La Tour dorée ?
3. Ça te dit de faire un petit tour à vélo pour se mettre en forme ?
4. On ne pourrait pas faire une petite pause ? Ça fait des heures qu'on est au travail.
5. Tu n'as pas envie de faire dodo ? Il est tard et il y a école demain.
6. Ça te dirait une petite coupe de champagne ? J'en ai une bouteille au frigo.
7. Si vous me parliez un peu de vos projets ? On m'a dit que vous prépariez une exposition.
8. Je prendrais bien un peu l'air. On étouffe dans cette salle.
9. Vous ne voudriez pas passer les fêtes de fin d'année au soleil ? J'ai loué une petite maison dans le Sud de la Grèce.
10. On pourrait passer un coup de fil à ta mère. C'est son anniversaire.

82. Accepter / refuser
1. – Tu n'aurais pas envie de passer un petit week-end à la campagne ?
   – Tu as vu la météo? Ils prévoient de la pluie jusqu'à lundi !
2. – Et si on se faisait un petit repas d'amoureux ce soir pour fêter nos cinq ans de mariage ?
   – Les grands esprits se rencontrent. Je voulais te faire la surprise. J'ai réservé une table au Grand Vatel.
3. – On pourrait peut-être lui offrir un vélo pour Noël ?
   – Elle en a déjà un.
4. – Je vous propose de constituer des groupes de travail de trois ou quatre personnes.
   – Nous, on va dans la salle à côté.
   – Nous, on reste là.
5. – Si vous êtes d'accord, on pourrait faire une petite pause d'un quart d'heure.
   – Ça ne nous laisse même pas le temps de boire un café !
6. – Je vous propose de voter à main levée. Pour ou contre ma proposition ?
   – Ne te fatigue pas. On est tous d'accord.
7. – Ça te dirait de changer de quartier ? J'ai trouvé une petite maison à louer en banlieue.
   – Merci bien ! Si c'est pour faire deux heures de transports par jour...
8. – Et si on allait récupérer ta voiture au garage ?
   – Le garagiste m'a dit pas avant 7 heures !

83. Accepter / refuser
1. Tu ne voudrais pas mettre la table, Claude ?
2. Allez, les enfants ! Au lit ! Demain, il y a école !

3. On va prendre un dernier verre chez moi, Nathalie.
4. Passe-moi du feu !
5. Est-ce que vous auriez quelques instants à m'accorder ?
6. Je voudrais vous faire essayer la dernière Rono.

84. Accepter / refuser

1. Est-ce que je peux inviter votre sœur à danser ?
2. Excusez-moi monsieur ! Vous n'auriez pas une petite pièce de 5 francs ? C'est pour manger.
3. Allez, reprends du gâteau !
4. Je vais faire une promenade à vélo. Tu viens chéri ?
5. Et si on allait passer le week-end à Nice ? Ça fait longtemps qu'on n'a pas vu la mer.
6. Excusez-moi monsieur, mais vous êtes assis à ma place !

86. Vocabulaire : le corps humain

1. J'en ai plein le dos.
2. Pouce !
3. Il a un petit verre dans le nez.
4. Je vous ai à l'œil !
5. Ça me fait une belle jambe.
6. Je vous sers deux doigts de porto ?
7. Je suis sur les genoux.
8. Je lui ai demandé sa main.
9. Il a bon cœur.
10. Il a un cheveu sur la langue.

96. Vocabulaire : le corps humain

Il faut que je te raconte ! L'autre jour, j'étais dans le bureau du patron. C'est à ce moment-là qu'Henri est arrivé. Comme d'habitude, il avait un petit coup dans le nez. Tu connais Henri ? C'est un collègue. Tu sais, celui qui a un cheveu sur la langue et qui met son nez partout. Le moins qu'on puisse dire, c'est qu'il n'a pas le nez en affaires. Une fois sur deux, il se met le doigt dans l'œil. En plus, il a le portefeuille à la place du cœur. Bref, tu t'en doutes, il a une dent contre moi, parce que moi, je n'ai pas ma langue dans ma poche ! Lui, depuis qu'il est le bras droit du patron, il a la grosse tête. Le patron veut l'envoyer à Londres alors qu'il parle anglais comme un pied.

UNITÉ 5

98. Rapporter les paroles de quelqu'un

1. M. Grimaud, je ne tolérerai pas un seul défaut de fabrication !
2. M. Grimaud, je vous préviens ! C'est ça ou la porte !
3. Alors, M. Grimaud, vous êtes à l'heure aujourd'hui. Votre réveil a bien sonné. Votre grand-mère n'est pas morte pour la 3ᵉ fois consécutive en l'espace d'un an. Votre petit dernier n'a pas la rougeole. C'est parfait. Nous allons examiner votre demande d'augmentation de salaire.
4. Et bien on va voir ce qu'on peut faire, M. Grimaud. Il faut réfléchir à la situation. Surtout ne pas se précipiter.

5. Alors, mon petit Grimaud, vous vous êtes remis de cette méchante grippe ?
6. Ah ! Mon cher Grimaud ! Content de vous revoir ! Je suis persuadé que nous allons faire du bon travail ensemble.

100. Rapporter les paroles de quelqu'un

Votre projet me semble très clair, Mademoiselle Lambert. Vous permettez que je vous appelle Corinne ? Comme je vous le disais, je trouve que vous avez fait un excellent travail, Corinne. J'aimerais revoir avec vous en détail le chapitre sur le financement ainsi que le calendrier que vous proposez. Je pense demander à une partie de mon équipe de se lancer le plus rapidement possible sur l'étude de marché que vous suggérez dans vos conclusions. Si vous voulez, nous pourrions en discuter en tête à tête. Je connais un excellent restaurant dans la banlieue de Lyon. Ce serait un lieu plus agréable pour parler de notre collaboration future que ce bureau où le téléphone sonne sans arrêt.

101. Rapporter les paroles de quelqu'un

– Vous savez, j'ai commencé très jeune dans le métier. Mon père ne voulait pas que je sois musicien. Il voulait que je sois médecin, comme lui. Les parents sont tous comme ça. Moi-même, j'aimerais que mon fils soit musicien. Peut-être qu'il voudra être médecin…
– Moi, mon père…
– Mais je sais que ce n'est pas pour m'entendre raconter ma vie que vous êtes là. Je cherche un saxophoniste et ce que vous faites correspond tout à fait à mon style de musique. Julien, mon ancien saxophoniste, m'a en effet quitté pour voler de ses propres ailes. Moi-même, à mes débuts, quand je jouais dans l'orchestre de Claude Legros, j'ai décidé un beau jour de rechercher la gloire et je crois que la suite m'a donné raison.
– Vous avez joué avec Claude Legros ?
– Mais, finalement, je ne regrette pas Julien, il n'en faisait qu'à sa tête. Revenons à vous ! Est-ce que vous pourriez participer à notre répétition de samedi ? Nous répétons dans une petite salle, Le Jazz-club, où les plus grands noms du jazz se sont succédé dans les années 50. Mais vous n'étiez pas né à cette époque.
– J'ai ….
– Moi, j'étais étudiant, en première année de médecine, pour faire plaisir à mon père, et en fait j'y passais toutes mes nuits. Je m'étais acheté une trompette en revendant mes livres de médecine. Et la journée, je dormais, au lieu d'aller à la fac. Mais je vous ennuie avec tout ça ! Donc à samedi, à 8 heures précises. J'ai horreur des gens qui n'arrivent pas à l'heure.

102. Rapporter les paroles de quelqu'un

Vous savez, Mademoiselle Guignard, vous devriez changer de coiffure. Ces cheveux longs et raides, ça vous donne un air sévère. Excusez-moi de vous dire ça, mais ça ne vous va pas très bien. Faites-moi confiance : je vous fais une coupe « mode », quelque chose de très « tendance », un rien audacieux mais sage quand même. Je vous laisse une mèche devant. Là, sur le côté, je coupe à hauteur des épaules. Ça vous dégage le visage et ça vous permet de faire toutes les coiffures que vous voulez. Qu'est-ce que vous en dites ? Vous n'avez pas envie d'essayer ? Et puis, tiens, on fait une petite coloration, quelque chose de très léger, très discret. Je suis sûr que ça vous ira très bien. Et puis, tenez, je vous fais une proposition honnête : la coupe et la coloration à moitié prix. Parce que je vous aime bien, vous êtes une cliente fidèle et surtout, vous avez un visage intéressant pour un coiffeur. Si, si ! Je vous assure. D'ailleurs, vous allez être tellement jolie que vous serez ma meilleure publicité. Alors, on y va ?

103. Rapporter les paroles de quelqu'un

1. Et si nous allions visiter les châteaux de la Loire ?
2. Je serais vous, je laisserais ma voiture au parking et je m'y rendrais à pied. C'est à deux pas d'ici.
3. Je ne vous avais pas demandé d'en parler à tout le monde !
4. Bravo pour votre travail. J'ai dû tout reprendre à zéro !
5. J'aimerais savoir ce que vous pensez de notre nouvelle campagne de publicité.
6. Tout sera prêt en temps voulu. Je m'y engage personnellement.
7. Tu devrais faire réparer ton toit : la pluie va bientôt tomber dans ta salle à manger.
8. Fais attention : tu roules trop vite et tu ne respectes pas les panneaux.
9. La prochaine fois, je prendrai des sanctions.
10. Il n'est pas question que vous sortiez ce soir.

104. La concordance des temps

1. Je viens de rencontrer Pierre. Il m'a demandé de vos nouvelles.
2. Soyez patient, je n'en ai plus pour longtemps.
3. Commencez sans moi ! Je ne peux pas être là avant 11 heures.
4. Je suis désolé, mais ce ne sera pas possible avant lundi.
5. Je vous ai déjà rencontré quelque part ?
6. Vous étiez là, à la réunion de janvier ?
7. Je dois partir à la Martinique, fin septembre.
8. Pourquoi est-ce que tu ne m'as pas téléphoné ?

106. Concordance des temps

1. Elle m'a dit qu'elle était contente d'être revenue à Paris.
2. Il m'a dit qu'il avait été heureux de nous revoir à Paris.
3. Il m'a dit qu'il aurait préféré rester plus longtemps parmi nous.
4. Il a dit qu'il avait réussi à trouver du boulot.
5. Il a dit qu'il ne pensait pas revenir avant l'automne.
6. Il a dit qu'il n'oublierait pas ces deux semaines de bonheur.
7. Il m'a dit que je pourrais toujours compter sur lui.
8. Elle m'a dit qu'elle m'attendrait près de la machine à café.

113. Rapporter un texte écrit

– Tiens, j'ai reçu une lettre de Jean-Pierre. Tu sais, je lui avais demandé s'il pouvait m'aider à rédiger un article sur l'architecture provençale.
– Et qu'est-ce qu'il en pense ?
– Il semble plutôt intéressé, d'autant plus qu'il m'apprend qu'il avait déjà un peu travaillé sur ce thème. Mais en ce moment, il est débordé de boulot et il n'envisage pas que ce soit possible avant fin septembre, début octobre. Il nous suggère de lui rendre visite pour un week-end.
– Super, cela fait longtemps qu'on n'est pas allés en Provence !

UNITÉ 6

133. Le conditionnel passé (repérage)

1. Je n'aurais jamais pensé cela de lui !
2. Vous auriez pu m'attendre !
3. J'aurai réparé votre voiture dans une petite heure.
4. Dans deux jours, vous aurez oublié cette petite opération.
5. Qu'est-ce que j'aurais aimé être là !
6. Nous aurions dû le prévenir.
7. Nous aurons bientôt terminé notre voyage.
8. Nous aurions préféré une table en terrasse.
9. Sans cette panne, nous serions arrivées à l'heure.
10. Vous n'auriez pas trouvé un portefeuille, par hasard ?

135. Formuler des hypothèses

– Écoute, Paul, si tu avais appelé le plombier, au lieu de vouloir réparer la fuite toi-même, on n'aurait pas provoqué une inondation dans l'appartement du voisin du dessous. Et ça nous aurait coûté moins cher : je te rappelle qu'il y a eu pour 12 000 francs de dégâts.
– Je suis d'accord, Julie, mais si tu n'avais pas oublié de payer l'assurance, ça ne nous aurait rien coûté !
– Si tu veux mon avis, Paul, arrête de bricoler l'électricité et appelle un électricien !
– D'accord, je ne suis peut-être pas très doué en plomberie. Par contre, en électricité, je suis champion. Et je suppose que maintenant tu as payé l'assurance ?
– Zut, j'ai oublié !

140. Diverses formulations de l'hypothèse

1. Demain, je vais me baigner, même s'il pleut.
2. Je ne suis là pour personne, sauf si c'est ma femme qui appelle.
3. Demandez à Paul s'il est libre ce soir. Sinon, dites-lui que je veux le voir.
4. Dans tous les cas, je serai là à 10 heures.
5. Si tu n'es pas à l'heure au rendez-vous, ça ne fait rien : je t'attendrai.
6. Sauf imprévu, je serai là demain matin.
7. La fête se déroulera en plein air, à moins qu'il ne pleuve.
8. En l'absence du concierge, sonnez à l'entrée de service.

UNITÉ 7

148. Argumenter : critique positive ou négative

1. Des acteurs excellents, une intrigue policière bien construite, mais *Air Force* est un film qui manque de rythme et de force de conviction et le spectateur reste extérieur.
2. *Le Lieutenant belge* démarre lentement, mais petit à petit on se sent pris par cette histoire romantique et par le jeu des acteurs tout à fait original.
3. Ce documentaire très attendu sur Che Guevara, avec beaucoup d'images d'époque, de documents inédits et de témoignages ne permet cependant pas de saisir vraiment l'image du Che.
4. Dans ce documentaire, intitulé *Les Coulisses des 24 heures,* Thierry Langlois nous fait véritablement pénétrer dans l'univers de la course automobile : chaude camaraderie des stands de ravitaillement, exaltation de la compétition, déception de la défaite, joie de la victoire, tout y est. Un travail remarquable, quarante-cinq minutes de pur plaisir. Pourtant, le jury du 6e festival du film documentaire de Perpignan n'a pas su apprécier la force de ce petit film.
5. Malgré un début prometteur, l'intrigue de *Un Bel Été* s'enlise bien vite dans le déjà-vu et la banalité. Même le jeu subtil, intelligent, sensible de l'acteur de grand talent qu'est Jacques Petitjean ne parvient pas à tirer le film de son ennuyeuse platitude.

150. Expression de l'opposition

1. Je vais participer à cette réunion, bien que personne ne m'ait prévenu.
2. Elle ne travaille pas beaucoup, et pourtant, elle obtient de bons résultats.
3. Cela fonctionne en dépit de toute logique.
4. Quoiqu'il ne soit jamais très bavard, j'ai réussi à obtenir de lui quelques confidences.
5. Je vais essayer, bien qu'il y ait très peu de chance de réussite.
6. Il n'arrête pas de me critiquer, quoi que je dise, quoi que je fasse.
7. Je maintiens ma décision, même si vous n'êtes pas d'accord.
8. Quoiqu'il ait arrêté la compétition pendant plusieurs mois, c'est toujours lui le plus rapide.
9. Il ne s'est jamais découragé, malgré de nombreux échecs.
10. Bien que très courageuse, elle a renoncé à son expédition en Amazonie.
11. Quoique très malade, il n'a pas perdu sa bonne humeur.
12. Malgré des difficultés financières passagères, notre entreprise a un bel avenir.

156. Argumenter

1. – Vous ne trouvez pas qu'il est un peu trop jeune ?
   – La moyenne d'âge dans le service est de 43 ans. Ça rajeunira l'équipe.
2. – Est-ce qu'il parle l'anglais couramment ?
   – L'anglais et aussi l'espagnol et le portugais.
   – Ça, c'est une bonne chose. Son prédécesseur n'aurait pas été capable de demander une bière dans un pub londonien !
3. – D'accord, il est un petit peu plus âgé, mais il a davantage d'expérience.
   – Le problème, c'est que j'ai besoin de quelqu'un qui connaisse bien l'informatique. Je vous rappelle que nous allons fonctionner en réseau et nous installer sur Internet.
4. – Il a un brevet de pilote.
   – Je ne vois pas trop à quoi cela pourrait lui servir dans une compagnie de transports routiers.
5. – On ne peut pas dire qu'il ait trop de diplômes.
   – Ça, pour moi, ce n'est pas le plus important. Je n'ai même pas mon bac. Alors, les diplômes…
6. – Et sur le plan familial ?
   – Là, c'est difficile de trancher. Ils ne sont pas mariés, pas d'enfants. Disponibilité totale.
7. – Il a travaillé dans plusieurs grosses entreprises de transport.
   – Oui, mais il n'y est pas resté très longtemps et j'ai l'impression qu'il n'est pas très stable. Essayez de vous renseigner.
8. – Il a déjà travaillé à l'étranger, à Munich, je crois. Et apparemment, il parle très bien la langue.
   – Ça pourrait peut-être intéresser Gauthier pour notre filiale de Düsseldorf.

157. Argumenter : nouveau / pas nouveau

1. On a l'impression qu'il réécrit toujours la même histoire, certes avec beaucoup de talent.
2. C'est un projet architectural totalement futuriste.
3. Les jours se suivent et se ressemblent tous. Vivemont la liberté...
4. Je n'aime pas son nouveau look. Il ressemble à un hippie des années 60.
5. La nouvelle Rono ? À part un moteur plus puissant et son toit ouvrant, elle laisse une impression de déjà-vu.
6. Les nouveaux programmes de la 8 ? Il n'y a rien de neuf. On prend les mêmes et on recommence.
7. Ce modèle intègre les dernières innovations technologiques en matière d'images numériques.
8. Tu ne trouves pas que ça date un peu, le cubisme ?
9. Il fait un petit peu vieillot, ton canapé à fleurs.
10. Nous avons employé une technique totalement révolutionnaire qui nous a permis des truquages époustouflants.

158. Argumenter : cher / pas cher

1. C'est hors de prix !
2. Tu peux l'avoir pour une bouchée de pain.
3. C'est à portée de toutes les bourses.
4. C'est pas donné !
5. Ça vaut une fortune !
6. C'est de l'escroquerie !
7. À ce prix-là, vous m'en mettrez une douzaine !
8. C'est une affaire en or !
9. Ça m'a coûté les yeux de la tête !
10. C'est un cadeau.
11. Ça ne vous coûtera pas un sou !
12. C'est l'affaire du siècle !
13. C'est de la folie !
14. Ça ne va pas te ruiner !

159. Argumenter : laid / beau

1. Qu'est-ce que c'est que cette horreur ?
2. C'est d'une beauté à vous couper le souffle.
3. Ce n'est pas ce qu'on fait de mieux sur le plan esthétique.
4. C'est un vrai plaisir pour les yeux.
5. Je trouve ça très moche.
6. C'est ravissant.
7. C'est d'un goût douteux.
8. Ce n'est pas laid.

160. Argumenter : agréable / désagréable

1. J'en ai eu froid dans le dos.
2. Je viens de passer un sale moment.
3. On se serait cru à un enterrement.
4. Quel cauchemar !
5. On a bien rigolé.
6. C'était d'un triste !
7. J'ai pris mon mal en patience.
8. Je n'ai pas vu le temps passer !
9. La journée s'est déroulée comme dans un rêve.

10. C'était comme dans un conte de fées.
11. Je viens de vivre une rude épreuve.
12. Ce n'était pas drôle du tout !
13. Je n'en pouvais plus.
14. J'avais hâte que ça finisse.

UNITÉ 8

186. Les moments d'une prise de parole

1. Il convient en premier lieu de définir ce qu'est l'impressionnisme.
2. Je laisserai le mot de la fin à mon collègue Auguste Pirou.
3. Après cette courte mais nécessaire transition, je vais reprendre le fil de mon exposé.
4. Nous débuterons par un tour d'horizon de la littérature des années 80.
5. En guise de conclusion, je citerai Rimbaud et dirai, comme lui, qu'on n'est pas sérieux quand on a 17 ans.
6. Une fois franchie cette première étape, nous examinerons les conséquences de cette invention sur notre vie quotidienne.
7. J'espère ne pas avoir été trop long.
8. La suite de mon exposé sera consacrée à la musique baroque.

187. Les moments d'une prise de parole

1. Je ne voudrais pas terminer sans rappeler le rôle de Madame Baudry dans la réussite de cette manifestation.
2. J'aborde maintenant le point essentiel de ma démonstration.
3. Et c'est pourquoi je vais revenir sur ce point que j'ai évoqué tout à l'heure.
4. En somme, tout est bien qui finit bien.
5. Me voici maintenant au terme de mon exposé.
6. Je commencerai par dresser un bilan de notre action.
7. Cette deuxième partie de ma plaidoirie apportera un démenti vigoureux à ces accusations.
8. Et maintenant, assez de paroles, place à la musique !
9. Comment aborder en si peu de temps un sujet aussi difficile ?
10. Je ne prétends pas vous avoir convaincu, mais simplement vous avoir exposé les faits.

UNITÉ 9

208. Définir

1. Il s'agit d'un sujet qui a fait couler beaucoup d'encre et qui réapparaît régulièrement dans la presse, sans qu'on puisse apporter à cette question une réponse définitive.
2. Cet ingénieux petit appareil vous permet de préparer en quelques secondes un assaisonnement à base de fines herbes, d'ail, d'épices diverses.

3. Apparu à la fin des années soixante, ce mouvement, qui va s'amplifier tout au long des années soixante-dix, modifiera considérablement la société des pays industrialisés dans cette seconde moitié du XXe siècle.
4. Cela consiste en une cérémonie qui rassemble un certain nombre de personnes plus ou moins importantes et qui marque l'ouverture officielle d'une route, d'un pont, d'un immeuble, etc.
5. Il est certainement le philosophe français le plus représentatif du Siècle des Lumières et probablement le plus connu.
6. Ce phénomène prend la forme d'une concentration anormale d'ozone dans l'atmosphère due aux effets conjugués de l'absence de vent et d'une circulation automobile intense.
7. C'est précisément le contraire de l'égoïsme.
8. Cela signifie : rire méchamment ou de façon méprisante.

211. Prendre des notes

– Mademoiselle Lerouge, je vais être absent quelques jours. Vous pourriez prendre note d'un certain nombre de choses dont j'aimerais que vous vous chargiez en mon absence ?
– Bien entendu Monsieur Lebrun.
– Il faudrait que vous contactiez Claude Lenoir à Bordeaux et que vous preniez rendez-vous pour moi lundi 27. Faites-le dès demain.
– C'est noté.
– Ensuite, j'aimerais que vous me réserviez une place sur le vol de Madrid pour le jeudi 30. Retour le 31 en fin de journée. N'oubliez pas d'envoyer le dossier Leblanc à notre bureau de Londres. Faites-le dès demain. C'est très urgent.
– Très bien.
– Sinon, il me faudrait une documentation sur le Salon du livre, mais ça peut attendre mercredi.
– Ça sera tout ?
– Je crois. Ah ! Non, j'oubliais ! Annulez tous mes rendez-vous pour jeudi, j'ai une partie de golf avec le président Levert.

212. Oral / écrit : rapporter un événement par écrit

– Tu as senti, hier ? Il y a eu un tremblement de terre.
– Non, pas du tout. À quelle heure ça s'est passé ?
– L'après-midi, vers 5 heures.
– Ah bon ! C'était fort ?
– Pas mal, 3,9 sur l'échelle de Richter. L'épicentre était au sud, à 200 km d'ici.
– Et il y a eu des dégâts ?
– Non, je ne crois pas, mais les gens ont eu peur. C'est le deuxième tremblement de terre en une semaine. Après tous ceux qui se sont produits en Italie le mois dernier.

213. Oral / écrit : expression de l'opinion

1. Je suis encore sous le coup de l'émotion ! La fin est tellement émouvante. Je suis bouleversée !
2. Ce film m'a donné une impression de déjà-vu ! Il n'y a pas d'idées neuves, mais petit à petit on entre dans le jeu. Très rapidement j'ai été captivé par l'intrigue.
3. Je ne comprends pas tout le bruit qu'on a fait autour de ce film. C'est un bon film, mais sans plus. Je me suis plutôt ennuyé, sauf peut-être à la fin.
4. Chaque scène est banale, mais le tout donne quelque chose de très original.
5. Je n'ai pas accroché au début. J'ai même failli sortir. Et puis au bout d'un moment on entre dans l'intrigue. La fin est géniale.
6. C'est la fin qui sauve le film. Le reste est sans intérêt.
7. Au début on se dit : « Tiens, ça ressemble à du Truffaut ». Un peu plus tard : « Ça, c'est du Pagnol », puis on y retrouve du Chatilliez et un peu de Carné et ainsi de suite. Et à la fin, on se dit : « Mais non, c'est du Durand. »
8. Super génial ! Ça m'a passionné d'un bout à l'autre !

216. Oral / écrit : synthèse d'informations

– Allô, bonjour monsieur. Je suis Cyril Bouchard, président de l'Association des anciens élèves de l'ESIS, l'École Supérieure d'Ingénieurs de Strasbourg. Voilà ... à l'occasion du cinquantenaire de notre école, l'association souhaite organiser un voyage qui réunirait les différentes promotions de l'ESIS.
– Oui ... écoutez, je pense qu'il n'y a pas de problème. Je pense que nous pouvons vous organiser ça. Vous avez fixé une destination ?
– Oui, nous avons pensé à la République Tchèque. On souhaiterait séjourner quelque temps à Prague et, surtout il faudrait que vous prévoyiez des visites techniques, je ne sais pas, moi, des visites d'usines, la visite d'un centre de recherche, d'un barrage. Vous comprenez ? Nous sommes tous des gens de métier...
– Je comprends. Ça ne devrait pas poser de problème. Est-ce que vous avez déjà arrêté une date ?
– Oui, j'ai consulté les membres de l'association. Apparemment, ce qui convient le mieux, ce serait le début du mois de septembre, disons la semaine du 8 au 15.
– Du 8 au 15 septembre. Entendu. Je note. Écoutez, je vais réfléchir à un programme et je vous fais une proposition écrite, avec un devis. Vous pouvez me donner une adresse où je peux vous envoyer un dossier ?
– Oui ... donc ... Cyril Bouchard ... Président de l'association des Anciens de l'ESIS, 42, quai de l'Europe 67 000 Strasbourg.
– D'accord ... De votre côté, envoyez-moi une lettre ou un fax pour mettre tout ça par écrit et demander un devis en règle. Vous avez mon adresse ?
– Oui ... Transports et voyages Voiney, 112, rue Nelson Mandela, à Colmar.
– C'est bien ça. Je suis Édouard Voiney, le directeur.
– Très bien. Je vous adresse un courrier cette semaine. Je vous remercie. Au revoir.
– Au revoir, monsieur.

218. Élargissement du vocabulaire : « -phile » / « -phobe » / « -phone »

1. Vive la France !
2. J'aimerais vivre sur une île déserte !
3. Hablo muy bien español.
4. Je ne supporte pas d'être enfermée dans un ascenseur !
5. Je suis portugaise.
6. J'aime beaucoup la culture allemande.
7. J'ai la passion des livres.
8. Je déteste les araignées.
9. Je vais au cinéma quatre fois par semaine.
10. Je déteste les étrangers.
11. J'ai peur de l'eau.
12. J'ai des amis dans le monde entier.

219. Élargissement du vocabulaire : « -logue »

1. Je suis une spécialiste de la musique.
2. Je m'appelle Haroun Tazieff.
3. J'ai obtenu le prix Nobel de médecine.
4. Je suis un spécialiste des pyramides.
5. Je fais des forages pour la recherche du pétrole.
6. On m'appelle quelquefois, à tort, le médecin de l'âme.
7. J'étudie le fonctionnement de la société.
8. Je suis un ami du langage.
9. Moi, je peux dire qui vous êtes en analysant votre écriture.
10. J'ai passé toute ma vie à étudier les civilisations amérindiennes.

220. Élargissement du vocabulaire : « -mane »

1. C'est un drogué.
2. Elle adore la musique.
3. Il a la folie des grandeurs.
4. Il est fasciné par le feu.
5. Il ne peut pas s'empêcher de voler.
6. Il s'invente des histoires.

221. Élargissement du vocabulaire : « poly- »

1. Il a fait ses études dans une école prestigieuse.
2. Il a épousé plusieurs femmes.
3. C'est une personne qui a des talents divers.
4. Il parle plus d'une langue.
5. C'est quelqu'un qui croit en plusieurs dieux.

222. Élargissement du vocabulaire : « auto- »

1. C'est un dictateur.
2. Il est indépendant.
3. Elle est née ici.
4. Tout ce qu'elle sait, elle l'a appris toute seule.
5. Il réclame l'indépendance de sa région.

Imprimé en France par I.M.E. - 25110 Baume-les-Dames
Dépôt légal : janvier 1998 - N° imprimeur : 12122

TEMPO 2

LEXIQUE DU LIVRE DE L'ÉLÈVE

Le numéro qui précède chaque mot renvoie à l'unité dans laquelle le mot apparaît pour la première fois.

Dans le cas où l'on traduit une expression formée de plusieurs mots, l'identification grammaticale porte, en principe, sur le premier mot.

adj. : adjectif
adv. : adverbe
conj. : conjonction
fam. : familier
interj. : interjection
inv. : invariable
loc. : locution
loc. adv. : locution adverbiale
loc. exclam. : locution exclamative
loc. prép. : locution prépositive

n. f. : nom féminin
n. m. : nom masculin
n. m. f. : nom masculin ou féminin
p.p. : participe passé
pl. : pluriel
prép. : préposition
v. : verbe
v. pr. : verbe pronominal

3 -	abandonner, **v.**	to give up/to drop	verlassen	abandonar	abbandonare	εγκαταλείπω
2 -	abîmer, **v.**	to damage	beschädigen	estropear	guastare	χαλώ
3 -	abolition, **n. f.**	abolition	Abschaffung	abolición	abolizione	κατάργηση
3 -	aborder, **v.**	to enter	sich nähern	abordar	iniziare	πλησιάζω
8 -	aboutir, **v.**	to reach	führen (zu)	llegar a	arrivare	καταλήγω
1 -	abracadabrant, **adj.**	preposterous	verblüffend	abracadabrante / estrafalario	stupefacente	τρελός, ή, ό
8 -	abricot, **n. m.**	apricot	Aprikose	albaricoque	albicocca	θερίχοχο
3 -	absence, **n. f.**	absence/lack of	Abwesenheit	ausencia	assenza	απουσία, έλλειψη
2 -	absent, **adj.**	not available	abwesend	ausente	assente	απών
8 -	absorbé, **adj.**	deep into	vertieft	absorto	immerso	απορροφημένος
8 -	abstention, **n. f.**	absention	Stimmenthaltung	abstención	astensione	αποχή
1 -	absurde, **adj.**	absurd	unsinnig	absurdo	assurdo	παράλογη
7 -	accent, **n. m.**	accent	Akzent	acento	accento	τόνος, προφορά
	accent circonflexe, **n. m.**	circumflex accent	Zirkumflex	acento circunflejo	accento circonflesso	περισπωμένη
8 -	accentuer, **v.**	to enhance	hervorheben	acentuar	accentuare	τονίζω
3 -	accepter, **v.**	to accept	annehmen	aceptar	accetare	δέχομαι, επιτρέπω
	accès de colère, **n. m.**	bout (of)	Wutanfall	ataque de ira	accesso di pazzia	χρίση
8 -	accessible, **adj.**	accessible	zugänglich, erreichbar	accesible	accessibile	προσβάσιμος
8 -	accession, **n. f.**	accession	Machtantritt, -übernahme	accesión / acceso	accesso	άνοδος
2 -	accident, **n. m.**	accident/mishap	Unfall	accidente	accidente	επεισόδιο, ατύχημα
3 -	accidentellement, **adv.**	by accident	zufällig	accidentalmente	accidentalmente	τυχαία
1 -	accompagner, **v.**	to come along (with)	begleiten	acompañar	accompagnare	συνοδεύω
	accompagné de, **p. p.**	served with	in Begleitung	acompañado de	accompagnato da	συνοδευόμενος από
3 -	accomplir, **v.**	to achieve/to do	vollbringen	realizar	compiere	κάνω, εκτελώ
2 -	accord (être d'), **n. m.**	to agree (with)	einverstanden (sein)	acuerdo (estar de ...)	essere d'accordo	σύμφωνος (είμαι)
6 -	accord, **n. m.**	agreement	Bewilligung	acuerdo	accordo	συμφωνία
3 -	accoster, **v.**	to come up (to)	ansprechen	abordar	abbordare	πλησιάζω
5 -	accueil, **n. m.**	welcome	Empfang	acogida	accoglienza	υποδοχή
1 -	accueillant, **adj.**	welcoming	freundlich	acogedor	ospitale	φιλόξενος
5 -	accueillir, **v.**	to welcome	empfangen	acoger / recibir	accogliere	υποδέχομαι, φιλοξενώ
1 -	acheter, **v.**	to buy	kaufen	comprar	comprare	αγοράζω
3 -	achever, **v.**	to put and end (to)	vollenden	acabar / terminar	finire	ολοκληρώνω
2 -	acquérir, **v.**	to purchase	anschaffen	adquirir	acquistare	αποκτώ

1

	French	English	German	Spanish	Italian	Greek
1 -	acteur, *n. m.*	actor	Schauspieler	actor	attore	ηθοποιός
3 -	action, *n. f.*	move	Angriff	acción	azione	φάση
8 -	actionner, *v.*	to work/to activate	antreiben	accionar	mettere in moto	κινώ
5 -	activité, *n. f.*	operation	Tätigkeit	actividad	attività	δραστηριότητα
1 -	actuel, *adj.*	present	gegenwärtig	actual	attuale	σημερινός
2 -	actuellement, *adv.*	presently	zurzeit	actualmente	per ora / attualmente	αυτή τη στιγμή, εποχή
2 -	adaptateur, *n. m.*	adapter	Vorsatzgerät	adaptador	trasduttore	μετασχηματιστής
9 -	adapté, *p. p.*	adapted	eingelebt	adaptado	adattato	προσαρμοσμένος
9 -	adjoint, *n. m.*	second in command	Stellvertreter	adjunto	vice	αναπληρωτής
8 -	administré, *n. m.*	citizen	Mitbürger	administrado	amministrato	δημότης
9 -	adolescence, *n. f.*	adolescence	Jünglingsalter	adolescencia	adolescenza	εφηβεία
3 -	adolescent, *n. m.*	teenager	Jüngling	adolescente	adolescente	έφηβος
4 -	adoption, *n. f.*	adoption	Adoption	adopción	adozione	υιοθέτηση
1 -	adorable, *adj.*	lovable	entzückend	adorable	carino	αξιολάτρευτος
1 -	adorer, *v.*	to love	abgöttisch lieben	encantar	piacere molto	λατρεύω
3 -	adresse, *n. f.*	address	Anschrift	dirección	indirizzo	διεύθυνση
7 -	adresser (s'…à), *v. pr.*	to call	sich wenden an	dirigirse (a)	indirizzarsi	απευθύνομαι σε
7 -	adversaire, *n. m.*	opponent	Gegner	adversario	avversario	αντίπαλος
6 -	aérien, *adj.*	air-…	Luft-	aéreo	aereo	εναέριας κυκλοφορίας
3 -	affaire, *n. f.*	business/case	Sache/Angelegenheit	asunto / caso / preferente (clase …)	affare / business class	υπόθεση, πρώτη θέση
3 -	affection, *n. f.*	affection/love	Liebe	afecto / cariño	affetto	αγάπη, στοργή
5 -	affirmer, *v.*	to maintain	behaupten	afirmar	asserire	(δια)βεβαιώνω
3 -	affolé, *adj.*	panicky	aufgeregt	alarmado	sconvolto	αναστατωμένος, η, ο
3 -	affreux, *adj.*	horrible	entsetzlich	horrible / horroroso	cattivo / terribile	φριχτός, ή, ό
6 -	affronter, *v.*	to confront	sich entgegenstellen	afrontar	affrontare	αντιμετωπίζω
5 -	agence, *n. f.*	agency/office	Agentur	agencia	agenzia	γραφείο, πρακτορείο
3 -	agneau, *n. m.*	lamb	Lamm	cordero	agnello	αρνί
1 -	agréable, *adj.*	pleasant	angenehm	agradable	gradevole	ευχάριστος
8 -	agrémenté de, *p. p.*	enlivened (with)	verschönert	amenizada	accompagnato da	διανθισμένος, η, ο (με)
7 -	agressif, *adj.*	loud	aggressiv	agresivo	aggressivo	επιθετικός
1 -	aider, *v.*	to help	helfen	ayudar	aiutare	βοηθώ
9 -	aigle, *n. m.*	eagle	Adler	águila	aquila	αετός
9 -	ail, *n. m.*	garlic	Knoblauch	ajo	aglio	σκόρδο
1 -	aimer, *v.*	to like	gern haben, mögen	gustar	piacere	αγαπώ, μου αρέσει
1 -	air (plein), *n. m.*	outdoor	im Freien	al aire libre	aria aperta	υπαίθριος, στο ύπαιθρο
	air (avoir l'), *n. m.*	to appear	Aussehen	parecer	avere l'aria	μοιάζω, φαίνομαι
	air (en l'), *loc.*	up	in der Luft	¡arriba las manos!	in aria	προς τα πάνω
	air (prendre l'), *n. m.*	air (to take some fresh)	frische Luft schöpfen	aire (tomar el …)	prendere una bocca d'aria	παίρνω αέρα
5 -	aise (à l'), *loc.*	at ease	bequem	a gusto / cómodo	ad agio	άνετα
1 -	ajouter, *v.*	to add	hinzufügen	añadir	aggiungere	προσθέτω
9 -	alimentaire, *adj.*	food-…	Ernährung-	alimenticio	alimentare	επισιτιστικός, ή, ό
4 -	allume-cigares, *n. m.*	cigar-lighter	Zigarettenanzünder	encendedor	accendisigari	αναπτήρας αυτοκινήτου
3 -	allumer, *v.*	to light	anzünden	encender	accendere	ανάβω
2 -	allumette, *n. f.*	match	Streichholz	cerilla	fiamifero	σπίρτο
2 -	amabilité, *n. f.*	kindness	Freundlichkeit	amabilidad	cortesia	ευγένεια
7 -	ambiance, *n. f.*	atmosphere	Stimmung	ambiente	atmosfera	ατμόσφαιρα, κλίμα
7 -	ambition, *n. f.*	ambition	Ehrgeiz	ambición	ambizione	φιλοδοξία
3 -	amélioration, *n. f.*	improvement	Verbesserung	mejora	miglioramento	βελτίωση
5 -	améliorer (s'), *v. pr.*	to get better/ to improve	(sich) verbessern	mejorar / mejorarse	migliorare	βελτιώνομαι
7 -	aménagement, *n. m.*	fittings	Einrichtung	acondicionamiento / diseño	sistemazione	διαρρύθμιση

	French	English	German	Spanish	Italian	Greek
7 -	aménager, *v.*	to fit (with)/to fit (out)	einrichten	acondicionar	attrezzare	διαρρυθμίζω
5 -	amitié, *n. f.*	friendship	Freundschaft	amistad	amicizia	φιλία
3 -	amour, *n. m.*	love	Liebe	amor	amore	αγάπη, έρωτας
4 -	amoureux (en), *loc. adv.*	like lovebirds	verliebt	enamorados (de ...)	tra innamorati	σαν ερωτευμένοι
8 -	ampleur, *n. f.*	importance	Umfang	amplitud	abbondanza	μέγεθος
8 -	amplifier (s'), *v. pr.*	to expand	erweitern	amplificarse	amplificarsi	ενισχύομαι
1 -	amuser (s'), *v. pr.*	to enjoy (oneself)	(sich) belustigen	divertirse	divertirsi	διασκεδάζω
1 -	analyse, *n. f.*	analysis	Analyse	análisis	analisa	ανάλυση
1 -	ancien, *adj.*	old/former	alt	antiguo	vecchio	παλαιός, ά, ό
8 -	andouillette, *n. f.*	chittelings sausage	Mettwurst	embutido a base de tripas de cerdo o de ternera	salsiccia di trippa	είδος γαλλικού λουκάνικου
9 -	âne, *n. m.*	donkey/ass	Esel	asno / burro	asino	γάιδαρος
8 -	anecdote, *n. f.*	story	Anekdote	anécdota	aneddoto	ιστορία
9 -	anesthésiste, *n. m. f.*	aenesthetist	Anästhesist(in)	anestesista	anestesista	αναισθησιολόγος
3 -	animateur, *n. m.*	host	Moderator	animador	animatore	παρουσιαστής, υπεύθυνος ψυχαγωγίας
1 -	animé, *adj.*	lovely/busy	belebt	animado	animato	με κίνηση
4 -	annonce, *n. f.*	ad (small)	Anzeige	anuncio	inserzione	αγγελία
5 -	annoncer, *v.*	to announce	melden	anunciar	annunciare	αναγγέλλω
2 -	annuler, *v.*	to cancel	für nichtig erklären / widerrufen	anular	disdire	ακυρώνω
6 -	antenne, *n. f.*	tv aerial	Antenne	antena	antenna	κεραία
3 -	antérieur (futur), *adj.*	future perfect	zweites Futur	anterior (futuro ...)	anteriore (futuro)	τετελεσμένος μέλλοντας
6 -	anticyclone, *n. m.*	anticyclone	Hochdruckgebiet	anticiclón	anticiclone	αντικυκλώνας
3 -	antiquaire, *n. m. f.*	antique-dealer	Antiquar	anticuario	antiquario	αντικέρ
2 -	appareil, *n. m.*	appliance/device	Apparat	aparato	apparecchio	συσκευή
3 -	apparence, *n. f.*	looks	Aussehen	aspecto / apariencia	apparenza	παρουσιαστικό
3 -	apparent, *adj.*	superficial	sichtbar	aparente / vista (viga vista)	apparente	εμφανής, φαινομενικός
3 -	apparition, *n. f.*	outbreak	Erscheinung	aparición	apparizione	εμφάνιση
1 -	appartement, *n. m.*	flat/apartment	Wohnung	apartamento / piso	appartamento	διαμέρισμα
2 -	appel, *n. m.*	call	Anruf	llamada	chiamata	τηλεφώνημα
	appel (faire), *n. m.*	to call (in)	sich an jn wenden	recurrir	rivolgersi	απευθύνομαι
2 -	appeler qqn ou qqch., *v.*	to call	rufen	llamar	chiamare	φωνάζω, καλώ, τηλεφωνώ
	appeler (s'), *v. pr.*	to be called	heißen	llamarse	chiamarsi	ονομάζομαι
3 -	appendicite, *n. f.*	appendicitis	Blinddarm	apendicitis	appendicite	σκωληκοειδίτιδα
3 -	appétit, *n. m.*	appetite	Appetit	apetito	appetito	όρεξη
3 -	applaudissement, *n. m.*	applause	Beifall	aplauso	applauso	χειροκρότημα
3 -	application, *n. f.*	enforcement	Anwendung	aplicación / cumplimiento	applicazione	εφαρμογή
8 -	apport, *n. m.*	contribution	Beitrag	aportación	apporto	συμβολή
3 -	appréciation, *n. f.*	estimation	Schätzung	apreciación	giudizio	εκτίμηση
3 -	apprenti, *n. m.*	trainee	Lehrling	aprendiz	apprendista	μαθητευόμενος
5 -	approuver, *v.*	to approve	billigen	aprobar	approvare	επιδοκιμάζω
1 -	appuyer, *v.*	to push (in)/ to press	drücken (auf)	pulsar / apretar	premere	πατάω, πιέζω
3 -	âpre défaite, *adj.*	resounding	streng, hart	amarga derrota	aspra sconfitta	σκληρή ήττα
	âpre (goût), *adj.*	sour	herb	amargo / áspero	aspro	στυφή (γεύση)
3 -	aquarium, *n. m.*	tank	Aquarium	acuario	acquario	ενυδρείο
1 -	arbitre, *n. m.*	referee	Schiedsrichter	arbitro	arbitro	διαιτητής
6 -	architecte, *n. m. f.*	architect	Architekt	arquitecto	architetto	αρχιτέκτονας
1 -	argent, *n. m.*	money	Geld	dinero	denaro	χρήματα
1 -	argument, *n. m.*	reason	Argument	argumento	argomento	επιχείρημα
4 -	armoire, *n. f.*	wardrobe	Schrank	armario	armadio	ντουλάπα
2 -	arranger (s'), *v. pr.*	to smooth things over	es wird schon gehen	arreglarse	arrangiarsi	τακτοποιούμαι, συμβιβάζομαι
1 -	arrêter, *v.*	to stop/to end	aufhören	parar	fermare	σταματώ
	arrêter (se faire), *v.*	to be put under arrest	anhalten (lassen)	ser detenido	arrestare	συλλαμβάνομαι
	arrêter (s'), *v. pr.*	to stop	anhalten	pararse / detenerse	fermarsi	σταματώ

	Français	English	Deutsch	Español	Italiano	Ελληνικά
1 -	arriver qqch. à qqn, **v.**	to happen	geschehen	ocurrirle algo a alguien	capitato (essere... a)	συμβαίνει (κάτι σε κάποιον)
4 -	art, **n. m.**	art	Kunst	arte	arte	τέχνη
5 -	article, **n. m.**	article	Beitrag (Zeitung)	artículo	articolo	άρθρο
8 -	articuler, **v.**	to develop	gliedern	articular	articolare	διαρθρώνω
3 -	artisan, **n. m.**	self-employed/ craftsman	Handwerker	artesano	artigiano	τεχνίτης
3 -	artiste, **n. m. f.**	artist	Künstler(in)	artista	artista	καλλιτέχνης
3 -	ascenseur, **n. m.**	lift	Aufzug	ascensor	ascensore	ασανσέρ
8 -	aspect, **n. m.**	aspect	Aussehen	aspecto	aspetto	όψη
8 -	asperge, **n. f.**	asparagus	Spargel	espárrago	asparago	σπαράγγι
3 -	aspirateur, **n. m.**	vacuum-cleaner	Staubsauger	aspirador	aspirapolvere	ηλεκτρική σκούπα
1 -	assiette, **n. f.**	plate	Teller	plato	piatto	πιάτο
8 -	assistanat, **n. m.**	hand-out	Fürsorge	asistencia	assistentato	θέση βοηθού
8 -	assistance, **n. f.**	audience/public	Zuhörerschaft	asistencia / concurrencia	assemblea	ακροατήριο
3 -	assister à, **v.**	to observe	beiwohnen	asistir a	assistere a	παρακολουθώ, παραβρίσκομαι
3 -	association, **n. f.**	association	Verein	asociación	associazione	σωματείο, σύλλογος
3 -	assurance, **n. f.**	insurance company	Versicherung	seguro	assicurazione	ασφαλιστική, εταιρεία
7 -	assuré (être ... de), **p. p.**	sure (to be ... of)	gesichert (sein)	seguro (estar ... de)	assicurato	έχω εξασφαλίσει (κάτι)
8 -	assurer, **v.**	to fulfill	erfüllen	hacerse cargo de	svolgere	εκτελώ
2 -	astuce, **n. f.**	clever way	Tip	astucia	ingegno	κόλπο
3 -	astucieux, **adj.**	clever	schlau	astuto	astuto	έξυπνος
8 -	asymétrique, **adj.**	asymetrical	unsymmetrisch	asimétrico	asimmetrico	ασύμμετρος
8 -	atome, **n. m.**	atom	Atom	átomo	atomo	άτομο
8 -	atomique, **adj.**	atomic	Atom-	atómico	atomico	ατομικός, ή, ό
8 -	atout, **n. m.**	asset	Trumpf	baza	carta vincente	ατού
7 -	attachant, **adj.**	captivating	fesselnd	entrañable	piacevole	αξιαγάπητος, η, ο
2 -	attaché (être), **p. p.**	tied up (to be)	an jm hängen	atado / encariñado	affezionarsi	είμαι δεμένος με
2 -	attacher, **v.**	to fasten	binden	atar	allacciare	προσδένομαι
5 -	attaquer, **v.**	to attack	angreifen	atacar	aggredire	επιτίθεμαι
8 -	attenant à, **adj.**	adjoining	anstoßend	contiguo a	contiguo a	που συνορεύει με
1 -	attendre, **v.**	to wait (for)	warten	esperar	aspettare	περιμένω
8 -	atténué, **adj.**	subdued	gemildert	atenuar	attenuato	μετριασμένος
2 -	atterrir, **v.**	to land	landen	aterrizar	atterrare	προσγειώνομαι
2 -	atterrissage, **n. m.**	landing	Landung	aterrizaje	atterraggio	προσγείωση
6 -	attiré (être ... par), **p. p.**	attracted (to be) (to/by)	angelockt (sein)	atraído (estar ... por)	attirare	ελκύει (με... κάτι)
3 -	attraper, **v.**	to catch	erwischen	coger / atrapar / agarrar / pillar	contrarre	αρπάζω
8 -	aube (à l' ... de), **loc.**	dawn (at the ... of)	(beim) Anbruch	en los albores de	alba	στο κατώφλι
4 -	auberge, **n. f.**	inn	Wirtshaus	posada / mesón / albergue	locanda	πανδοχείο
8 -	audace, **n. f.**	boldness	Kühnheit	audacia	audace	τόλμη
2 -	auditeur, **n. m.**	listener	Hörer	oyente	uditore	ακροατής
8 -	auditoire, **n. m.**	audience	Hörerschaft	auditorio	uditorio	ακροατήριο
1 -	augmentation, **n. f.**	increase/rise	Steigerung	aumento / subida	aumento	αύξηση
1 -	augmenter, **v.**	to increase/to rise	steigern	aumentar / subir	aumentare	αυξάνω, ακριβαίνω
3 -	authentique, **adj.**	genuine	authentisch	auténtico	autentico	αυθεντικός, γνήσιος
3 -	autorisation, **n. f.**	authorization	Genehmigung	autorización / permiso	autorizzazione	άδεια
9 -	autoritaire, **adj.**	authoritarian	autoritär	autoritario	autoritario	αυταρχικός
2 -	avaler, **v.**	to swallow	verschlucken	tragar	mandare giù	καταπίνω
3 -	avance, **n. f.**	lead	Voraus	ventaja	distacco	διαφορά
8 -	avantageux, **adj.**	bargain-...	vorteilhaft	ventajoso	conveniente	συμφέρων, ουσα, ον
5 -	avenir, **n. m.**	future	Zukunft	futuro / porvenir	avvenire	μέλλον
1 -	aventure, **n. f.**	adventure	Abenteuer	aventura	avventura	περιπέτεια
5 -	averti (auditoire), **adj.**	well-informed	gebildet(es Publikum)	advertido	avvisare	ενημερωμένο ακροατήριο

4

	French	English	German	Spanish	Italian	Greek
3 -	avertissement, *n. m.*	warning	Warnung	advertencia / aviso	avvertimento	προειδοποίηση
1 -	avis (à mon), *loc.*	opinion	Meinung	parecer (a mi ...) / opinión (en mi ...)	a mio parere / a mio avviso	γνώμη (κατά τη... μου)
	avis de recherche, *n. m.*	wanted notice	Suchanzeige	orden de búsqueda y captura	avviso di ricerca	ένταλμα έρευνας
5 -	avouer, *v.*	to confess	gestehen	confesar / reconocer	confessare	ομολογώ
2 -	bac, *n. m.*	school certificate	Abitur	bachillerato	maturità	απολυτήριο (δευτεροβάθμιας εκπαίδευσης στη Γαλλία)
2 -	bagage, *n. m.*	luggage	Gepäck	equipaje	bagaglio	αποσκευή
8 -	baguette, *n. f.*	stick (of bread)	Baguette	barra de pan	filone	μπαγκέτα (ψωμί)
1 -	baie vitrée, *n. f.*	picture-window	Fensterband	ventanal	vetrata	τζαμαρία
6 -	bâiller, *v.*	to yawn	gähnen	bostezar	sbadigliare	χασμουριέμαι
5 -	baisser, *v.*	to diminish/ to go down	senken	disminuir / bajar	diminuire	ελαττώνομαι
1 -	balader (se), *v. pr.*	to walk about	bummeln	pasearse	andare in giro	κάνω βόλτα
2 -	baladeur, *n. m.*	walkman	Walkman	paseante	walkman	γουόκμαν
8 -	balcon, *n. m.*	balcony	Balkon	balcón	balcone	μπαλκόνι
5 -	banalité, *n. f.*	trivia	Plattheit	banalidad	banalità	κοινοτοπία
1 -	bande de copains, *n. f.*	group (of pals)	(Freundes)Bande / Schar	pandilla / cuadrilla (de amigos)	compagnia	παρέα
	bande de sable, *n. f.*	stretch (of sand)	(Sand) Streifen	franja (de arena)	fascia	λουρίδα (άμμου)
5 -	banlieue, *n. f.*	suburb	Vorort	afueras	periferia	προάστια
7 -	banquet, *n. m.*	banquet	Bankett	banquete	banchetto	συμπόσιο
2 -	banquier, *n. m.*	bank-manager	Bankier	banquero	banchiere	τραπεζίτης
3 -	baril, *n. m.*	barrel	Barrel	barril	barile	βαρέλι
5 -	bas (en), *loc. adv.*	down below	unten	abajo	abbasso	κάτω
8 -	basculer, *v.*	to tip over	schaukeln, schwanken	bascular / volcar	cadere	πέφτω, μεταπηδώ
7 -	base (à ... de), *loc. prép.*	based (on)	auf -basis	base (a ... de)	a base di	με βάση
8 -	bataille, *n. f.*	struggle	Schlacht	batalla	battaglia	μάχη
9 -	bâtir, *v.*	to build	bauen	construir / edificar	costruire	χτίζω
8 -	bâtisse, *n. f.*	building	Gebäude	edificio	edificio	οικοδόμημα
3 -	battre, *v.*	to beat	schlagen	batir	battere	καταρρίπτω
	battre (se), *v. pr.*	to fight	streiten	pelearse	litigare	χτυπιέμαι, ηττούμαι
5 -	bavard, *n. m.*	chatterbox	schwatzhaft	charlatán	chiacchierone	φλύαρος
3 -	bavardage, *n. m.*	chattering	Geschwätz	charla / charlatanería	chiacchiera	φλυαρία
3 -	beaujolais nouveau, *n. m.*	this year's Beaujolais	Beaujolais Nouveau	Beaujolais nuevo	vino beaujolais novello	είδος γαλλικού κρασιού
2 -	beauté, *n. f.*	beauty	Schönheit	belleza	bellezza	ομορφιά
8 -	bénévolat, *n. m.*	voluntary-help	freiwilliger Dienst	voluntariado	volontariato	εθελοντική προσφορά, εργασία
8 -	bénévole, *n. m. f.*	voluntary-worker	unbezahlter Mitarbeiter	voluntario	volontario	εθελοντής
8 -	béret, *n. m.*	beret	Baskenmütze	boina	berretto	μπερές
3 -	besogne, *n. f.*	job	Werk	tarea / trabajo	compito	έργο, δουλειά
5 -	besoin (avoir ... de), *n. m.*	to need	nötig (haben)	necesitar	bisogno di	χρειάζομαι
5 -	bête, *n. f.*	animal	Tier	animal / bestia / bicho	bestia	ζώο
9 -	bêtises (faire des), *n. f. pl.*	up to no good (to be)	Dummheiten (anstellen)	tonterías (hacer ...)	schiocchezze	βλακείες (κάνω)
8 -	bétonnage, *n. m.*	overbuilding	Betonieren	construcción / recubrir con hormigón	costruzione in calcestruzzo	τσιμεντοποίηση
2 -	beurre, *n. m.*	butter	Butter	mantequilla	burro	βούτυρο
2 -	beurrer, *v.*	to butter	mit Butter bestreichen	untar con mantequilla	imburrare	βουτυρώνω
3 -	bibliothèque, *n. f.*	library	Bibliothek	biblioteca	biblioteca	βιβλιοθήκη
7 -	bien-être, *n. m.*	good-living	Wohlbefinden	bienestar	benessere	ευφορία
2 -	bienvenue, *n. f.*	welcome	Willkommen	bienvenida	benvenuto	καλωσόρισμα
3 -	bijou, *n. m.*	jewel	Schmuckstück	joya	gioiello	κόσμημα
1 -	bilan, *n. m.*	statement (of accounts)	Bilanz	balance	bilancio	ισολογισμός, απολογισμός

#	French	English	German	Spanish	Italian	Greek
1	billet, *n. m.*	note/banknote	Geldschein	billete / entrada	biglietto	εισιτήριο, χαρτονό-μισμα
3	biographie, *n. f.*	life-story	Biographie	biografía	biografia	βιογραφία
9	biologie, *n. f.*	biology	Biologie	biología	biologia	βιολογία
1	bitogno, *n. m. (fam.)*	whatsit	Dings	cacharrito	affare	πράμα, μαραφέτι
3	bizarre, *adj.*	strange	seltsam	raro	bizzarro	παράξενος
3	blague (sans ...!), *interj.*	kidding (no)	(ohne) Witz	¡venga ya! ¡en serio!	davvero !	Σοβαρά!
3	blessé, *n. m.*	wounded	verletzt	herido	ferito	τραυματίας
2	blesser, *v.*	to hurt	veletzen	herir	ferire	πληγώνω
8	blessure, *n. f.*	injury	Wunde	herida	ferita	πληγή
9	bloc opératoire, *n. m.*	operating theatre	Operationstrakt	quirófano	blocco	χειρουργείο
6	bloqué, *p. p.*	stuck	blockiert	bloqueado	bloccato	μπλοκαρισμένος
3	bocal, *n. m.*	bowl	Glasgefäß	pecera	vaso	γυάλα
7	bœuf bourguignon, *n. m.*	beef stew with wine sauce	Schmorbraten in Burgunder Soße	estofado de vaca con vino tinto	manzo brazato in una salsa a base di vino rosso	βοδινό Βουργουνδί ας, Μπουργκι-νιόν (Γαλλική συνταγή)
4	boisson, *n. f.*	drink	Getränk	bebida	bibita	ποτό
2	boîte de conserve, *n. f.*	tin	Büchse	lata de conserva	scatola di conserva	κονσέρβα
	boîte à pharmacie, *n. f.*	first-aid kit	Verbandkasten	botiquín	scatola di pronto-soccorso	φαρμακείο
1	bonheur, *n. m.*	happiness	Glück	felicidad	fortuna	ευτυχία
3	bonhomme, *n. m.*	bloke/chap	guter Kerl	hombre / tipo / tío	tipo	τύπος
	bord (au ... de), *loc. prép.*	brink (on the ... of)	an	borde (al ... de) / orilla (del mar)	lungo il	(μέσα) στο
3	bouchée (pour une ... de pain), *n. f.*	song (for a)	Bissen	por una bicoca / por una ganga / por dos perras	per un tozzo di pane	για μια μπουκιά ψωμί
5	bouchon, *n. m.*	pub	Kork	tapón / taberna de Lyon	taverna a Lione	μικρή ταβέρνα
8	bouffer, *v. (fam.)*	to grub	fressen	comer / jamar	mangiare	τρώω
2	bouger, *v.*	to move	sich regen	mover / moverse	muoversi	κινούμαι, κουνιέ-μαι
2	bouillant, *adj.*	boiling	kochend	hirviendo / hirvien-te	bollente	βραστός, ζεματισ-τός
1	boulot, *n. m. (fam.)*	job	Job	trabajo / curre	lavoro	δουλειά
2	bouquin, *n. m. (fam.)*	book	Buch, Schmöcker	libro	libro	βιβλίο
7	bourgeois, *adj.*	middle-class	bürgerlich	burgués	borghese	αστικός, ή, ό
7	bout (au ... de), *loc. prép.*	end (at the ... of)	(am) Ende	al cabo de	in capo a	μετά (από)
2	bouteille, *n. f.*	bottle	Flasche	botella	bottiglia	μπουκάλι
3	bouton, *n. m.*	switch	Knopf	botón	pulsante	κουμπί
8	braguette, *n. f.*	fly	Hosenschlitz	bragueta	brachetta	το άνοιγμα του παντελονιού
2	brancher, *v.*	to connect	anschließen	enchufar / conectar	inserire	συνδέω, βάζω στην πρίζα
1	bras, *n. m.*	arm	Arm	brazo	braccio	αγκαλιά
3	brave, *adj.*	brave/good	brav	valiente / bueno	bravo	καλός, γενναίος
3	bref, *adj.*	cutting/sharp/brief	kurz	breve	breve	σύντομος, απότο-μος
3	bricoleur, *n. m.*	handyman/woman	Bastler	aficionado al bri-colaje / manitas	esperto del fai da te	που μαστορεύει
1	brillant, *adj.*	brilliant	glänzend	brillante	brillante	λαμπρός, άριστος, στιλπνός
2	brisée (pâte), *adj.*	short-crust (pastry)	Mürbeteig	quebrada (masa ...)	frolla	είδος ζύμης ζαχα-ροπλαστικής
6	brouillard, *n. m.*	fog	Nebel	niebla	nebbia	ομίχλη
1	bruit, *n. m.*	noise	Lärm	ruido	rumore	θόρυβος
3	brûler, *v.*	to burn	brennen	quemar	scottare	καίω
3	brusque, *adj.*	sudden/rough	plötzlich	brusco	brusco	απότομος, ξαφνικός
3	brutal, *adj.*	brutal/sudden	grob	brutal	brutale	βίαιος, αιφνίδιος
3	brute, *n. f.*	brute	Bestie	bruto / bestia	bruto	κτήνος
4	bruyant, *adj.*	noisy	laut	ruidoso	rumoroso	θορυβώδης
3	budget, *n. m.*	budget	Haushalt	presupuesto	"budget"	προϋπολογισμός

	French	English	German	Spanish	Italian	Greek
5 -	bulletin trimestriel, *n. m.*	report	Schulzeugnis	notas trimestrales	scheda trimestrale	τριμηνιαίο δελτίο
2 -	bureau, *n. m.*	office	Büro	oficina	ufficio	γραφείο
9 -	buvable, *adj.*	drinkable	trinkbar	bebible	bevibile	που πίνεται
2 -	cabine, *n. f.*	cabin	Kabine	cabina	cabina	θάλαμος επιβατών
2 -	cabinet médical, *n. m.*	surgery	Praxis	consulta	consultorio	ιατρείο
	cabinet politique, *n. m.*	cabinet	(politisches) Kabinett	gabinete	gabinetto	πολιτικό γραφείο
4 -	cacher, *v.*	to hide	verstecken	esconder	nascondere	κρύβω, κρατώ μυστικό
8 -	cadrage, *n. m.*	centring/centering	Justierung	encuadre	inquadratura	εστίαση
3 -	cadre (dans le ... de), *loc.*	context (in the) (of)	(im) Rahmen	marco (en el ... de)	nel quadro di	στο πλαίσιο
	cadre (avoir pour), *n. m.*	set (to be ... in)	(im) Zusammenhang	desarrollarse en	cornice	πλαίσιο
1 -	calme, *adj.*	quiet	ruhig	tranquilo	quiete	ήσυχος, η, ο
2 -	calmement, *adv.*	calmly	ruhig	tranquilamente / con calma	con calma	ήρεμα
8 -	calmer (se), *v. pr.*	to cool down	(sich) beruhigen	calmarse	calmarsi	ηρεμώ
6 -	camaraderie, *n. f.*	good-fellowship	Kameradschaft	camaradería / compañerismo	amicizia	συντροφικότητα
2 -	cambouis, *n. m.*	grease/oil	Wagenschmiere	grasa	morchia	πίσα, γράσο
5 -	camelot, *n. m.*	pedlar	Ramschverkäufer	vendedor callejero / ambulante	merciaio ambulante	πραματευτής
3 -	camion, *n. m.*	lorry/truck	Lastwagen	camión	camion	φορτηγό
9 -	camp, *n. m.*	camp	Lager	campamento / colonia de vacaciones	campo	κατασκήνωση
7 -	canapé, *n. m.*	settee/couch	Sofa	sofá / canapé	canapè	καναπές
9 -	canard, *n. m.*	duck	Ente	pato	anatra	πάπια
6 -	cancer, *n. m.*	cancer	Krebs	cancer	cancro	καρκίνος
3 -	candidature, *n. f.*	application	Bewerbung	candidatura	candidatura	υποψηφιότητα
7 -	caniche, *n. m.*	poodle	Pudel	caniche	barbone	κανίς (σκυλί)
1 -	capable, *adj.*	able	fähig	capaz	capace	ικανός
3 -	capacité, *n. f.*	capacity	Fähigkeit	capacidad	capacità	δύναμη, ικανότητα
5 -	capitale, *n. f.*	capital	Hauptstadt	capital	capitale	πρωτεύουσα
3 -	caractère, *n. m.*	temper	Charakter	carácter	carattere	χαρακτήρας
8 -	caricaturer, *v.*	to caricature	karikieren	caricaturizar	caricaturare	παρωδώ, γελοιογραφώ
1 -	carnet d'adresses, *n. m.*	address-book	Adressbuch	agenda de direcciones	libretto degli indirizzi	καρνέ
8 -	carré, *adj.*	square	viereckig	cuadrado	quadrato	τετράγωνος, η, ο
3 -	carrière, *n. f.*	career	Karriere	carrera	carriera	επάγγελμα, σταδιοδρομία, καριέρα
5 -	carte postale, *n. f.*	postcard	(Post) Karte	postal / tarjeta postal	cartolina	καρτ-ποστάλ
5 -	cas (dans ce), *loc. prép.*	case (in this)	(in diesem) Fall	caso (en ese ...)	caso	στην περίπτωση αυτή
1 -	casser, *v.*	to break / to damage	kaputt machen	roto	rompere	χαλάω
3 -	casse-croûte, *n. m. inv.*	snack	Imbiss	tentempié	spuntino	κολατσιό
3 -	casserole, *n. f.*	pan/pot	Kochtopf	cazuela	pentola	κατσαρόλα
3 -	cataloguer, *v.*	to list	ordnen	catalogar	catalogare	κατατάσσω
3 -	catastrophe, *n. f.*	catastrophe	Katastrophe	catástrofe	catastrofe	καταστροφή
1 -	catastrophique, *adj.*	disastrous	katastrophal	catastrófico	catastrofico	καταστροφικός, ή, ό
3 -	catégorie, *n. f.*	category	Kategorie	categoría	categoria	κατηγορία
5 -	cause (à ... de), *loc. prép.*	because	wegen	causa (a ... de) / con motivo de / por culpa de	per causa di	εξ αιτίας
8 -	causerie, *n. f.*	talk	Besprechung	charla	conversazione	ομιλία
5 -	caution, *n. f.*	guarantee	Bürgschaft	fianza	cauzione / rendersi garante	εγγύηση
4 -	cavalière, *n. f.*	escort/partner	Tänzerin	pareja	dama	ντάμα
2 -	ceinture, *n. f.*	belt	Gürtel	cinturón	cintura	ζώνη

7

	French	English	German	Spanish	Italian	Greek
5 -	célébrer, *v.*	to celebrate	feiern	celebrar	celebrare	γιορτάζω
2 -	cendrier, *n. m.*	ashtray	Aschenbecher	cenicero	portacenere	σταχτοδοχείο
4 -	censé (être), *adj.*	supposed	vermutlich	se supone que	tenuto a saperlo	υποτίθεται ότι
8 -	centralisé, *p. p.*	central	zentralisiert	centralizado	centralizzato	συγκεντροποιημέ-νος, η, ο
8 -	cercle, *n. m.*	circle	Kreis	circulo	cerchia	κύκλος
6 -	cérémonie, *n. f.*	ceremony	Festlichkeit	ceremonia	ceremonia	τελετή
8 -	cerise, *n. f.*	cherry	Kirsche	cereza	ciliegia	κεράσι
3 -	certain, *adj.*	certain	sicher	cierto / seguro	certo	βέβαιος, σίγουρος, κάποιος, ορισμέ-νος
4 -	chalet, *n. m.*	chalet	Holzhaus	chalé	villino	σαλέ
1 -	chaleur, *n. f.*	heat	Wärme	calor	caldo	ζέστη
8 -	chaleureusement, *adv.*	warmly	mit Wärme	calurosamente	calorosamente	θερμά, ένθερμα
5 -	chaleureux, *adj.*	friendly	warmherzig	cálido /efusivo	caloroso	θερμός, ένθερμος
1 -	chambre, *n. f.*	bedroom	Schlafzimmer	habitación	camera	δωμάτιο
1 -	champion, *n. m.*	champion	Meister	campeón	campione	πρωταθλητής
8 -	championnat, *n. m.*	championship	Meisterschaft	campeonato	campionato	πρωτάθλημα
1 -	chance (avoir de la), *n. f.*	lucky (to be)	Glück (haben)	suerte (tener ...)	aver fortuna	είμαι τυχερός
3 -	chandelle (devoir une fière), *n. f.*	a devil of a lot (to owe)	jm vieles verdanken	estar en deuda	dovere accendere una candella	υποχρέωση (έχω μεγάλη ...)
2 -	changer, *v.*	to change	verändern	cambiar	cambiare	αλλάζω
	changer (se... les idées), *v. pr.*	to snap out of it	auf andere Gedanken bringen	pensar en otra cosa	distendersi	αλλάζω διάθεση
3 -	changement, *n. m.*	change	Veränderung / Wechsel	cambio	cambiamento	αλλαγή
9 -	chantier, *n. m.*	work in hand	Bauplatz	obra	cantiere	εργοτάξιο, γιαπί
8 -	chapelle, *n. f.*	chapel	Kapelle	capilla	cappella	παρεκκλήσι
3 -	charentaises, *n. f. pl.*	carpet slippers	Pantoffel	pantufla / zapatilla confortable y cálida	pantofola	παντόφλες
2 -	chargé (être ... de), *p. p.*	in charge (to be)	beauftragt	encargado (estar ... de)	incaricato	αναλαμβάνω, εί-μαι υπεύθυνος για
	charger (se ... de), *v. pr.*	to take care (of)	übernehmen	encargarse de	incaricarsi	αναλαμβάνω
1 -	charges, *n. f. pl.*	service charges	Nebenkosten	gastos (de comu-nidad)	contributi	κοινόχρηστα
3 -	charmant, *adj.*	charming	bezaubernd	encantador	affascinante	γοητευτικός, χαρι-τωμένος
7 -	charme, *n. m.*	charm	Reiz	encanto	fascino	γοητεία
6 -	chat, *n. m.*	cat	Katze	gato	gatto	γάτος
1 -	chaude (ne pas avoir inventé l'eau), *adj.*	rather dumb (to be)	nicht sehr schlau sein	no ser ningún genio	non è un aquila!	είμαι βλάκας
8 -	chaudement, *adv.*	warmly	warm	abrigarse / caluro-samente	caldamente	ζεστά
9 -	chauffer, *v.*	to heat (up)	wärmen	calentar	riscaldare	ζεσταίνω
3 -	chauffeur, *n. m.*	driver	Fahrer	chófer / conductor	autista	οδηγός
3 -	chaussette, *n. f.*	sock	Socke	calcetín	calza	κάλτσα
4 -	chaussure, *n. f.*	shoe	Schuh	zapato	scarpa	παπούτσι
1 -	chauve, *adj.*	bald-headed	kahl	calvo	calvo	φαλακρός
4 -	chef du personnel, *n. m.*	staff-manager	Personalchef	jefe de personal	capo del personale	διευθυντής προσω-πικού
	chef de famille, *n. m.*	family-head	Familienoberhaupt	cabeza de familia	capofamiglia	αρχηγός οικο-γενειας
3 -	chemin, *n. m.*	way	Weg	camino	strada	δρόμος
	chemin (faire du), *n. m.*	to strike ahead	sich durchsetzen	hacer camino	fare strada	πιάνω, πετυχαίνω
	chemin (faire son), *n. m.*	way (to go a long)	seinen Weg machen	andar su camino	farsi strada	πετυχαίνω
6 -	chèque, *n. m.*	cheque	Scheck	cheque / talón	assegno	επιταγή
1 -	cher, *adj.*	expensive/dear	teuer	caro / querido	costoso	ακριβός, αγαπητός, ακρι-βά
1 -	chercher, *v.*	to look for	suchen	buscar	cercare	ψάχνω
3 -	cheval, *n. m.*	horse	Pferd	caballo	cavallo	άλογο

	French	English	German	Spanish	Italian	Greek
8 -	chevaux fiscaux, *n. m. pl.*	horse-power tax	Pferdestärke	caballos fiscales	cavallo fiscale	φορολογούμενοι ί πποι
1 -	chic !, *interj.*	great!	prima !	¡bien!	che bello!	τι ωραία!
	chic type, *adj. inv.*	nice (bloke)	großzügiger Mensch	tipo simpático / tío majo	ragazzo generoso	ωραίος τύπος, εν- τάξει άνθρωπος
1 -	chiffre d'affaires, *n. m.*	turnover	Umsatz	volumen de factu- ración / volumen de negocios	cifra d'affari	τζίρος
9 -	chimique, *adj.*	chemical	chemisch	químico	chimico	χημικός
3 -	choc, *n. m.*	impact	Stoß	choque / impacto	urto	χτύπημα
1 -	choisir, *v.*	to choose	wählen	elegir	scegliere	διαλέγω
1 -	chômage, *n. m.*	unemployment	Arbeitslosigkeit	paro / desempleo	disoccupazione	ανεργία
	chômage (être au), *n. m.*	dole (to be on the)	arbeitslos (sein)	estar en paro	essere disoccu- pato	είμαι άνεργος
3 -	chômeur, *n. m.*	unemployed	Arbeitslose(r)	parado	disoccupato	άνεργος
8 -	choquer, *v.*	to shock	schockieren	chocar	scandalizzare	σοκάρω
1 -	chose (pas grand-), *n. inv.*	not a lot/not much	(nicht) viel los	poca cosa	poca cosa	τίποτα σπουδαίο
	chose, *n. f.*	thing	Ding	cosa	cosa	πράγμα
3 -	chronique, *n. f.*	chronicle	Chronik	crónica	cronaca	χρονικό
2 -	chute, *n. f.*	fall	Sturz	caída	caduta	πτώση
3 -	ciel, *n. m.*	sky	Himmel	cielo	cielo	ουρανός
6 -	cigogne, *n. f.*	stork	Storch	cigüeña	cicogna	πελαργός
1 -	cinglé, *adj. (fam.)*	nutty	durchgedreht	chiflado	mezzomatto	μουρλός
3 -	circonstance, *n. f.*	circumstances	Umstand	circunstancia	circostanza	συνθήκη, συγκυρί α
6 -	circulation, *n. f.*	traffic	Verkehr	circulación / tráfico	circolazione	κυκλοφορία
8 -	civil, *adj.*	civil	Bürger-	civil	civile	εμφύλιος
1 -	clair, *adj.*	bright/up to the point	hell / klar (sein)	claro / claro (estar)	chiaro / chiaro (essere)	σαφής, φωτεινός, ανοιχτό (χρώμα) / είμαι σαφής
8 -	clandestin, *adj.*	illegal	versteckt	clandestino	clandestino	λαθραίος, α, ο
3 -	clarté, *n. f.*	clarity	Klarheit	claridad	chiarezza	σαφήνεια
1 -	classe, *n. f.*	category	Klasse	clase	classe	κατηγορία
	classe (en), *loc. prép.*	class (in)	(im) Unterricht	clase (en)	in classe	στην τάξη, στο μάθημα
7 -	classer, *v.*	to classify	(unter Denkmal- schutz) stellen	declarar de inte- rés artístico	classificare	κηρύσσω διατη- ρητέο
7 -	classicisme, *n. m.*	classicism	Klassik / Klassizismus	clasicismo	classicismo	κλασικισμός
3 -	classique, *adj.*	classic	klassisch	clásico	classico	κλασικός
2 -	clé à mollette, *n. f.*	key (ignition)	Rollgabelschlüssel	llave inglesa	chiave inglese	σουηδικό κλειδί
5 -	client, *n. m.*	customer	Kunde	cliente	cliente	πελάτης
7 -	clientèle, *n. f.*	customers	Kundschaft	clientela	clientela	πελατεία
8 -	climatisation, *n. f.*	air-conditioning	Klimaanlage	climatización	climatizzazione	κλιματισμός
1 -	cliquer, *v.*	to click	klicken	pinchar / hacer clic	cliccare	πιέζω (πλήκτρο)
2 -	code d'accès, *n. m.*	access code	Zugriffscode	código de acceso	codice d'accesso	κώδικας πρόσβασ- ης (εισόδου)
5 -	coéquipier, *n. m.*	team-mate	Mannschafts- kamerad	compañero de equipo	compagno di squadra	συμπαίκτης
3 -	cœur (avoir le ... sur la main), *n. m.*	open-handed (to be)	hochherzig (sein)	ser muy generoso	avere il cuoro in mano	είμαι γενναιόδ- ωρος
	cœur (au ... de), *loc. prép.*	heart (in the ... of)	mitten in	en el corazón de / en el centro de	nel cuore di	στην καρδιά (κέντρο)
	cœur (avoir à ... de), *n. m.*	keen (to be ... to)	es liegt sehr viel daran zu	empeñarse	avere a cuore di	νιώθω την υπο- χρέωση να
2 -	coffre, *n. m.*	hold	Kofferraum	maletero	bagagliaio	πορτ-μπαγκάζ
8 -	coiffé (être ... de), *p. p.*	to wear	aufgesetzt (Mütze)	estar tocado con	coperto da	φορώ στα μαλλιά
5 -	coiffeur, *n. m.*	hairdresser	Friseur	peluquero	parrucchiere	κομμωτής
2 -	coiffure, *n. f.*	hair-style	Frisur	peinado	pettinatura	χτένισμα
1 -	coin (au ... du feu), *loc.*	fireside (at the)	am (Kamin)	junto al fuego	accanto al focolare	δίπλα στο τζάκι
5 -	coin, *n. m.*	corner	Ecke / Winkel	rincón	angolo	σημείο του ορίζον- τα
3 -	coïncidence, *n. f.*	coincidence	Zufall	coincidencia	coincidenza	σύμπτωση
2 -	colère (se mettre en), *n. f.*	angry (to get)	wütend (werden)	ponerse furioso / montar en cólera	arrabiarsi	θυμώνω

	French	English	German	Spanish	Italian	Greek
	colère (être en), *n. f.*	angry (to be)	zornig, böse (sein)	estar furioso	essere in collera	είμαι θυμωμένος
5 -	colis, *n. m.*	parcel	Paket	paquete	pacco	δέμα
5 -	collaborateur, *n. m.*	colleague	Mitarbeiter	colaborador	collaboratore	συνεργάτης
3 -	collaboration, *n. f.*	help	Mitarbeit	colaboración	collaborazione	συνεργασία
3 -	colle, *n. f.*	glue	Klebstoff	cola	colla	κόλλα
4 -	collection, *n. f.*	collection	Sammlung	colección	collezione	συλλογή
4 -	collègue, *n. m. f.*	colleague	Kolleg	colega	collega	συνάδελφος
2 -	coller, *v.*	to stick/to paste	kleben	pegar	incollare	κολλώ
1 -	coloré, *adj.*	colourful	farbig	coloreado	colorato	χρωματιστός
3 -	coloris, *n. m.*	shade	Farbe, Färbung	colorido	colore	χρωματισμός
3 -	combat, *n. m.*	fight/struggle	Kampf	combate	lotta	μάχη
7 -	comédie, *n. f.*	comedy	Komödie	comedia	commedia	κωμωδία
2 -	commandant de bord, *n. m.*	captain	Flugkapitän	comandante de a bordo	comandante di bordo	κυβερνήτης αεροπλάνου
	commandant de vaisseau, *n. m.*	captain	(Schiff) Kommandant	comandante de navío	comandante di vascello	πλοίαρχος
2 -	commande, *n. f.*	order	Bestellung	pedido / encargo	ordinazione	παραγγελία
1 -	commencer, *v.*	to begin	anfangen	empezar / comenzar	iniziare	αρχίζω
5 -	commerçant, *n. m.*	shopkeeper	Kaufmann	comerciante	commerciante	έμπορος
3 -	commerce (école de), *n. m.*	business (school)	Handel(sschule)	comercio (escuela de ...)	scuola di commercio	Εμπορική, Βιομηχανική Σχολή
1 -	commercial, *adj.*	commercial	Handels-	comercial	commerciale	εμπορικός
5 -	commettre, *v.*	to commit	begehen	cometer	commettere	διαπράττω
6 -	commun, *adj.*	in common/shared	gemeinsam	común	comune	κοινός, ή, ό
8 -	communal, *adj.*	council-...	Gemeinde-	municipal	comunale	κοινοτικός, δημοτικός
5 -	communauté économique européenne, *n. f.*	European Economic Community	E.W.G.	comunidad económica europea	comunità	Ε.Ο.Κ.
8 -	commune, *n. f.*	district council	Gemeinde	municipio	comune	κοινότητα
3 -	compact, *adj.*	compact	dicht, kompakt	compacto	compatto	πυκνός, συμπαγής, σφιχτός
3 -	compagnie, *n. f.*	company/airline	Gesellschaft	compañía	compagnia	εταιρεία
8 -	compatriote, *n. m. f.*	compatriot	Landsmann	compatriota	compatriota	συμπατριώτης
3 -	compétent, *adj.*	efficient	kompetent	competente	competente	ικανός, επιδέξιος
7 -	compétitif, *adj.*	competitive	konkurrenzfähig	competitivo	competitivo	ανταγωνιστικός
3 -	compétition, *n. f.*	competition	Wettkampf	competición	competizione	αγώνας
2 -	complet, *adj.*	full	vollständig	completo	completo / integrale	πλήρης, ολοκληρωμένος
	complet (riz), *adj.*	brown (rice)	Vollkorn(reis)	integral (arroz ...)	integrale (riso)	αναπαφλοίωτο (ρύζι)
1 -	complètement, *adv.*	utterly	völlig	completamente	completamente	τελείως, εντελώς
3 -	compléter, *v.*	to fill in	ergänzen	completar	completare	συμπληρώνω
3 -	complexe, *adj.*	complex	komplex	complejo	complesso	πολύπλοκο
8 -	complice, *n. m. f.*	accomplice	Komplize	cómplice	complice	συνένοχος
8 -	complicité, *n. f.*	complicity	Komplizenschaft	complicidad	complicità	συνεννόηση
5 -	compliment, *n. m.*	compliment/praise	Kompliment	elogio / enhorabuena / felicitación / cumplido	complimento	φιλοφρόνηση
8 -	comporter, *v.*	to include	bestehen aus	constar de	comprendere	περιλαμβάνω
3 -	composant, *n. m.*	component	Komponente	componente	componente	στοιχείο
2 -	composer, *v.*	to dial	wählen	marcar	comporre	σχηματίζω
8 -	composition, *n. f.*	composition	Zusammensetzung	composición	composizione	σύνθεση
3 -	compte (se rendre ... de), *n. m.*	aware (to be ... of)	bemerken	cuenta (darse ... de)	rendersi conto di	αντιλαμβάνομαι
1 -	compter, *v.*	to count	gelten	contar	contare	μετρώ
	compter sur qqn, *v.*	to depend upon	(auf jn) rechnen	contar con alguien	contare su	υπολογίζω σε
8 -	concept, *n. m.*	notion/idea	Begriff	concepto	concetto	σύλληψη
3 -	concerner, *v.*	to concern	betreffen	concernir	riguardare	αφορώ
4 -	concert, *n. m.*	concert	Konzert	concierto	concerto	συναυλία
3 -	conciliation, *n. f.*	conciliation	Einigung	conciliación	conciliazione	συμβιβασμός
8 -	concitoyen, *n. m.*	fellow-citizen	Mitbürger	conciudadano	concittadino	συμπολίτης
5 -	conclure, *v.*	to conclude	abschließen	concluir	concludere	τελειώνω
3 -	conclusion, *n. f.*	conclusion	Schluss	conclusión	conclusione	συμπέρασμα

	Français	English	Deutsch	Español	Italiano	Ελληνικά
3 -	concours, *n. m.*	competitive exam	Aufnahmeprüfung	concurso	concorso	διαγωνισμός, εισαγωγικές εξετάσεις
	concours de circonstances, *n. m.*	combination (of circumstances)	Zusammentreffen (mehrerer Umstände)	concurso de circunstancias	concorso di circostanze	συγκυρία
3 -	concurrent, *n. m.*	competitor	Konkurrent	competidor	concorrente	ανταγωνιστής
3 -	condamner à, *v.*	to sentence (to)	verurteilen	condenar a	condannare a	καταδικάζω σε
3 -	condensé, *n. m.*	digest	Kurzfassung	condensado	riassunto	επιτομή
5 -	condition, *n. f.*	condition	Bedingung	condición	condizione	όρος
8 -	conditionner, *v.*	to affect	bedingen	condicionar	condizionare	καθορίζω
1 -	conduire, *v.*	to drive	fahren	conducir	guidare	οδηγώ
	conduire qqn, *v.*	to drive (somebody) to	führen	llevar / acompañar / conducir a alguien	accompagnare qualcuno	πηγαίνω (κάποιον)
3 -	conférence de presse, *n. f.*	press-point	Pressekonferenz	rueda de prensa	conferenza stampa	συνέντευξη τύπου
5 -	conférencier, *n. m.*	lecturer	Redner	conferenciante	conferenziere	ομιλητής
2 -	confiance (avoir ... en), *n. f.*	to trust	Vertrauen (haben in)	confianza (tener... en)	fidarsi di	εμπιστοσύνη (έχω... σε)
	confiance (de toute), *n. f.*	trustworthy	(volles) Vertrauen	confianza (de toda ...)	fiducia	απόλυτης εμπιστοσύνης
	confiance (faire ... à), *n. f.*	to trust	vertrauen	confiar en	fidarsi di	εμπιστεύομαι
5 -	confidence, *n. f.*	secret	vertrauliche Mitteilung	confidencia	confidenza	εκμυστήρευση
5 -	confier qqch. à qqn, *v.*	to entrust (somebody) with (something)	jm etw anvertrauen	confiar algo a alguien	affidare qualcosa / qualcuno	αναθέτω, εμπιστεύομαι (κάτι σε κάποιον)
5 -	confirmer, *v.*	to confirm	bestätigen	confirmar	confermare	επιβεβαιώνω
1 -	confiture, *n. f.*	jam	Marmelade	mermelada / confitura	marmellata	μαρμελάδα
8 -	conforme, *adj.*	true to	(Abschrift) beglaubigt	conforme	conforme	ακριβής, ές
2 -	confort, *n. m.*	well-being	Komfort	comodidad	comodità	άνεση
	confort (tout), *n. m.*	with all mod. cons.	mit allem Komfort angestattet	con todas las comodidades	con tutte le comodità	με όλες τις ανέσεις
5 -	confortable, *adj.*	confortable	bequem	cómodo	comodo	άνετος, η, ο
8 -	confrontation, *n. f.*	confrontation	Gegenüberstellung	confrontación	confronto	αναμέτρηση
8 -	confronté (être ... à), *p. p.*	faced (to be ... with)	gegenübergestellt (sein)	confrontarse	confrontato a	αντιμέτωπος (βρίσκομαι... με)
8 -	confusion, *n. f.*	confusion/disarray	Verwirrung	confusión	confusione	σύγχυση
6 -	congé (prendre un), *n. m.*	leave/holidays (to take some)	Urlaub (nehmen)	vacaciones (tomarse unas ...)	congedo (prendersi)	παίρνω άδεια
	congés payés, *n. m. pl.*	paid holiday	bezahlter Urlaub	vacaciones pagadas	ferie retribuite	άδεια μετ' αποδοχών
8 -	congrès, *n. m.*	convention/congress	Tagung	congreso	congresso	συνέδριο
5 -	connaissance, *n. f.*	knowledge	Wissen	conocimiento	conoscenza	γνώση
7 -	connecter (se ... à/ avec), *v. pr.*	to be connected (to/with)	verbinden (mit)	conectarse con	collegare	συνδέομαι με
3 -	consacrer (se ... à), *v. pr.*	to devote (oneself ... to)	widmen (sich)	dedicarse a	consacrarsi	αφιερώνομαι σε
3 -	consacré (être ... à), *p. p.*	to be devoted (to)	gewidmet	estar dedicado a	consacrata a	είμαι αφιερωμένος σε
3 -	conscience, *n. f.*	conscience	Gewissen	conciencia	coscienza	συνείδηση
5 -	consciencieux, *adj.*	conscientious	gewissenhaft	concienzudo	coscienzioso	ευσυνείδητος
8 -	consécutif, *adj.*	consecutive	aufeinanderfolgend	consecutivo	consecutivo	συνεχής, ές
2 -	conseil, *n. m.*	advice	Rat	consejo	consiglio	συμβουλή
4 -	conseiller qqch. à qqn, *v.*	to recommend ... to	beraten	aconsejar algo a alguien	consigliare qualcosa / qualcuno	συνιστώ, συμβουλεύω
6 -	considérablement, *adv.*	significantly	erheblich	considerablemente	considerevolmente	σημαντικά
9 -	considérer, *v.*	to think	bedenken	considerar	considerare	θεωρώ
9 -	consister à, *v.*	to consist (in)	(darin) bestehen	consistir en	consistere a	συνίσταμαι
5 -	consoler, *v.*	to console	trösten	consolar	consolare	παρηγορώ

	French	English	German	Spanish	Italian	Greek
3 -	constat, *n. m.*	statement	(Unfall) Protokoll	atestado / acta	verbale	βεβαίωση, διαπί στωση
3 -	constater, *v.*	to observe	feststellen	constatar / compro-bar / observar / notar	constatare	διαπιστώνω
8 -	constituer, *v.*	to constitute/to be	bestehen (aus)	constituir	costituire	αποτελώ, συ-γκροτώ
8 -	constructeur, *n. m.*	manufacturer	Konstrukteur	constructor	costruttore	κατασκευαστής
8 -	construction, *n. f.*	construction	Erbauung	construcción	costruzione	κατασκευή, δομή
3 -	construire, *v.*	to build	bauen	construir	costruire	χτίζω, κατασ-κευάζω
2 -	consultation (être en), *n. f.*	out on call (to be)	Sprechstunde	consulta (estar en ...)	visita	είμαι σε επίσκεψη (ιατρική)
3 -	consulter, *v.*	to refer (to)	nachsehen	consultar	consultare	συμβουλεύομαι
7 -	contact, *n. m.*	contact	Kontakt	contacto	contatto	επαφή
5 -	contacter, *v.*	to get in touch (with)	Kontakt aufnehmen	contactar	contattare	έρχομαι σε επαφή
8 -	contemporain, *adj.*	contemporary	Zeitgenosse	contemporáneo	contemporaneo	σύγχρονος
4 -	content, *adj.*	pleased	zufrieden	contento	contento	ευχαριστημένος
8 -	contenter (se ... de), *v. pr.*	to be content (to)	begnügen	contentarse con / conformarse con	accontentarsi / li-mitarsi a / appa-gare i desideri di	αρκούμαι σε
8 -	contenu, *p. p.*	repressed	beherrscht	contenido	contenuto	συγκρατημένος, η, ο
5 -	continu, *adj.*	continuous	fortdauernd	continuo	continuo	συνεχής, διαρκής
	continuer à, *v.*	to go on	(etwas) weitertun	continuar / seguir + gerundio	continuare a	συνεχίζω
8 -	contradicteur, *n. m.*	contradictor	Opponent	contradictor	contradditore	αντιλέγων
8 -	contraste, *n. m.*	contrast	Kontrast	contraste	contrasto	αντίθεση
3 -	contrat, *n. m.*	contract	Vertrag	contrato	contratto	συμβόλαιο
8 -	contredire, *v.*	to contradict	widersprechen	contradecir	contraddire	διαψεύδω
8 -	contribuer à, *v.*	to contribute (to/in)	beitragen	contribuir a	contribuire a	συμβάλλω σε
2 -	contrôle, *n. m.*	control	Kontrolle	control	controllo	έλεγχος
6 -	contrôleur aérien, *n. m.*	air-traffic controller	Fluglotse	controlador aéreo	controllore aereo	ελεγκτής εναέριας κυκλο-φορίας
8 -	controversé, *adj.*	controversial	umstritten	controvertido	controverso	αμφιλεγόμενος
5 -	convaincant, *adj.*	convincing	überzeugend	convincente	convincente	πειστικός
3 -	convaincre, *v.*	to convice	überzeugen	convencer	convincere	πείθω
9 -	convaincu, *adj.*	staunch	überzeugt	convencido	convinto	πιστός, ένθερμος
2 -	convenir, *v.*	to suit	passen	convenir	fare comodo / adattare	ταιριάζω
5 -	conversation (avoir de la), *n. f.*	to talk with ease	gesprächich sein	conversación (tener ...)	conversazione	συζήτηση (μπορώ να κρατήσω μια)
3 -	conviction, *n. f.*	conviction	Überzeugung	convicción / con-vencimiento	convinzione	πεποίθηση
5 -	convivialité, *n. f.*	user-friendliness	Gastlichkeit	amigabilidad	convivialità	φιλική, ευχάριστη ατμόσφαιρα
2 -	coordonnées, *n. f. pl.*	name and address	Name und Adresse	señas	recapito	στοιχεία
1 -	copain, *n. m.*	pal	Freund, Kumpel	amigo / compañero	compagno	φίλος, η
3 -	copieur, *n. m.*	copier	Kopierer	copiadora / foto-copiadora	fotocopiatrice	μικρό φωτοαντι-γραφικό μηχάνη-μα
2 -	copieux, *adj.*	copious/large	reichlich	copioso	abbondante	πλούσιος, πλουσιο-πάροχος
3 -	coque (à la), *n. f.*	soft-boiled	weichgekochtes Ei	huevo pasado por agua	al guscio	μελάτο (αυγό)
9 -	corbeau, *n. m.*	crow	Rabe	cuervo	corvo	κοράκι
3 -	cordon bleu, *n. m.*	master chef/"cor-don bleu"	ausgezeichneter Koch	excelente cocinero / "cor-don bleu"	cuoco provetto	άριστος (-η) μάγειρας (-ισ-σα)
3 -	corps gras, *n. m.*	fats	Fette	materia grasa	sostanza grassa	λιπαρά
2 -	correspondre (faire), *v.*	to link up	in Verbindung setzen	corresponder (ha-cer ...)	corrispondere	αντιστοιχώ
3 -	corruption, *n. f.*	corruption	Korruption	corrupción	corruzione	δωροδοκία

	French	English	German	Spanish	Italian	Greek
3 -	côte, *n. f.*	rib	Rippe	costilla	costa	πλευρό
2 -	coton, *n. m.*	cotton wool	Baumwolle	algodón	cotone	βαμβάκι
7 -	cou, *n. m.*	neck	Hals	cuello	collo	λαιμός
4 -	couche-culotte, *n. f.*	nappy/diaper	Höschenwindel	pañal	pannolino	πάνα-βρακάκι
1 -	coucher de soleil, *n. m.*	sunset	Sonnenuntergang	puesta de sol	tramonto	ηλιοβασίλεμα
1 -	coucher (se), *v. pr.*	to go down	untergehen	acostarse	tramontare	βασιλεύω
8 -	couler, *v.*	to run down	fließen, tropfen	caer	colare	κυλώ
1 -	couleur, *n. f.*	colour	Farbe	color	colore	χρώμα
1 -	couloir, *n. m.*	corridor	Gang, Flur	pasillo	corridoio	διάδρομος
3 -	coup de fil, *n. m.*	phone call	Anruf	llamada de teléfono	telefonata	τηλεφώνημα
	coup dur, *n. m.*	emergency	harter Schlag	desgracia	brutto colpo	άσχημο χτύπημα
	coup (boire un), *n. m.*	drink (to have a ...)	einen trinken	beber un trago	bere un bicchiere	πίνω ένα ποτήρι
2 -	coupé, *p. p.*	sliced	geschnitten	cortado	tagliato	κομμένος, η, ο
5 -	coupe de France, *n. f.*	cup (French)	französischer Fußballpokal	copa de Francia	coppa	κύπελλο
	coupe, *n. f.*	cut	Schnitt	corte	taglio	κόψιμο, γραμμή
3 -	couper (se... les cheveux), *v. pr.*	to cut (one's) hair	(sich) die Haare schneiden	cortarse el pelo	farsi tagliare i capelli	κόβω τα μαλλιά μου
	couper (se), *v. pr.*	to cut (oneself)	(sich) schneiden	cortarse	tagliarsi	κόβομαι
	couper (l'eau), *v.*	to cut (water) at the mains	abstellen	cortar (el agua)	togliere	κόβω (το νερό...)
2 -	couple, *n. m.*	couple	Paar	pareja	coppia	ζευγάρι
3 -	courage, *n. m.*	courage	Mut	valor	coraggio	θάρρος
8 -	courageux, *adj.*	courageous	mutig	valiente	coraggioso	γενναίος, -α, -ο
7 -	coureur cycliste, *n. m.*	racing cyclist	Radrennfahrer	corredor ciclista	corridore ciclista	ποδηλάτης
1 -	courir (laisser), *v.*	to run away with	laufen lassen	correr (dejar ...)	correre	αφήνω να καλπάζει
8 -	couronner, *v.*	to crown	krönen	coronar	premiare	επιβραβεύω
5 -	courrier, *n. m.*	mail	Post	correo	posta	αλληλογραφία
3 -	cours (au ... de), *loc. prép.*	during	(im) Laufe	en el transcurso de / durante	durante	κατά τη διάρκεια
	cours (de la Bourse), *n. m.*	quotation	Kurs (der Börse)	cotización (en bolsa)	quotazione di borsa	τιμή (χρηματιστηρίου)
	cours (en ... de route), *loc. prép.*	half-way through	laufend	en el camino	in corso	στη διαδρομή
	cours (avoir), *n. m.*	lecture/class	gültig (sein)	tener clase	lezione	έχω μάθημα
3 -	course, *n. f.*	race	Lauf	carrera	gara / corsa	αγώνας
	course (faire une), *n. f.*	shopping (to go)	Einkäufe (machen)	compra / recado (hacer una / un...)	fare delle compere	κάνω ψώνια
3 -	court, *adj.*	short	kurz	corto / escaso	vincere per una testa scarsa / breve	σύντομος, -η, -ο
7 -	courtois, *adj.*	courteous	höflich	cortés	cortese	ευγενικός, -ή, -ό
2 -	coûter, *v.*	to cost	kosten	costar	costare	κοστίζω
4 -	couverture d'un magazine, d'un livre, *n. f.*	front-page	Titel-, Umschlagseite	portada	copertina di una rivista, di un libro	εξώφυλλο
2 -	craindre, *v.*	to be afraid	fürchten	temer	temere	φοβάμαι
9 -	créateur, *n. m.*	creative mind	Schöpfer	creador	creatore	δημιουργός
8 -	création, *n. f.*	creation	Schöpfung	creación	creazione	δημιουργία
9 -	crèche, *n. f.*	creche	Kinderkrippe	guardería	asilo nido	νηπιαγωγείο
2 -	crédit (à), *n. m.*	credit (on)	(auf) Kredit	a plazos	a credito	με πίστωση
3 -	créer, *v.*	to create	schaffen	crear	creare	δημιουργώ
8 -	crème fraîche, *n. f.*	dairy cream	Sahne	nata fresca	panna	κρέμα γάλακτος
	crème de jour, de nuit ..., *n. f.*	beauty-cream	Creme	crema	crema di bellezza	κρέμα (ημέρας, νυκτός...)
8 -	crépuscule, *n. m.*	dusk	Dämmerung	crepúsculo	crepuscolo	λυκόφως, λυκαυγές
3 -	creux (avoir un petit), *n. m.*	free time (to have some)	einen leeren Magen haben	hueco (tener un pequeño ...)	avere un momento libero	έχω ένα μικρό κενό
6 -	crevaison, *n. f.*	tyre-burst	geplatzter Reifen	pinchazo	foratura	σκάσιμο λάστιχου
2 -	crevé (être), *p. p. (fam.)*	exhausted (to be)	vollkommen fertig (sein)	reventado / agotado (estar ...)	(essere) stanco morto	ξεθεωμένος (είμαι)
3 -	crever de chaud, *v. (fam.)*	to be boiling	Affenhitze leiden	morirse de calor	crepare	σκάω από τη ζέστη

5 -	crier, *v.*	to shout	schreien	gritar	gridare	φωνάζω
8 -	crise, *n. f.*	crisis	Krise	crisis	crisi	κρίση
3 -	critique, *n. f.*	criticism	Kritik	crítica	critica	κριτική, επίκριση
5 -	critiquer, *v.*	to criticize	kritisieren	criticar	criticare	κατακρίνω, κριτικάρω
1 -	croire, *v.*	to think	glauben	creer	credere	νομίζω, πιστεύω
5 -	croire (se ... à), *v. pr.*	to believe	glauben	parecer estar en (parece que estuviéramos en)	sembrare di	σαν να είμαι σε
8 -	croiser (se), *v. pr.*	to meet/to bump into	(sich einander) begegnen	cruzarse	incontrarsi	διασταυρώνομαι
8 -	croître, *v.*	to increase	zunehmen	crecer	crescere	αυξάνομαι
3 -	cruel, *adj.*	cruel	grausam	cruel	crudele	σκληρός, βάναυσος
5 -	cruellement, *adv.*	ferociously	grausam	cruelmente	crudelmente	βάναυσα
5 -	cuillère, *n. f.*	spoonfull	Löffel	cuchara	cucchiaio	κουτάλι
4 -	cuir, *n. m.*	leather	Leder	cuero	di cuio	δέρμα
2 -	cuire, *v.*	to cook	kochen	cocer	cuocere	βράζω, ψήνω
1 -	cuisine (nouvelle), *n. f.*	"nouvelle cuisine"	(neue) Küche	cocina (nueva ...)	"nouvelle cuisine"	νέα κουζίνα (μαγειρική)
	cuisine, *n. f.*	kitchen	Küche	cocina	cucina	κουζίνα (δωμάτιο)
7 -	cuisinière, *n. f.*	cooker	Herd	cocina	cucina economica	κουζίνα (συσκευή)
9 -	cuisson, *n. f.*	cooking-time	Kochen	cocción	cottura	ψήσιμο
1 -	culture, *n. f.*	culture	Kultur	cultura	cultura	καλλιέργεια, μόρφωση
8 -	curieusement, *adv.*	curiously	merkwürdigerweise	curiosamente	stranamente	περιέργως
3 -	curieux, *adj.*	inquisitive/curious	neugierig, seltsam	curioso	curioso / strano	περίεργος, παράξενος
8 -	cycle, *n. m.*	cycle	Gymnasialklasse / Zyklus	ciclo	le medie / le scuole superiori	κύκλος
2 -	cylindrée, *n. f.*	(big/small)-engined car	Hubraum	cilindrada	cilindrata	κυβισμός
2 -	d'abord, *loc. adv.*	at first	zuerst	primero / en primer lugar	prima	κατ΄ αρχάς
8 -	danger, *n. m.*	danger	Gefahr	peligro	pericolo	κίνδυνος
3 -	dangereux, *adj.*	dangerous	gefährlich	peligroso	pericoloso	επικίνδυνος
9 -	dauphin, *n. m.*	dolphin	Delphin	delfín	delfino	δελφίνι
8 -	débarrasser (se ... de), *v. pr.*	to get rid (of)	loswerden	deshacerse (de)	disfarsi di	απαλλάσσομαι
7 -	débat, *n. m.*	debate	Debatte	debate	dibattito	συζήτηση
4 -	débordé (être ... de travail), *p. p.*	overworked (to be)	überlastet (sein)	agobiado (estar ... de trabajo)	essere impegnatissimo	είμαι πνιγμένος στη δουλειά
6 -	débouché, *n. m.*	prospect	Absatzmarkt	salida / posibilidad	sbocco / mercato	άνοιγμα, αγορά, προοπτική
8 -	déboucher sur qqch., *v.*	to result (in)	führen (zu)	desembocar en / llegar a	sfociare su	οδηγώ, καταλήγω
8 -	déboutonné, *p. p.*	unbuttonned	aufgeknöpft	desabrochado	sbottonato	ξεκουμπωμένος
3 -	débrouillard, *adj.*	smart	schlau	espabilado / desenvuelto	che sa sbrogliarsela	καταφερτζής
5 -	débrouiller (se), *v. pr.*	to manage	zurechtkommen	arreglárselas / apañárselas	cavarsela	τα καταφέρνω
5 -	début (au), *loc. adv.*	at the beginning	(am) Anfang	al principio / al comienzo	inizio	στην αρχή
8 -	décennie, *n. f.*	decade	Jahrzent	década / decenio	decennio	δεκαετία
8 -	décerner, *v.*	to give	verleihen	otorgar	conferire	απονέμω
7 -	décevant, *adj.*	disappointing	enttäuschend	decepcionante	deludente	απογοητευτικός, ή, ό
4 -	décevoir, *v.*	to disappoint	enttäuschen	decepcionar	deludere	απογοητεύω
3 -	déchirer (se), *v. pr.*	to tear apart	zerreißen	destrozarse / desgarrarse	dilaniarsi	διχάζομαι
5 -	décider, *v.*	to decide	beschließen	decidir	decidere	αποφασίζω
7 -	décisif (jeu), *adj.*	tie-break	entscheidend / Tie-Break	muerte súbita / tie-break	decisivo	τάι-μπρέικ
2 -	décision, *n. f.*	decision	Entscheidung	decisión	decisione	απόφαση
3 -	déclaration, *n. f.*	claim/statement	Erklärung	declaración	dichiarazione	δήλωση

	French	English	German	Spanish	Italian	Greek
2 -	décollage, *n. m.*	take off	Start	despegue	decollo	απογείωση
8 -	déconcerter, *v.*	to take by surprise	verwirren	desconcertar	sconcertare	προβληματίζω
8 -	décor, *n. m.*	scenery	Umgebung / Hintergrund	entorno	scenario	σκηνικό, περιβάλλον, ντεκόρ
3 -	décoratif, *adj.*	decorative	dekorativ	decorativo	decorativo	διακοσμητικός, ή, ό
7 -	décoration, *n. f.*	decoration	Ausstattung	decoración	arredamento	διακόσμηση
3 -	décoré (être), *p. p.*	to receive a decoration	(jm eine Auszeichnung) verleihen	condecorado (ser...)	insignire	παρασημοφορούμαι
	décorer, *v.*	to adorn	ausstatten	decorar	addobbare	διακοσμώ
3 -	décourager, *v.*	to discourage	entmutigen	desanimar	scoraggiare	αποθαρρύνω
3 -	découvrir, *v.*	to discover	entdecken	descubrir	scoprire	ανακαλύπτω
1 -	décrocher (ne pas ... un mot, une parole), *v. (fam.)*	to keep mum	den Mund nicht auftun	no soltar prenda / no decir ni pío	non ha aperto bocca	δε βγάζω, προφέρω, λέω (μια λέξη)
3 -	défaite, *n. f.*	defeat	Niederschlage	derrota	sconfitta	ήττα
5 -	défaut, *n. m.*	defect	Fehler	defecto	difetto	ελάττωμα
6 -	défavorable, *adj.*	unpromising	ungünstig	desfavorable	sfavorevole	δυσμενής, ές
4 -	défendre (se), *v. pr.*	to manage	zurechtkommen	defenderse	difendersi	τα καταφέρνω
	défendre qqn, *v.*	to defend	(jn) verteidigen	defender a alguien	difendere qualcuno	υπερασπίζομαι
5 -	défense (prendre la ... de qqn), *n. f.*	to stand up for (somebody)	(jn) verteidigen	defensa (salir en ... de)	difesa	προστατεύω, υπερασπίζομαι
8 -	déferler, *v.*	to stream	strömen	afluir	irrompere	ξεχύνομαι
3 -	défi, *n. m.*	challenge	Herausforderung	desafío / reto	sfida	πρόκληση
3 -	défilé, *n. m.*	parade	Parade	desfile	sfilata	παρέλαση
5 -	définir, *v.*	to define	abgrenzen	definir	definire	(προσδι) ορίζω
8 -	dégager, *v.*	to draw/to bring out	herausbringen	despejar	trarre	βγάζω, συνάγω
4 -	déguisé, *p. p.*	dressed up (as)	verkleidet	disfrazado	travestito da	μεταμφιεσμένος, η, ο
9 -	délais (dans les ...), *n. m. pl.*	deadline (before the)	Frist	plazo (dentro de los ...)	nei termini	μέσα στην προθεσμία
5 -	délicat, *adj.*	gentle/finicky	heikel	delicado	delicato	ευαίσθητος, που απαιτεί προσοχή
8 -	délice, *n. m.*	delight	Wonne	delicia	delizia	απόλαυση
1 -	délicieux, *adj.*	delicious	köstlich	delicioso	squisito	απολαυστικός, ή, ό
3 -	délit (en flagrant), *loc. adv.*	flagrante delicto	auf frischer Tat	delito (flagrante ...)	in flagrante	επ' αυτοφόρω να
1 -	demander, *v.*	to ask	bitten	pedir	chiedere	ζητάω
7 -	démarrer, *v.*	to start	anfahren	arrancar	avviarsi	ξεκινώ
5 -	déménagement, *n. m.*	removal	Umzug	mudanza	trasloco	μετακόμιση
5 -	déménager, *v.*	to move house	umziehen	mudarse	traslocare	μετακομίζω
8 -	démocratisation, *n. f.*	democratization	Demokratisierung	democratización	democratizzazione	εκδημοκρατισμός
3 -	démolir, *v.*	to wreck	kaputtmachen	destrozar	rompere	καταστρέφω
5 -	démonstration, *n. f.*	demonstration	Beweisführung	demostración	dimostrazione	επίδειξη
3 -	dent, *n. f.*	tooth	Zahn	diente	dente	δόντι
	dents (avoir les ... longues), *n. f. pl.*	greedy (to be)	ehrgeizig (sein)	tener los dientes afilados	essere ambiziosissimo	είμαι άπληστος
2 -	dentiste, *n. m. f.*	dentist	Zahnarzt	dentista	dentista	οδοντογιατρός
3 -	dépannage, *n. m.*	breakdown-service	Pannenhilfe	reparación	pronto intervento	επισκευή
4 -	départ à la retraite, *n. m.*	going into retirement	in Pension gehen	jubilación	andare in pensione	βγαίνω στη σύνταξη
	départ en vacances, *n. m.*	departure	Ferienanfang	salida de vacaciones	partenza per le ferie	παω διακοπές
7 -	dépendre de, *v.*	to depend (on)	das kommt darauf an / abhängen (von)	depender de	dipendere	εξαρτώμαι (από)
2 -	dépenser, *v.*	to spend	ausgeben	gastar	spendere	ξοδεύω
7 -	dépit (en ... de), *loc. prép.*	spite (in ... of)	trotz	a pesar de / pese a	a dispetto di	παρά
2 -	déplacement, *n. m.*	moving around	Bewegung	desplazamiento	spostamento	μετακίνηση
3 -	déplorer, *v.*	to deplore	bedauern	lamentar	deplorare	θρηνώ

15

	Français	English	Deutsch	Español	Italiano	Ελληνικά
2 -	déposer qqn, *v.*	to drop	(jn) absetzen	dejar (a alguien en)	lasciare	αφήνω (με-ταφέρω) κά-ποιον
3 -	déranger, *v.*	to trouble/to bother	stören	molestar	disturbare	ενοχλώ, πειράζω
8 -	dérouler (se), *v. pr.*	to take place	abspielen / verlaufen	desarrollarse	svolgere	διαδραματίζομαι
1 -	désagréable, *adj.*	unpleasant	unangenehm	desagradable	sgradevole	δυσάρεστο
3 -	désaltérer, *v.*	to quench (thirst)	den Durst stillen	quitar la sed	dissetare	ξεδιψώ
5 -	descendre, *v.*	to get out	absteigen	bajar	scendere	κατεβαίνω
8 -	désertification, *n. f.*	desertification	Verödung	desertización	desertificazione	ερήμωση
3 -	désertique, *adj.*	barren	öde	desértico	desertico	ερημικός, ή, ό
2 -	déshabiller (se), *v. pr.*	to undress	(sich) ausziehen	desnudarse	spogliarsi	ξεντύνομαι
8 -	désœuvrement, *n. m.*	idleness	Müßiggang	ociosidad	ozio	απραξία
4 -	désolé, *adj.*	sorry	leid (tun)	desolado / sentir mucho	essere spiacente	λυπάμαι
8 -	désordre (dans le), *loc.*	random (at)	in ungeordneter Reihenfolge	desorden (en ...)	disordine	χωρίς σειρά
1 -	dessert, *n. m.*	sweet/pudding	Nachspeise	postre	dessert	επιδόρπιο
3 -	destiner, *v.*	to mark out	bestimmen	destinar	destinare	προορίζω
8 -	désuet, *adj.*	quaint/old-fashioned	altmodisch	anticuado	desueto	ξεπερασμένος
8 -	détacher (se), *v. pr.*	to stand out	(sich) abheben	destacar	spiccare	ξεχωρίζω
3 -	détail, *n. m.*	detail	Einzelheit	detalle	particolare	λεπτομέρεια
9 -	détaler, *v.*	to bolt	abhauen	huir	scappare	το βάζω στα πόδια
8 -	détenir un record, *v.*	to hold	einen Rekord halten	poseer un record	detenere un primato	κατέχω
2 -	détester, *v.*	to detest	verabscheuen	detestar / aborrecer / no poder ver	detestare	απεχθάνομαι
6 -	détourner, *v.*	to divert	umleiten	desviar	sviare	εκτρέπω, αλλάζω πορεία
2 -	détromper (se), *v. pr.*	to think again	glauben Sie es nicht !	desengañarse	ricredersi	βγαίνω από την πλάνη
5 -	développement, *n. m.*	development	Entwicklung	desarrollo	sviluppo	ανάπτυξη
6 -	dévié, *p. p.*	diverted	umgeleitet	desviado	deviare	που έχει εκτραπεί
6 -	deviner, *v.*	to guess	raten	adivinar	immaginare	μαντεύω
3 -	devis, *n. m.*	estimate	Kostenvoranschlag	presupuesto	preventivo	(προ) υπολογισμός
8 -	dévorer, *v.*	to devour	verschlingen	devorar	divorare	καταβροχθίζω
9 -	diabète, *n. m.*	diabetes	Zuckerkrankheit	diabetes	diabete	διαβήτης
7 -	différemment, *adv.*	differently	anders	diferentemente / de manera diferente	diversamente	διαφορετικά
7 -	différent, *adj.*	different	verschieden	diferente	diverso	διαφορετικός
1 -	difficile, *adj.*	difficult	schwierig	difícil	difficile	δύσκολος
8 -	digestion, *n. f.*	digestion	Verdauung	digestión	digestione	πέψη
1 -	diminuer, *v.*	to decrease	senken	disminuir	diminuire	μειώνομαι, ελαττώνομαι
3 -	diminution, *n. f.*	lowering/reduction	Herabsetzung	disminución	calo	μείωση, ελάττωση
3 -	dîner, *v.*	dinner	Abend essen	cenar	cenare	δειπνώ
3 -	diplomate, *n. m.*	(very) diplomatic	Diplomat	diplomático	diplomatico	διπλωμάτης
3 -	diplôme, *n. m.*	diploma	Zeugnis	diploma	diploma	δίπλωμα, πτυχίο
2 -	direct, *adj.*	direct	direkt	directo	diretto	άμεσος, ευθύς, σύντομος
2 -	directeur, *n. m.*	director/manager	Leiter	director	direttore	διευθυντής
5 -	diriger, *v.*	to manage/to direct	leiten, führen	dirigir	dirigere	διευθύνω
5 -	discours, *n. m.*	speech	Rede	discurso	discorso	ομιλία, λόγος
3 -	discret, *adj.*	reserved	taktvoll	discreto	discreto	διακριτικός
7 -	discrétion, *n. f.*	discretion/privacy	Takt / Diskretion	discreción	discrezione	διακριτικότητα
5 -	discussion, *n. f.*	discussion	Unterhaltung	discusión	discuzione	συζήτηση
3 -	discuter, *v.*	to discuss	besprechen	discutir	discutere	συζητώ
3 -	disparaître, *v.*	to disappear	verschwinden	desaparecer	sparire	εξαφανίζομαι
3 -	disparition, *n. f.*	disparition	Verschwindung	desaparición	scomparsa	εξαφάνιση
7 -	disposer de, *v.*	to offer/to benefit from	(über etw) verfügen	disponer de	disporre di	διαθέτω
9 -	disposition (à la ... de), *loc.*	at .../'s disposal	zur Verfügung	disposición (a la ... de)	a disposizione	στη διάθεση κά-ποιου

	French	English	German	Spanish	Italian	Greek
2 -	disputer (se), *v. pr.*	to bicker	zanken (sich)	reñir	litigare	μαλώνω
1 -	disquette, *n. f.*	diskette	Diskette	diskette	dischetto	δισκέττα
2 -	distance (à), *loc.*	remote control (by)	aus der Ferne	distancia (a ...)	distanza	από μακριά
3 -	distingué (être ... comme), *p. p.*	nominated (to be ... as)	ausgezeichnet (werden)	distinguido (ser ... como)	distinguersi	διακρίνομαι ως
	distinguer, *v.*	to distinguish	unterscheiden	distinguir	distinguere	διακρίνω
7 -	distrayant, *adj.*	entertaining	unterhaltsam	entretenido	piacevole	διασκεδαστικός, ή, ό
1 -	distribuer, *v.*	to hand out	verteilen	distribuir	distribuire	μοιράζω
1 -	distributeur automatique, *n. m.*	cash-dispenser	Automat	cajero / distribuidor automático	distributore automatico	αυτόματη θυρίδα
8 -	diversité, *n. f.*	range	Verschiedenheit	diversidad	diversità	ποικιλία
8 -	divorce, *n. m.*	divorce	Scheidung	divorcio	divorzio	διαζύγιο
2 -	divorcer, *v.*	to get divorced	sich scheiden lassen	divorciarse	divorziare	παίρνω διαζύγιο
3 -	doctorat, *n. m.*	Ph. D.	Habilitation	doctorado	libera docenza	διδακτορικό
3 -	doigts (passer a deux ... de), *n. m. pl.*	close (to be very ... to)	ganz nahe an	dedos (pasar a dos ...) / rozar	sfiorare	περνάω ξυστά από
8 -	domaine, *n. m.*	field	Bereich	campo / ámbito / dominio / terreno	campo	τομέας
8 -	domestique (tâche), *adj.*	house-work	Haus(arbeit)	domésticas (faenas ...)	lavoro domestico	οικιακά
2 -	domicile, *n. m.*	home	Wohnung, Zuhause	domicilio	domicilio	κατοικία
7 -	dominer, *v.*	to prevail	herrschen	dominar	dominare	κυριαρχώ
5 -	dommage (c'est), *n. m.*	pity (it's a)	schade	es una lástima	è un peccato	κρίμα
8 -	don, *n. m.*	gift	Spende	donativo	dono	συνεισφορά, δωρεά
8 -	donateur, *n. m.*	donor	Spender	donador / donante	donatore	δωρητής
2 -	dos, *n. m.*	back	Rücken	espalda	schiena	πλάτη
	dos (faire froid dans le ...), *n. m.*	shiver (to make)	(eiskalt in den) Rücken (hinunter)	dar mucho miedo / helar la sangre / dar escalofríos	suscitare raccapriccio	τρομάζω
2 -	doté de, *p. p.*	equipped (with)	ausgestattet	dotado de	dotato	προικισμένος, εξοπλισμένος
2 -	douanier, *n. m.*	custom-...	Zollbeamte	aduanero	doganale	τελωνειακός, ή, ό
2 -	doucement, *adv.*	slowly	sanft, leise	bajito (hablar ...)	con dolcezza	αργά, απαλά
3 -	douceur, *n. f.*	gentleness	Sanftmut	dulzura / suavidad	dolcezza	γλυκύτητα
3 -	douche (prendre une), *n. f.*	shower (to take a)	duschen	ducha (darse una ...)	doccia (fare la)	κάνω ντους
5 -	doué, *adj.*	gifted	begabt	dotado / tener facilidad para algo	portato (per)	έχω ταλέντο
2 -	doute (sans), *loc. adv.*	doubtless	gewiß	sin duda	dubbio (senza)	ίσως, αναμφίβολα, δε χωράει αμφιβολία
3 -	douteux, *adj.*	tasteless	nicht eindeutig	dudoso	di dubbio gusto	κακόγουστος, η, ο
8 -	drame, *n. m.*	drama	Drama	drama	dramma	δράμα
8 -	dresser un bilan, *v.*	to draw up	eine Bilanz aufstellen	hacer un balance de	redigere il bilancio	κάνω απολογισμό
3 -	droit (études de), *n. m.*	law (studies)	Jura (Studium)	derecho (estudios de ...)	giurisprudenza	νομικές σπουδές
	droit (avoir ... à), *n. m.*	entitled (to be ... to)	das Recht (haben)	derecho (tener ... a)	diritto a	δικαιούμαι
1 -	drôle, *adj.*	funny/amusing	lustig	gracioso / raro	divertente / strano (tipo)	αστείος, παράξενος
7 -	druide, *n. m.*	druid	Druide	druida	druido	δρυίδης
2 -	dur, *adj.*	hard	hart	duro	duro	σκληρός
	dur (œuf), *adj.*	hard-boiled (egg)	hartgekocht(es Ei)	duro (huevo ...)	(uovo) sodo	σφιχτός
3 -	durable, *adj.*	lasting	dauerhaft	duradero	duraturo	διαρκής, ές
3 -	durer, *v.*	to last	dauern	durar	resistere	διαρκώ
1 -	dynamique, *adj.*	dynamic	dynamisch	dinámico	dinamico	δυναμικός, ή, ό
1 -	ébullition (porter à), *n. f.*	boil (to bring to the ...)	sieden	dar un hervor / hervir	portare a ebollizione	φέρνω σε σημείο βρασμού
5 -	échange (en), *loc. adv.*	exchange (in)	(als) Tausch	cambio (a ... de)	in cambio	σε αντάλλαγμα
3 -	échauffement, *n. m.*	warm-up	Erwärmung	calentamiento	riscaldamento	ζέσταμα, προθέρμανση

	Français	English	Deutsch	Español	Italiano	Ελληνικά
7 -	échouer, *v.*	to fail	scheitern	fracasar / suspen-der	essere bocciato	αποτυγχάνω
3 -	éclaircie, *n. f.*	sunny spell	Aufheiterung	claro	schiarita	καλοκαιρία (άνοιγμα του καιρού)
3 -	éclater de rire, *v.*	to burst out lau-ghing	in Gelächter ausbrechen	echarse a reir	scoppiare a ridere	σκάω στα γέλια
	éclater, *v.*	to flare up	ausbrechen	estallar	scoppiare	ξεσπώ
3 -	éclipse, *n. f.*	eclipse	Finsternis	eclipse	eclissi	έκλειψη
5 -	école, *n. f.*	school	Schule	escuela	scuola	σχολή, σχολείο
8 -	écologique, *adj.*	ecological	ökologisch	ecológico	ecologico	οικολογικός, ή, ό
8 -	écologiste, *adj.*	ecological	Umweltschützer	ecologista	ecologistico	οικολογικός, ή, ό
1 -	économique, *adj.*	economic	Wirtschafts-	económico	economico	οικονομικός, ή, ό
8 -	économiste, *n. m. f.*	economist	Wirtschaftler	economista	economista	οικονομολόγος
1 -	écraser, *v.*	to outdo/to crush	vernichtend schlagen	aplastar	schiacciare	συντρίβω
2 -	écrire, *v.*	to write	schreiben	escribir	scrivere	γράφω
8 -	édition, *n. f.*	running	Wiederholung	edición	edizione	πραγματοποίηση
4 -	effectuer, *v.*	to be doing	durchführen	efectuar / realizar / llevar a cabo	condurre	πραγματοποιώ
1 -	efficace, *adj.*	efficient/effective	wirksam	eficaz	efficace	αποτελεσματικός
3 -	effondrement, *n. m.*	collapse	Einsturz	hundimiento / der-rumbamiento	crollo	κατάρρευση
3 -	effondrer (s'), *v. pr.*	to collapse	zerfallen	bajar bruscamen-te / caer	crollare	κατρακυλώ
2 -	effort, *n. m.*	go	Anstrengung	esfuerzo	sforzo	προσπάθεια
	efforts (faire des), *n. m. pl.*	to try harder	sich Mühe geben	esfuerzo (hacer un esfuerzo)	fare sforzi	προσπαθώ
8 -	effrayant, *adj.*	frightening	schrecklich	tremendo	spaventoso	τρομακτική
3 -	élection, *n. f.*	election	Wahl	elección	elezione	εκλογές
8 -	électoral, *adj.*	election-...	Wahl-	electoral	elettorale	εκλογικός, ή, ό
3 -	électorat, *n. m.*	electorate	Wählerschaft	electorado	elettorato	εκλογικό σώμα
1 -	électrique, *adj.*	electrical	elektrisch	eléctrico	elettrico	ηλεκτρικός, ή, ό
2 -	électronique, *adj.*	electronic	elektronisch	electrónico	elettronico	ηλεκτρονικός, ή, ό
3 -	élégant, *adj.*	smart/well-dressed	elegant	elegante	elegante	κομψός, ή, ό
8 -	élément, *n. m.*	factor	Element	elemento	elemento	στοιχείο
9 -	éléphant, *n. m.*	elephant	Elefant	elefante	elefante	ελέφαντας
3 -	élevé, *adj.*	high	erhöht	elevado	elevato	υψηλός, ή, ό
3 -	élever des enfants, *v.*	to bring up	Kinder erziehen	educar niños	allevare	ανατρέφω, με-γαλώνω
5 -	élogieux, *adj.*	full of praise	lobend	elogioso	elogiativo	εγκωμιαστικός
7 -	éloigné, *adj.*	far apart	entfernt	alejado	lontano	απομακρυσμένος, η, ο
8 -	émaner, *v.*	to issue	(sich) ableiten (von)	emanar	emanare	πηγάζω, αναδύομαι
4 -	embouteillage, *n. m.*	traffic-jam	Verkehrsstau	embotellamiento / atasco	ingorgo	μποτιλιάρισμα
4 -	embrasser, *v.*	to kiss	umarmen, küssen	besar / abrazar	baciare	φιλώ
2 -	émettre, *v.*	to transmit	senden	emitir	emettere	παράγω, εκπέμπω
1 -	émincé, *n. m.*	sliver	in dünne Scheiben geschnitten	carne cortada en lonchas finas	piatto di carne in salsa tagliata a fettine	φαγητό με λεπτές φέτες
8 -	éminemment, *adv.*	extremely	höchst	eminentemente	eminentemente	εξαιρετικά
2 -	émission de radio, TV, *n. f.*	broadcast (radio)/ show (t.v.)	Sendung	programa (de ra-dio, TV)	trasmissione	εκπομπή (ρα-διοφωνική, τη-λεοπτική)
2 -	emmener, *v.*	to take (to)	mitnehmen	llevar	portare	πηγαίνω, με-ταφέρω (κά-ποιον)
3 -	empêcher, *v.*	to prevent (from)	hindern	impedir	impedire	εμποδίζω
8 -	empereur, *n. m.*	emperor	Kaiser	emperador	imperatore	αυτοκράτορας
3 -	emploi, *n. m.*	job/employment	Arbeit	empleo	impiego	θέση εργασίας
3 -	emporter (l'), *v.*	to win over	die Oberhand behalten	vencer / ganar	superare	νικώ

	French	English	German	Spanish	Italian	Greek
2 -	emprunter, **v.**	to borrow	borgen	tomar prestado	prendere in presti-to	δανείζομαι
8 -	encadré de, **p. p.**	framed (by)	eingerahmt	enmarcado	circondato da	πλαισιωμένος, η, ο (από)
7 -	encastré, **p. p.**	recessed	eingebaut	empotrado	incastrare	εντοιχιζόμενος, η, ο
5 -	enchanté, **adj.**	delighted	begeistert	encantado	entusiasta	γοητευμένος, η, ο
8 -	enclin à, **adj.**	given (to)/prone	geneigt	propenso a	propenso	επιρρεπής, ές (σε)
3 -	encouragement, **n. m.**	encouragement	Ermutigung	ánimo / aliento / estímulo	incoraggiamento	ενθάρρυνση
8 -	endommager, **v.**	to damage	beschädigen	dañar	danneggiare	προξενώ βλάβες
1 -	enduire, **v.**	to coat	bestreichen	untar	spalmare	αλείφω
9 -	énergique, **adj.**	enterprising	energisch	enérgico	energico	δραστήριος
8 -	engager qqn, **v.**	to hire	(jn) einstellen	contratar a alguien	assumere qual-cuno	προσλαμβάνω
	engagé (être ... dans), **p. p.**	engaged (to be ... in)	eingeleitet (sein)	comprometido (estar ... en) / estar metido en	impegnato in	αναλαμβάνω, στρατεύομαι
8 -	engendrer, **v.**	to generate	erzeugen	engendrar	generare	γεννώ
8 -	engouement, **n. m.**	craze	Begeisterung	entusiasmo	infatuazione	πάθος
3 -	enlèvement, **n. m.**	kidnapping	Entführung	secuestro / rapto	rapimento	απαγωγή
9 -	ennuyer (s'), **v. pr.**	to be bored	(sich) langweilen	aburrirse	annoiarsi	πλήττω
4 -	énorme, **adj.**	enormous	riesengroβ	enorme	enorme	τεράστιος, α, ο
1 -	enquête, **n. f.**	inquiry/survey	Untersuchung	encuesta / investi-gación / sumario	inchiesta	έρευνα
3 -	enquêtrice, **n. f.**	interwier	Befragerin	encuestadora	raccoglitore di dati statistici	ερευνήτρια
2 -	enregistrer, **v.**	to record	abfertigen	grabar / registrar	registrare	καταγράφω, εγ-γράφω
3 -	entamer, **v.**	to start	anfangen	empezar / comen-zar / iniciar	iniziare	αρχίζω
3 -	entier, **adj.**	whole/complete	ganz	entero	intero / completo	ολόκληρος, η, ο / απόλυτος, η, ο
1 -	entièrement, **adv.**	completely	völlig	enteramente / completamente	interamente	εξ' ολοκλήρου, τελείως
3 -	entourage, **n. m.**	set/circle	Umgebung, Kreis	entorno	i familiari	περίγυρος
3 -	entouré de, **p. p.**	surrounded (by)	umgeben (von)	rodeado de	circondato da	που περιβάλλεται από
3 -	entraînement, **n. m.**	training	Ertüchtigung	entrenamiento	allenamento	προπόνηση
1 -	entrecôte, **n. f.**	rib-steak	Rippenstück	entrecot / solomillo	costata	φέτα κρέατος με-ταξύ δυο πλευρών του ζώου
1 -	entreprise, **n. f.**	firm/company	Unternhemen	empresa	ditta	επιχείρηση
3 -	entretien, **n. m.**	maintenance	Wartung	mantenimiento	manutenzione	συντήρηση
	entretien (avoir un), **n. m.**	interview	Unterhaltung	entrevistarse / mantener una conversación	colloquio	συνομιλία (έχω)
8 -	envahir, **v.**	to invade	überschwemmen	invadir	invadere	εισβάλλω
3 -	envie (avoir ... de), **n. f.**	to want/to wish for	Lust (haben)	ganas (tener ... de) / apetecer	(avere) voglia	έχω όρεξη για
3 -	environ, **adv.**	around/about	ungefähr, um	aproximadamente / alrededor de	circa	περίπου
9 -	environnement, **n. m.**	environnement	Umwelt	medio ambiente / entorno	ambiente	περιβάλλον
4 -	envoyer, **v.**	to send/to forward	schicken	enviar / mandar	mandare	στέλνω
4 -	épidémie, **n. f.**	epidemic	Epidemie	epidemia	epidemia	επιδημία
2 -	éplucher, **v.**	to peel	schälen	pelar	pelare	καθαρίζω, ξε-φλουδίζω
1 -	époque, **n. f.**	time/period	Epoche	época	epoca	εποχή
3 -	épouser, **v.**	to marry	heiraten	casarse con	sposare	παντρεύομαι
1 -	épouvantable, **adj.**	awful	entsetzlich	espantoso	spaventoso	φρικτός, η, ό
3 -	épreuve, **n. f.**	ordeal	Probe	prueba	prova	δοκιμασία
3 -	éprouver, **v.**	to feel	empfinden	sentir / experimen-tar	provare	αισθάνομαι

	French	English	German	Spanish	Italian	Greek
2 -	équilibré, *adj.*	balanced	aufgewogen	equilibrado	equilibrato	ισορροπημένος, η, ο
2 -	équipage, *n. m.*	crew	Crew	tripulación	equipaggio	πλήρωμα
2 -	équipe, *n. f.*	team	Mannschaft	equipo	squadra	ομάδα
1 -	équipé, *adj.*	fitted	ausgerüstet	equipado	attrezzato	εξοπλισμένος, η, ο
8 -	équiper, *v.*	to fit out/to kit out	ausrüsten	equipar / dotar	attrezzare	εξοπλίζω
	équiper (s' ... de), *v. pr.*	to kit (oneself) out (with)	versehen	equiparse / pertrecharse	attrezzarsi	εξοπλίζομαι με
1 -	erreur, *n. f.*	mistake	Irrtum	error	errore	λάθος
3 -	escalier, *n. m.*	stairs	Treppe	escalera	scale	σκάλα
3 -	escroquer, *v.*	to swindle	prellen	estafar / timar	spillare	αποσπώ
2 -	espérer, *v.*	to hope	hoffen	esperar	sperare	ελπίζω
3 -	espoir, *n. m.*	hope	Hoffnung	esperanza	speranza	ελπίδα
8 -	esprit, *n. m.*	mind	Geist	espíritu	mente	πνεύμα
3 -	essai, *n. m.*	try/attempt	Versuch	intento / tentativa	prova	προσπάθεια
	essai nucléaire, *n. m.*	test (nuclear)	Atomtest	prueba nuclear	prova nucleare	πυρηνική δοκιμή
4 -	essayer, *v.*	to try on/to try	probieren / versuchen	intentar / probar	provare	προσπαθώ, δοκιμάζω
8 -	essence, *n. f.*	petrol/gas	Benzin	gasolina	benzina	βενζίνη
8 -	essentiel, *adj.*	essential	wesentlich	esencial	essenziale	σημαντικός, ή, ό
8 -	essor, *n. m.*	expansion	Aufschwung	auge	sviluppo	ανάπτυξη
3 -	estime, *n. f.*	regard	Hochachtung	estima	stima	εκτίμηση
1 -	estimer, *v.*	to think	schätzen	estimar	stimare	εκτιμώ
3 -	estomac (avoir l'... dans les talons), *n. m.*	ravenous (to be)	Magen (einen Mordshunger haben)	estómago (tener el ... en los pies)	avere una fame da lupi	είμαι ξελιγωμένος από την πείνα
1 -	étaler, *v.*	to spread (on)	ausbreiten	extender	spalmare	αλείφω
3 -	éteindre, *v.*	to put out	auslöschen	apagar	spegnere	σβήνω, κλείνω
2 -	étendre, *v.*	ro roll out	ausrollen	extender	stendere	απλώνω
3 -	éternel, *adj.*	everlasting	ewig	eterno	eterno	αιώνιος, α, ο
2 -	étoile (touche), *n. f.*	star key/digit	Stern (Taste)	tecla asterisco	tasto asterisco	άστρο (πλήκτρο)
5 -	étonnant, *adj.*	astonishing	erstaunlich	asombroso	sorprendente	εκπληκτικός, ή, ό
3 -	étroit, *adj.*	narrow/tight/slim	eng, schmal	estrecho	stretto	στενός, ή, ό / περιορισμένος, η, ο
3 -	étui, *n. m.*	case	Etui	estuche	astuccio	θήκη
9 -	évacuation, *n. f.*	evacuation	Abtransport	evacuación	evacuazione	απομάκρυνση
2 -	éventuel, *adj.*	possible	möglich	eventual	eventuale	ενδεχόμενος, η, ο
2 -	éviter, *v.*	to avoid	meiden	evitar	evitare	αποφεύγω
8 -	évoluer, *v.*	to evolve	sich entwickeln	evolucionar	evolversi	εξελίσσομαι
3 -	évoquer, *v.*	to mention	erwähnen	evocar / mencionar	evocare	θίγω, αναφέρω
4 -	exactement, *adv.*	exactly	genau	exactamente	esattamente	ακριβώς
7 -	exagéré, *adj.*	excessive	übertrieben	exagerado	esagerato	υπερβολικός, ή, ό
1 -	examen, *n. m.*	exam	Prüfung	examen	esame	εξέταση
2 -	examiner, *v.*	to examine	prüfen	examinar	esaminare	εξετάζω
1 -	excellent, *adj.*	excellent	ausgezeichnet	excelente	eccellente	υπέροχος, η, ο
1 -	exceptionnel, *adj.*	special	außerordentlich	excepcional	eccezionale	εξαιρετικός, ή, ό
1 -	excès de vitesse, *n. m.*	over-speeding	Geschwindigkeitsüberschreitung	exceso de velocidad	eccesso di velocità	υπέρβαση ταχύτητας
8 -	excessif, *adj.*	too much	Übermäßig	excesivo	eccessivo	υπερβολικός, ή, ό
5 -	exemplaire, *adj.*	exemplary	vorbildlich	ejemplar	esemplare	υποδειγματικός, ή, ό
3 -	exercer, *v.*	to practice	ausüben	ejercer	esercitare	εξασκώ
7 -	exigence, *n. f.*	claim/demand	Anspruch	exigencia	pretesa	απαίτηση
2 -	exiger, *v.*	to expect/ to demand	verlangen	exigir	esigere	απαιτώ
8 -	existence, *n. f.*	life	Leben	existencia	esistenza	ζωή
8 -	expansion, *n. f.*	expansion	Ausweitung	expansión	espansione	εξάπλωση
2 -	expédition, *n. f.*	expedition	Expedition	expedición	spedizione	εκστρατεία
1 -	expérience, *n. f.*	experiment	Experiment	experiencia	esperienza	πείραμα
9 -	explicable, *adj.*	explainable	erklärlich	explicable	spiegabile	εξηγήσιμος
5 -	expliquer, *v.*	to explain	erklären	explicar	spiegare	εξηγώ
8 -	exploitation agricole, *n. f.*	smallholding/farm	landwirtschaftlicher Betrieb	explotación agrícola	azienda agricola	γεωργική εκμετάλλευση
8 -	explorer, *v.*	to explore	erforschen	explorar	esplorare	εξερευνώ, εξετάζω
3 -	exploser, *v.*	to explode	explodieren	explotar / estallar	esplodere	εκρήγνυμαι

	French	English	German	Spanish	Italian	Greek
8 -	explosif, *adj.*	explosive	explosiv	explosivo	esplosivo	εκρηκτικός, ή, ό
8 -	explosion, *n. f.*	success	Ausbruch	explosión	esplosione	έκρηξη
5 -	export, *n. m.*	export	Export	export	export	εξαγωγή
1 -	exportation, *n. f.*	export-volume	Export	exportación	esportazione	εξαγωγή
3 -	exportateur, *adj.*	export-...	Export-	exportador	esportatore	εξαγωγέας
3 -	exporter, *v.*	to export	ausführen	exportar	esportare	εξάγω
5 -	exposé, *n. m.*	talk	Bericht	ponencia	relazione	έκθεση
2 -	exposer, *v.*	to display/to explain	ausstellen	exponer	esporre	εκθέτω
3 -	exprimer, *v.*	to express	ausdrücken	expresar	esprimere	εκφράζω
3 -	exquis, *adj.*	delicious	ausgesucht	exquisito	squisito	εξαίσιος, α, ο
2 -	extérieur (à l'), *loc. adv.*	away (from surgery)	draußen	exterior (al ...)	fuori / esterno	έξω
2 -	extincteur, *n. m.*	extinguisher	Feuerlöscher	extintor	estintore	πυροσβεστήρας
1 -	extrait, *n. m.*	extract	Extrakt	extracto	estratto	απόσπασμα
1 -	extraordinaire, *adj.*	extraordinary	außergewöhnlich	extraordinario	straordinario	καταπληκτικός
9 -	extraordinairement, *adv.*	exceptionnally	außergewöhnlich	extraordinaria-mente	stranamente	εξαιρετικά
3 -	extrême, *adj.*	extreme	äußerst	extremo	estremo	ακρότατος, φοβε-ρός
1 -	extrêmement, *adv.*	extremely	äußerst	extremadamente / sumamente	estremamente	εξαιρετικά
7 -	fabricant, *n. m.*	manufacturer	Hersteller	fabricante	costruttore	κατασκευαστής
3 -	fabriquer, *v.*	to make	herstellen	fabricar	fabbricare	κατασκευάζω
1 -	fabuleux, *adj.*	fabulous	sagenhaft	fabuloso	favoloso	φανταστικός, ή, ό
8 -	facette, *n. f.*	side	Facette	faceta	aspetto	όψη
2 -	fâcher (se), *v. pr.*	to get angry	böse werden	enfadarse	arrabbiarsi	θυμώνω, τα χα-λάω
1 -	façon, *n. f.*	way	Art / Weise	manera / modo	modo	τρόπος
8 -	facture, *n. f.*	technique	Herstellung	factura	fattura	εκτέλεση
3 -	faible, *adj.*	thin/slim/weak	schwach	débil / flojo / punto flaco / escaso	debole	μικρός, αδύνατος, λίγος
3 -	faillite, *n. f.*	bankruptcy	Pleite	quiebra	fallimento	πτώχευση
3 -	fait-divers, *n. m.*	news-item	Lokales	suceso	fatti di cronaca	μικρές, σύντομες ειδήσεις
3 -	fameux, *adj.*	famous	berühmt	famoso	famoso	ξακουστός, πασί γνωστος
1 -	fantastique, *adj.*	fantastic	phantastisch	fantástico	fantastico	φανταστικός, ή, ό
8 -	fard à paupières, *n. m.*	eye-shadow	Lidschatten	sombra de ojos	ombretto	μπογιά για τα μά-τια
5 -	farfelu, *adj.*	cranky/crazy	spinnig	extravagante / extrafalario	bislacco	αλλόκοτος, τρελός
2 -	farine, *n. f.*	flour	Mehl	harina	farina	αλεύρι
2 -	fatiguer (se), *v. pr.*	to tire (oneself)	müde werden	cansarse	non darsi molto da fare	κουράζομαι
1 -	faute, *n. f.*	fault	Schuld	falta	colpa	λάθος
2 -	faux, *adj.*	false	falsch	falso	falso	ψεύτικος, κάλ-πικος, φάλτσος, πλαστός
5 -	faveur (en ... de), *loc. prép.*	in aid (of)	zugunsten	favor (en ... de)	a favore di	υπέρ, προς όφελος
8 -	favoriser, *v.*	to further	begünstigen	favorecer	favorire	ενθαρρύνω
8 -	fédérer, *v.*	to federate	vereinigen	federar	federare	ενώνω
1 -	félicitations, *n. f. pl.*	congratulations	Glückwunsch	enhorabuena / felicidades	congratulazioni	συγχαρητήρια
5 -	féliciter, *v.*	to congratulate	gratulieren	felicitar	congratularsi	συγχαίρω
5 -	fermement, *adv.*	strongly	beharrlich	firmemente	fermamente	σταθερά, γερά
4 -	fermer, *v.*	to close	schließen	cerrar	chiudere	κλείνω
2 -	fermeté, *n. f.*	firmness	Festigkeit	firmeza	consistenza	σφριγηλότητα
3 -	fervent, *adj.*	ardent	leidenschaftlich	ferviente	fervente	ένθερμος
8 -	festival, *n. m.*	festival	Festival	festival	festival	φεστιβάλ
2 -	fête, *n. f.*	fete/festival	Fest	fiesta	festa	γιορτή
4 -	fêter, *v.*	to celebrate	feiern	festejar	festeggiare	γιορτάζω
1 -	feu de signalisation, *n. m.*	traffic light	Verkehrsampel	semáforo	semaforo	φωτεινός σηματο-δότης
	feu, *n. m.*	fire/fireside	Feuer	fuego	fuoco	φωτιά, τζάκι
	feu (à ... doux), *n. m.*	simmering	(bei schwacher) Hitze	fuego (a ... lento)	fuoco (a... mode-rato)	σε σιγανή φωτιά

21

	French	English	German	Spanish	Italian	Greek
	feu (avoir du), *n. m.*	light (to have/give) (a)	Feuer (haben)	fuego (tener ...)	mi fa accendere?	έχω φωτιά
	feu (il n'y a pas le ... !), *n. m.*	hurry (there's no ...)	es eilt nicht !	¡no hay prisa!	non c'è fretta!	δεν υπάρχει βία
8 -	feuillage, *n. m.*	foliage	Laub	follaje	fogliame	φύλλωμα
3 -	feuille, *n. f.*	single sheet	Blatt	hoja	foglio	φύλλο χαρτί
1 -	fiancé, *n. m.*	fiancé	Verlobter	novio	fidanzato	αρραβωνιαστικός
2 -	fiche, *n. f.*	card	Zettel	ficha	modulo	δελτίο
3 -	ficher (se), *v. pr.*	to drive (into)	einschlagen	clavar / hincar / fijar	conficcarsi	μπήγομαι, εισ-χωρώ
3 -	fier, *adj.*	proud/haughty	stolz	orgulloso	fiero	περήφανος
	fier service, *adj.*	turn (good)	wertvolle Hilfe	gran servicio	bel favore	μεγάλη εξυπηρέτηση
	fier (se ... à), *v. pr.*	to trust	vertrauen	fiarse de	fidarsi di	εμπιστεύομαι
1 -	fièvre, *n. f.*	temperature	Fieber	fiebre	febbre	πυρετός
8 -	figure, *n. f.*	figure	Figur	figura	figura	ανθρώπινη απεικόνιση
2 -	fil, *n. m.*	wire	Draht	hilo	filo	καλώδιο
5 -	filiale, *n. f.*	subsidiary company	Tochterfirma	filial	filiale	θυγατρική, υπο-κατάστημα
2 -	finale, *n. f.*	final	Finale	final	finale	τελικός
2 -	finances, *n. f. pl.*	finance	Finanzen	finanzas	finanze	οικονομικά
7 -	finance (haute), *n. f.*	high finance	Hochfinanz	finanza (alta ...)	(l'alta) finanza	ανώτατοι οικονο-μικοί κύκλοι
8 -	financement, *n. m.*	financing	Finanzierung	financiación	finanziamento	χρηματοδότηση
1 -	financier, *adj.*	financial	Finanz-	financiero	finanziario	οικονομικός, ή, ό
3 -	flagrant, *adj.*	blatant	schreiend	flagrante	flagrante	ολοφάνερος, η, ο
8 -	fléau, *n. m.*	scourge	Plage	azote	flagello	μάστιγα
2 -	fleur, *n. f.*	flower	Blume	flor	fiore	λουλούδι
7 -	fleuri, *adj.*	flower-...	voller Blumen	florido	fiorito	ανθισμένος, η, ο
1 -	fleuve, *n. m.*	river	Strom	río	fiume	ποταμός
3 -	flou, *adj.*	vague	unklar	vago / confuso	vago	ασαφής, ές
3 -	foi (mauvaise), *n. f.*	faith (bad)	Unaufrichtigkeit	fe (mala ...)	malafede	κακοπιστία
3 -	folie, *n. f.*	madness	Wahnsinn	locura	pazzia	τρέλα
8 -	folklorique, *adj.*	folk-...	volkstümlich	folclórico / folklórico	folcloristico	παραδοσιακός, ή, ό
5 -	foncé, *adj.*	deep/dark	dunkel	oscuro	scura	σκούρος, α, ο
7 -	fonction, *n. f.*	function	Funktion	función	funzione	λειτουργία
5 -	fonctionner, *v.*	to work	funktionieren	funcionar	funzionare	λειτουργώ
3 -	fond (au), *loc. adv.*	deep down	eigentlich	fondo (en el ...)	in fondo	κατά βάθος
7 -	fonder, *v.*	to found	gründen	fundar	fondare	ιδρύω
3 -	force (à ... de), *loc. prép.*	dint (by ... of)/ through	mit viel	fuerza (a ... de)	a forza di	χάρη σε
	force, *n. f.*	strength/energy	Kraft	fuerza	(linea di) forza	δύναμη
	forces de l'ordre, *n. f. pl.*	police force	Ordnungskräfte	fuerzas del orden	forze (dell'ordine)	δυνάμεις της τάξεως
3 -	forcément, *adv.*	of course	zwangsläufig	forzosamente	per forza	υποχρεωτικά
1 -	forêt, *n. f.*	forest	Wald	bosque	foresta	δάσος
8 -	format, *n. m.*	size/format	Format	formato	formato	διαστάσεις
	forme (être en), *n. f.*	fit/in good shape (to be)	fit (sein) / in guter Form	forma (estar en ...)	(essere in) forma	είμαι σε φόρμα
	forme (en ... de), *n. f.*	shape (in the ... of)	(in) Form (von)	forma (en ... de)	a forma di	σε σχήμα
	formes généreuses, *n. f. pl.*	generous curves	üppige Formen	formas generosas	(belle) forme	πλούσιες καμπύλες
2 -	formidable, *adj.*	wonderful	super	formidable / estupendo	straordinaria	καταπληκτικός, ή, ό
7 -	formule, *n. f.*	package	Formel	fórmula	formula	λύση, φόρμουλα
1 -	fort, *adj.*	strong/high	stark	fuerte	bravo	δυνατός, με-γάλος, υψηλός
	fort (le prix), *adj.*	top/maximum (price)	(den) vollen (Preis)	alto (precio)	(prezzo) elevato	η πιο υψηλή τιμή
	fort (embrasser bien), *adv.*	with all one's heart (to kiss)	herzlichst (umarmen)	un fuerte abrazo	abbracciare forte	φιλώ πολύ
	fort (fromage), *adj.*	pungent (cheese)	Stinkkäse	fuerte	forte	δυνατό τυρί
5 -	fortement, *adv.*	seriously	stark	fuertemente	molto	σημαντικά, πολύ
2 -	fortune, *n. f.*	fortune/wealth	Vermögen	fortune	fortuna	περιουσία, τύχη

	French	English	German	Spanish	Italian	Greek
4 -	fou, *adj.*	mad	verrückt	loco	pazzo	τρελός
8 -	fouilles, *n. f. pl.*	excavation	Ausgrabungen	excavación	scavi	ανασκαφές
1 -	four, *n. m.*	oven	Ofen	horno	forno	φούρνος
8 -	foyer (au), *n. m.*	home (at)	(zu) Haus(e)	hogar (al ...)	casalinga	στο σπίτι
3 -	fragile, *adj.*	fragile	zerbrechlich, zart	frágil	fragile	εύθραυστος, ευαίσθητος
3 -	fragrance, *n. f.*	fragrance	Wohlgeruch	fragancia	fragranza	άρωμα
3 -	frais, *adj.*	cool/cold	frisch, kuhl	fresco	fresco	κρύος, α, ο
	frais (au), *loc.*	cool place (in a)	kühl	fresco (al ...)	fresco	στο ψυγείο
3 -	fraîcheur, *n. f.*	coolness	Frische, Kühle	frescor	freschezza	δροσιά
1 -	fraise des bois, *n. f.*	wild strawberry	Walderdbeere	fresa silvestre	fragola di bosco	αγριοφράουλα
	fraise, *n. f.*	strawberry	Erdbeere	fresa	fragola	φράουλα
2 -	franc, *n. m.*	franc	Franc	franco	franco	φράγκο
3 -	franc, *adj.*	total/frank	offen	franco	un vero successo / sincero	ειλικρινής, πραγματικός
3 -	franchement, *adv.*	frankly	ganz	francamente	sinceramente	πράγματι
3 -	franchir, *v.*	to cross	überschreiten	franquear / atravesar	valicare / varcare	διαβαίνω, περνώ
3 -	franchise, *n. f.*	frankness	Offenheit	franqueza	franchezza	ειλικρίνεια
2 -	freiner, *v.*	to brake	bremsen	frenar	frenare	φρενάρω
2 -	fréquence, *n. f.*	frequency	Frequenz	frecuencia	frequenza	συχνότητα
5 -	fréquentation, *n. f.*	patronizing	häufiger Besuch	frecuentación	frequentazione	συναναστροφή
3 -	frivole, *adj.*	frivolous	leichtfertig	frívolo	frivolo	επιπόλαιος, η, ο
1 -	froid, *n. m. / adj.*	cold	Kälte / kalt	frio	freddo	κρύο / κρύος, α, ο
3 -	froissée (tôle), *p. p.*	dented	Blechschaden	abollada (chapa)	qualche amacchature	κατεστραμμένος
1 -	fromage, *n. m.*	cheese	Käse	queso	formaggio	τυρί
8 -	front, *n. m.*	forehead	Stirn	frente	fronte	μέτωπο
8 -	frontal, *adj.*	head-on	frontal	frontal	frontale	μετωπικός, ή, ό
8 -	fructueux, *adj.*	fruitful	erfolgreich	fructífero	fruttuoso	καρποφόρος, α, ο
8 -	fugace, *adj.*	fleeting	flüchtig	fugaz	fugace / fuggevole	φευγαλέος, α, ο
3 -	fuite (d'eau), *n. f.*	leakage	Auslaufen	escape / fuga	fuga	διαρροή νερού
4 -	fumée, *n. f.*	smoke	Qualm / Rauch	humo	fumo	καπνός
2 -	fumer, *v.*	to smoke	rauchen	fumar	fumare	καπνίζω
2 -	furax, *adj. (fam.)*	livid	fuchsteufelswild	furioso	furioso	έξω φρενών
3 -	furieux, *adj.*	raging	wütend	furioso	straordinario	σφοδρός, ή, ό
1 -	gagner, *v.*	to win	gewinnen	ganar	vincere	κερδίζω
7 -	gai, *adj.*	cheerful	freundlich	alegre	allegro	χαρούμενος, η, ο
1 -	galère (c'est la), *n. f. (fam.)*	hassle (what a)	Plagerei	es un infierno	è un casino	είναι πολύ δύσκολο
8 -	gamme, *n. f.*	range	Palette	gama	gamma	γκάμα
4 -	garage, *n. m.*	garage	Garage	garaje	garage	γκαράζ
5 -	garant (se porter), *adj.*	answerable (to be)	Bürge	fiador (salir ... de)	farsi garante di ...	εγγυώμαι
1 -	garder, *v.*	to keep	behalten	guardar / quedarse con	tenersi il resto	κρατώ
2 -	gare, *n. f.*	station	Bahnhof	estación	stazione	σιδηροδρομικός σταθμός
5 -	gastronomie, *n. f.*	gastronomy	Kochkunst	gastronomía	gastronomia	γαστρονομία
4 -	gastronomique, *adj.*	gastronomical	Feinschmecker-	gastronómico	gastronomico	γαστρονομικός, ή, ό
1 -	gâteau, *n. m.*	cake/pastry	Kuchen	pastel	dolce	γλυκό
1 -	gauche (à), *loc. adv.*	left (on the)	links	izquierda (a la ...)	a sinistra	αριστερά
3 -	gendarme, *n. m.*	policeman	Gendarm, Polizist	guardia civil	carabiniere	χωροφύλακας
3 -	gêné, *adj.*	awkward/self-conscious	verlegen	molesto / apurado	imbarazzato	αμήχανος, η, ο
7 -	général (en), *loc. adv.*	generally	(im) Allgemeinen	general (en ...)	generalmente	γενικά
8 -	générateur, *adj.*	productive	Verursacher	generador	generatore	γενεσιουργός, ό
3 -	génération, *n. f.*	generation	Generation	generación	generazione	γενιά
3 -	généreux, *adj.*	generous	großzügig	generoso	generoso	γενναιόδωρος
8 -	générosité, *n. f.*	generosity	Großzügigkeit	generosidad	generosità	γενναιοδωρία
8 -	génétique, *adj. / n. f.*	genetic	genetisch	genética	genetico / genetica	γενετικός, ή, ό / γενετική
3 -	génial, *adj.*	tremendous	genial	genial	geniale	φανταστικός, ή, ό /
	génial (c'est ... !), *adj. (fam.)*	great (it's)	toll, klasse	genial (es ...)	è geniale	είναι φανταστικό !

	French	English	German	Spanish	Italian	Greek
3 -	genre (en tout), *n. m.*	every kind (of)	(aller) Art	de toda clase / de todo tipo	di ogni genere	κάθε είδους
	genre, *n. m.*	sort/kind/type	Art	tipo / clase / estilo / especie	tipo	είδος, ύφος
1 -	gens, *n. m. f. pl.*	people	Leute	gente	gente	άνθρωποι
4 -	gentil (c'est), *adj.*	nice/kind (it's)	nett, lieb	es muy amable	carino	είναι ευγενικό
	gentil, *adj.*	kind	lieb, nett	amable / bueno	gentile	ευγενικός, ή, ό
3 -	gentillesse, *n. f.*	kindness	Liebenswürdigkeit	amabilidad / gentileza / bondad	gentilezza	ευγένεια
5 -	gentiment, *adv.*	in the nicest possible way	netterweise	amablemente / gentilmente	gentilmente	ευγενικά
8 -	géographie, *n. f.*	geography	Erdkunde	geografía	geografia	γεωγραφία
8 -	gérer, *v.*	to administer	verwalten	administrar	gestire	διαχειρίζομαι
3 -	geste, *n. m.*	gesture	Bewegung / Gebärde	gesto	gesto	χειρονομία
2 -	gilet de sauvetage, *n. m.*	lifejacket	Schwimmweste	chaleco salvavidas	giubbotto (di salvataggio)	ναυαγοσωστικό σωσίβιο
8 -	gîte rural, *n. m.*	gîte	Ferienquartier auf dem Land	albergue rural	agriturismo	αγροτικό κατάλυμα
8 -	global, *adj.*	global	global	global	globale	ολικός, σφαιρικός
8 -	globalement, *adv.*	as a whole	im Ganzen	globalmente	globalmente	συνολικά
3 -	gloire (en pleine), *n. f.*	fame (at the height of)	(in vollem) Glanz	gloria (en plena ...)	(in piena) gloria	στο απόγειο της δόξας
	gloire, *n. f.*	glory/fame	Ruhm	gloria	gloria	δόξα
2 -	gonfler, *v.*	to inflate	füllen	hinchar / inflar	gonfiare	φουσκώνω
8 -	gothique, *adj.*	gothic	gotisch	gótico	gotico	γοτθικός, ή, ό
9 -	gourmand, *adj.*	greedy	esslustig	goloso	goloso	λαίμαργος
3 -	gourmandise, *n. f.*	greed	Esslust	gula	golosità	λαιμαργία
1 -	gourmet, *n. m.*	gourmet	Feinschmecker	gourmet	buongustaoio	καλοφαγάς
3 -	goût, *n. m.*	taste	Geschmack	gusto	gusto	ενδιαφέρον, κλίση
	goût (de mauvais), *n. m.*	taste (in poor)	geschmacklos	gusto (de mal ...)	(cattivo) gusto	κακόγουστος, η, ο
5 -	gouvernement, *n. m.*	government	Regierung	gobierno	governo	κυβέρνηση
8 -	grain de raisin, *n. m.*	grape	Traubenbeere	grano de uva	acino	σπόρος
3 -	gras (rire), *adj.*	coarse (laughter)	laut(es), ordinär(es Lachen)	risa burda	(risata) grassa	χονδροειδές γέλιο
	gras (corps), *adj.*	fats	Fette	grasa (materia ...)	sostanza (grassa)	λιπαρό σώμα
	grasse (faire la ... matinée), *adj.*	to sleep in	bis in den Morgen hinein (schlafen)	levantarse tarde	alzarsi tardi	χουζουρεύω στο κρεβάτι μου
2 -	gratuit, *adj.*	free	kostenlos	gratuito	gratuito	δωρεάν
2 -	grave (ce n'est pas), *adj.*	serious (it's not)	(das ist nicht) ernst, schlimm	no es grave / no tiene importancia / no importa	non è grave	δεν πειράζει, δεν είναι σοβαρό
	grave (air), *adj.*	stern	ernst(es Aussehen)	aspecto serio	grave	σοβαρό ύφος
2 -	gravité (sans), *n. f.*	minor	ohne Ernst	gravedad (sin ...)	gravità	ελαφρύς, ιά, ύ
2 -	grève, *n. f.*	strike	Streik	huelga	sciopero	απεργία
3 -	grignoter, *v.*	to nibble	knabbern	picar	spilluzzicare	τραγανίζω
3 -	grille de loto, *n. f.*	(loto) card	Lototabelle	boleto	schedina	τετράγωνα του λότο
3 -	griller, *v.*	to grill	braten	asar / tostar	arrostire	ψήνω
3 -	grippe, *n. f.*	flu	Grippe	gripe	influenza	γρίππη
1 -	gros, *adj.*	big	groß, mächtig	gordo	grosso	μεγάλος, σοβαρός, χοντρός
3 -	grossier personnage, *adj.*	rude/ill-mannered (person)	Grobian	un hombre grosero / basto / burdo / soez / tosco	villano	χοντράνθρωπος
	grossier (mot), *adj.*	rude (word)	unanständig(e Worte)	grosería	parolaccia	άσεμνη λέξη
	grossière erreur, *adj.*	gross (mistake)	grober Irrtum	craso error / error de bulto	grossolano errore	χοντρό λάθος
4 -	grossir, *v.*	to put on weight	dick werden	engordar	ingrassare	παχαίνω
4 -	groupe de rock, *n. m.*	rock-band/group	Rockgruppe	grupo de rock	complesso	ροκ συγκρότημα
	groupe, *n. m.*	group	Gruppe	grupo	gruppo	ομάδα
3 -	guérison, *n. f.*	recovery	Genesung	curación	guarigione	θεραπεία
5 -	guichet, *n. m.*	ticket window	Schalter	taquilla / ventanilla	sportello	θυρίδα
4 -	guitariste, *n. m. f.*	guitarist	Gitarrist	guitarrista	chitarrista	κιθαρίστας
9 -	habile, *adj.*	clever	geschickt	hábil / diestro	abile	επιδέξια

	French	English	German	Spanish	Italian	Greek
1 -	habitude, *n. f.*	habit	Gewohnheit	costumbre / hábito	abitudine	συνήθεια
4 -	handicapé, *adj.*	handicapped	behindert	minusválido	handicappato	ανάπηρος, η, ο
8 -	haricot, *n. m.*	green bean	Bohne	judía / alubia	fagiolo	φασόλι
3 -	hasard (jeu de), *n. m.*	game of chance	Glück(sspiel)	azar (juego de ...)	gioco (d'azzardo)	τυχερό παιχνίδι
	hasard (par), *loc. adv.*	chance (by)	zufällig	casualidad (por ...)	per caso	κατά τύχη
3 -	hausse, *n. f.*	increase/rise	Steigen, Erhöhung	alza / subida	rialzo	αύξηση
3 -	haut, *adj.*	high	hoch	alto	alto	μεγάλος
9 -	hélicoptère, *n. m.*	helicopter	Hubschrauber	helicóptero	elicottero	ελικόπτερο
8 -	héritier, *n. m.*	heir	Erbe	heredero	erede	κληρονόμος
8 -	héros, *n. m.*	hero	Held	héroe	erœ	ήρωας
2 -	hésiter, *v.*	to hesitate	zögern	dudar / vacilar	esitare	διστάζω
2 -	heureux, *adj.*	happy	glücklich	feliz	felice	ευτυχισμένος, ευ-τυχής
8 -	hiérarchie, *n. f.*	hierarchy	Hierarchie	jerarquía	gerarchia	ιεραρχία
8 -	hilarité, *n. f.*	hilarity/mirth	Heiterkeit	hilaridad	ilarità	θυμηδία
1 -	histoire, *n. f.*	story	Geschichte	historia	storia	ιστορία
3 -	honnête, *adj.*	decent	ehrlich	honrado / razonable	onesto	τίμιος, ικανοποι-ητικός
3 -	honnêteté, *n. f.*	honesty	Ehrlickeit	honradez / hones-tidad / decencia	onestà	τιμιότητα
8 -	honoré (être ... de), *p. p.*	privileged (to be)	geehrt (sein)	es un honor	essere onorato di	είναι τιμή για μένα να
2 -	hoquet, *n. m.*	hiccups	Schluckauf	hipo	singhiozzo	λόξυγκας
8 -	horizon (tour d'), *n. m.*	general survey	Überblick	pasar revista	orizzonte (giro)	σφαιρικά
9 -	horreur (avoir ... de), *n. f.*	to loathe	verabscheuen	horror (tener ... a) / horrorizar / dar horror	avere orrore di	απεχθάνομαι
3 -	horrible, *adj.*	horrible	grauenhaft	horrible	orrendo	φρικτός, ή, ό
8 -	hospitalier, *adj.*	hospitable	gastfreundlich	hospitalario	ospitale	φιλόξενος, η, ο
5 -	hospitalité, *n. f.*	hospitality	Gastfreundschaft	hospitalidad	ospitalità	φιλοξενία
5 -	hostile, *adj.*	hostile	feindlich	hostil	ostile	εχθρικός, ή, ό
7 -	hôtelier, *adj.*	hotel-...	Gastwirt	hotelero	alberghiero	ξενοδοχειακός, ή, ό
8 -	humanitaire (organi-sation), *adj.*	humanitarian (agency)	humanitär	humanitaria (orga-nización ...)	umanitario	φιλανθρωπική ορ-γάνωση
3 -	humeur (bonne), *n. f.*	mood (good)	(gute) Laune	humor (buen ...)	buonumore	καλή διάθεση
1 -	humour, *n. m.*	humour/wit	Humor	humor	umorismo	χιούμορ
5 -	hypocrite, *adj.*	a hypocrit	heuchlerisch	hipócrita	ipocrita	υποκριτής, τρια
5 -	idéal, *n. m. / adj.*	ideal	Ideal / ideal	ideal	ideale	ιδεώδης, ες
1 -	idée, *n. f.*	idea	Idee, Einfall	idea	idea	ιδέα
7 -	identique, *adj.*	identical	identisch	idéntico	identico	όμοιος, α, ο
7 -	identité, *n. f.*	identity	Identität	identidad	identità	ταυτότητα
1 -	idiot, *adj.*	stupid	Idiot	idiota	idiota	κουτός, ή, ό
1 -	ignoble, *adj.*	revolting	gemein	innoble / despre-ciable	ignobile	αισχρός, ή, ό
3 -	ignorer, *v.*	to be unaware (of)	nicht wissen	ignorar	ignorare	αγνοώ
8 -	illustrer, *v.*	to illustrate	illustrieren	ilustrar	illustrare	δίνω σαφή εικόνα
5 -	imaginable, *adj.*	conceivable	vorstellbar	imaginable	immaginabile	αδύνατος, η, ο
1 -	imagination, *n. f.*	imagination	Einbildungskraft	imaginación	immaginazione	φαντασία
3 -	imaginer, *v.*	to imagine	vorstellen	imaginar	immaginare	φαντάζομαι
1 -	imbécile, *n. m. / adj.*	idiot	Dummkopf / dumm	imbécil	imbecile	ανόητος, η, ο
2 -	imbibé, *p. p.*	moistened	durchtränkt	empapado	imbevuto	βρεγμένος, η, ο
3 -	immangeable, *adj.*	inedible	ungenießbar	incomible	immangiabile	δεν τρώγεται
3 -	immatriculation, *n. f.*	registration	Kennzeichen	matrícula / matri-culación	immatricolazione	αριθμός κυκλοφορί-ας
3 -	immatriculé, *p. p.*	registered	zugelassen / immatrikuliert	con matrícula	targato	με αριθμό κυκλο-φορίας
2 -	immédiatement, *adv.*	straightaway	sofort	inmediatamente	immediatamente	αμέσως
2 -	impatience, *n. f.*	impatience	Ungeduld	impaciencia	impazienza	ανυπομονησία
8 -	impeccable, *adj.*	faultless	tadellos	impecable	impeccabile	άψογος, η, ο
9 -	imperméable, *n. m.*	raincoat	Regenmantel	impermeable	impermeabile	αδιάβροχο
5 -	implantation, *n. f.*	setting up	Ansiedelung	implantación	impianto	εγκατάσταση
3 -	impliquer, *v.*	to involve	verwickeln	implicar	coinvolgere	ενέχομαι
7 -	imposer (s'), *v. pr.*	to dominate	aufdrängen	imponer	imporsi	κυριαρχώ
8 -	imposer (s'), *v. pr.*	to be necessary	(sich) aufdrängen	imponerse	imporsi	επιβάλλομαι
1 -	impôts, *n. m. pl.*	income-tax	Steuer	impuestos	imposta	φόροι

3 -	imprécis, *adj.*	inaccurate	ungenau	impreciso	impreciso	ασαφής, ανακριβής
3 -	impression, *n. f.*	impression	Eindruck	impresión	impressione	εντύπωση
7 -	impressionner, *v.*	to upset	beeindrucken	impresionar	impressionare	εντυπωσιάζω
1 -	impressionniste, *adj.*	impressionist	impressionistisch	impresionista	impressionista	ιμπρεσιονιστής
3 -	imprimerie, *n. f.*	printing	Buchdruck	imprenta	tipografia	τυπογραφία
8 -	inaccessible, *adj.*	out of reach	unerreichbar	inasequible	inaccessibile	απρόσιτος, η, ο
8 -	inauguration, *n. f.*	official opening	Eröffnung	inauguración	inaugurazione	εγκαίνια
5 -	inaugurer, *v.*	to be first (to do)	einweihen	inaugurar	inaugurare	εγκαινιάζω
8 -	incalculable, *adj.*	countless	unzählig	incalculable	incalcolabile	ανυπολόγιστος
5 -	incapable, *adj.*	incompetent	unfähig	incapaz	incapace	ανίκανος
3 -	incendie, *n. m.*	fire	Brand	incendio	incendio	πυρκαϊά
8 -	incertitude, *n. f.*	uncertainty	Ungewissheit	incertidumbre	incertezza	αβεβαιότητα
3 -	incident, *n. m.*	incident	Zwischenfall	incidente	incidente	επεισόδιο
8 -	inciter à, *v.*	to urge	anreizen	incitar a	incitare a	παροτρύνω (να)
1 -	incompétent, *adj.*	ineffectual	inkompetent	incompetente	incompetente	αναρμόδιος, ανί κανος
3 -	inconnu, *n. m. / adj.*	unknown	unbekannt	desconocido	sconosciuto	άγνωστος
9 -	inconscient, *n. m.*	subconscious	Unterbewußtsein	inconsciente	inconscio	ασυνείδητο
5 -	incorrigible, *adj.*	incorrigible	unverbesserlich	incorregible	incorreggibile	αδιόρθωτος
1 -	incroyable, *adj.*	incredible	unglaublich	increible	incredibile	απίστευτος, η, ο
8 -	indéfiniment, *adv.*	indefinitely	ewig	indefinidamente	indefinitamente	συνέχεια
7 -	indépendance, *n. f.*	independance/ autonomy	Unabhängigkeit	independencia	indipendenza	ανεξαρτησία
8 -	indétermination, *n. f.*	indecisiveness	Unbestimmtheit	indeterminación	indeterminatezza	απροσδιόριστο
3 -	indifférence, *n. f.*	indifference	Gleichgültigkeit	indiferencia	indifferenza	αδιαφορία
2 -	indispensable, *adj.*	essential	notwendig	indispensable	indispensabile	απαραίτητο
7 -	individu, *n. m.*	individual	Einzelmensch	individuo	individuo	άτομο
8 -	industrialisé, *p. p.*	industrialized	industrialisiert	industrializado	industrializzato	βιομηχανοποιημέ- νος, η, ο
3 -	industriel, *adj.*	industrial	industriell	industrial	industriale	βιομηχανικός, ή, ό
1 -	inefficace, *adj.*	ineffective	unwirksam	ineficaz	inefficace	μη αποτελεσμα- τικός
8 -	inévitable, *adj.*	unavoidable	unvermeidlich	inevitable	inevitabile	αναπόφευκτη
8 -	inexpérimenté, *adj.*	inexperienced	unerfahren	inexperimentado	inesperto	άπειρος
8 -	inférieur à, *adj.*	lower (than)	kleiner (als), unter	inferior a	inferiore a	χαμηλότερος, μικρότερος
9 -	infirmier, *n. m.*	nurse	Krankenpfleger	enfermero	infermiere	νοσοκόμος, α
1 -	inflation, *n. f.*	inflation	Inflation	inflación	inflazione	πληθωρισμός
8 -	influence, *n. f.*	influence	Einfluss	influencia	influenza	επιρροή, επίδραση
8 -	influencer, *v.*	to influence	beeinflussen	influir	influenzare	επηρεάζω
9 -	influent, *adj.*	influential	einflussreich	influyente	influente	σημαίνων, ουσα, ον
5 -	informer, *v.*	to inform	informieren	informar	informare	πληροφορώ
3 -	innocent, *adj.*	innocent	unschuldig	inocente	innocente	αθώος, α, ο
3 -	inondation, *n. f.*	flood	Überschwemmung	inundación	inondazione	πλημμύρα
1 -	inoubliable, *adj.*	unforgettable	unvergesslich	inolvidable	indimenticabile	αξέχαστος, η, ο
1 -	inouï (c'est), *adj.*	unheard of/incre- dible (it's)	unerhört	es increíble / inau- dito	roba da non cre- derci	είναι ανήκουστο !
2 -	inquiéter (s'), *v. pr.*	to worry	sich Sorgen machen	inquietarse / preo- cuparse	preoccuparsi	ανησυχώ
3 -	inséparable, *adj.*	inseparable	unzertrennlich	inseparable	inseparabile	αχώριστος, η, ο
2 -	insérer, *v.*	to insert	einführen	introducir	inserire	εισάγω
5 -	insinuer, *v.*	to insinuate	zu verstehen geben	insinuar	insinuare	υπαινίσσομαι
5 -	insister, *v.*	to insist	dringen / beharren	insistir	insistere	επιμένω
3 -	insoupçonnable, *adj.*	beyond suspicion	über jeden Ver- dacht erhaben	intachable / insos- pechable	insospettabile	υπεράνω υποψίας
3 -	installation électrique, *n. f.*	wiring	elektrische Anlage	instalación eléctrica	impianto elettrico	εγκατάσταση (ηλεκτρική)
1 -	installer (s'), *v. pr.*	to settle down	(sich) niederlassen	instalarse	installarsi	εγκαθίσταμαι
	installer, *v.*	to instal	installieren	instalar	installare	εγκαθιστώ
8 -	instantané, *n. m.*	snapshot	Momentaufnahme	instantáneo	fotografia istanta- nea	στιγμιότυπο
8 -	instauration, *n. f.*	institution	Errichtung	instauración	instaurazione	θέσπιση, εγκαθί δρυση

	French	English	German	Spanish	Italian	Greek
1 -	instructions, *n. f. pl.*	instructions	Anweisung	instrucciones	istruzione	οδηγίες
2 -	instruments de bord, *n. m. pl.*	control-panel	Bordinstrumente	instrumentos de a bordo	istrumento	όργανα του σκάφους
5 -	insulter, *v.*	to insult	beschimpfen	insultar	insultare	βρίζω
5 -	insupportable, *adj.*	tedious/boring	unerträglich	insoportable	insopportabile	ανυπόφορος
3 -	intégrité, *n. f.*	integrity	Unbescholtenheit	integridad	integrità	ακεραιότητα
9 -	intellectuel, *adj.*	intellectual	intellektuell	intelectual	intellettuale	πνευματικός, ή, ό
3 -	intelligence, *n. f.*	intelligence	Intelligenz	inteligencia	intelligenza	εξυπνάδα
3 -	intelligent, *adj.*	clever	intelligent	inteligente	intelligente	έξυπνος, η, ο
8 -	intense, *adj.*	intensive	intensiv	intenso	intenso	έντονος, η, ο
7 -	intention, *n. f.*	intention	voraussichtliche Absicht	intención	intenzione	πρόθεση
9 -	interdiction, *n. f.*	ban/banning	Verbot	prohibición	interdizione	απαγόρευση
1 -	interdit (en sens), *adj.*	one-way ...	Verbot (der Einfahrt)	prohibido (sentido ...)	(senso) vietato	απαγορευμένη κατεύθυνση
	interdit de, *adj.*	forbidden (to)	verboten	prohibido (estar ...)	è vietato	απαγορεύεται να
1 -	intérêt (sans), *loc. prép.*	uninteresting	uninteressant	interés (sin ...)	interesse	αδιάφορος, η, ο
	intérêt (avoir ... à), *n. m.*	well-advised (to be ... to)	es ist von Nutzen (zu)	convenir que / más vale que	essere nel mio stesso interesse	πρέπει να, είναι ανάγκη να
2 -	interférer, *v.*	to interfere	interferieren	interferir	interferire	συνδέομαι
7 -	intérieur, *adj.*	interior	Innen-	interior	interno	εσωτερικός, ή, ό
9 -	intérim, *n. m.*	temporary job	Interim	trabajo temporal	tempo determinato	προσωρινή αντικατάσταση
5 -	interminable, *adj.*	endless	unendlich	interminable	interminabile	ατελείωτος, η, ο
8 -	interprétation, *n. f.*	interpretation	Interpretation	interpretación	interpretrazione	ερμηνεία
3 -	interpréter, *v.*	to perform	interpretieren	interpretar	interpretrare	ερμηνεύω
2 -	interrogation à distance, *n. f.*	remote-control (system)	Fernabfrage	consulta a distancia	interrogazione a distanza	συμβουλεύομαι από απόσταση
5 -	interrompre (s'), *v. pr.*	to break down	innehalten	interrumpirse	interrompersi	διακόπτομαι
	interrompre, *v.*	to stop	unterbrechen	interrumpir	interrompere	διακόπτω
9 -	interruption, *n. f.*	break	Unterbrechung	interrupción	interruzione	διακοπή
9 -	intervention, *n. f.*	intervention	Eingreifen	intervención	intervento	παρέμβαση
3 -	intime, *adj.*	private	intim	íntimo	intimo	προσωπικός, ή, ό
3 -	intimité (dans l'), *n. f.*	in private	Intimität	intimidad	nell' intimità	σε στενό κύκλο
7 -	intrigue, *n. f.*	plot	Intrige	intriga	trame	πλοκή
1 -	introduire, *v.*	to put (in)	einführen	introducir	introdurre	εισάγω
8 -	inventaire (faire l' ... de), *n. m.*	stock (to take ... of)	Inventar (aufnehmen)	inventario (hacer el ... de)	inventariare	κάνω απογραφή
1 -	inventer, *v.*	to invent	erfinden	inventar	inventare	εφευρίσκω
1 -	invention, *n. f.*	invention	Erfindung	invento	invenzione	εφεύρεση, επινόηση
3 -	invisible, *adj.*	hidden	verborgen	invisible	nascosto	αόρατος, ή, ό
3 -	irascible, *adj.*	quick-tempered	jähzornig	irascible	irascibile	οξύθυμος, η, ό
5 -	ironique, *adj.*	ironical/sarcastic	ironisch	irónico	ironico	ειρωνικός, ή, ό
9 -	irremplaçable, *adj.*	irreplaceable	unersetzbar	irreemplazable	insostituibile	αναντικατάστατος, η, ο
7 -	isolé, *adj.*	in recess	abgelegen	aislado	da parte	απομονωμένος, η, ο
8 -	issu (être ... de), *adj.*	born (to be ... from/of)	abstammend (von)	proceder de	essere nato da	κατάγομαι από
3 -	jalouser (se), *v. pr.*	to be jealous	(aufeinander) neidisch (sein)	envidiarse / tenerse envidia	ingelosire	αλληλοζηλεύομαι
8 -	jaloux (ne pas faire de), *n. m.*	jealous (not to make ...)	(keinen) Neid (erregen)	que no haya envidias	ingelosire	δεν κάνω διακρίσεις
3 -	jambe, *n. f.*	leg	Bein	pierna	gamba	πόδι
1 -	jambon, *n. m.*	ham	Schinken	jamón	prosciutto	ζαμπόν
4 -	jardin, *n. m.*	garden	Garten	jardín	giardino	κήπος
4 -	jardinier, *n. m.*	gardener	Gärtner	jardinero	giardiniere	κηπουρός
1 -	jaune, *adj.*	yellow	gelb	amarillo	giallo	κίτρινος, η, ο
2 -	jeter, *v.*	to drop	werfen	echar	gettare	ρίχνω
8 -	jeu, *n. m.*	interplay	Spiel	juego	gioco	παιχνίδι
1 -	jeune, *adj.*	young/youthful	jung	joven	giovane	νέος, α, ο
8 -	jeunesse, *n. f.*	youth/young people	Jugend	juventud	gioventù	νεότητα
3 -	joie, *n. f.*	happiness	Freude	alegría	gioia	χαρά

	French	English	German	Spanish	Italian	Greek
9 -	joindre, **v.**	to get in touch (with)	erreichen	localizar / contactar / ponerse en comunicación	contattare	επικοινωνώ
1 -	jouer, **v.**	to play	spielen	jugar	giocare	παίζω
8 -	joueur, **n. m.**	player	Spieler	jugador	giocatore	παίχτης
1 -	jour, **n. m.**	day	Tag	día	giorno	μέρα
1 -	journée, **n. f.**	day	Tag	día / jornada	giornata	μέρα
3 -	juge, **n. m.**	judge/magistrate	Richter	juez	giudice	δικαστής
1 -	jugement, **n. m.**	judgement	Urteil	juicio	giudizio	κρίση
3 -	jumeaux, **n. m. pl.**	twins	Zwillinge	gemelos	gemello	δίδυμα
1 -	jungle, **n. f.**	jungle	Dschungel	selva / jungla	giungla	ζούγκλα
2 -	jurer, **v.**	to swear	schwören	jurar	giurare	ορκίζομαι
8 -	jury, **n. m.**	jury	Jury	jurado	giuria	επιτροπή
2 -	juste, **adv.**	just/only	nur	sólo	solo	μόνο
	juste, **adj.**	right/correct	richtig	justo / exacto / acertado	giusto	κατάλληλος, σωστός, ακριβής
4 -	justement, **adv.**	just	gerade	precisamente	proprio	ακριβώς
2 -	laisser, **v.**	to leave/to let	lassen	dejar	lasciare	αφήνω
9 -	lame, **n. f.**	blade	Klinge	lámina	lama	λεπίδα
3 -	lancer, **v.**	to give	werfen	lanzar / echar	dare un'occhiata / lanciare	ρίχνω, εκτοξεύω
	lancer un magazine, **v.**	to launch	eine Illustrierte auf den Markt bringen	lanzar una revista	lanciare una rivista	λανσάρω ένα περιοδικό
1 -	langue, **n. f.**	language	Sprache	lengua / idioma	lingua	γλώσσα
9 -	lapin, **n. m.**	hare/rabbit	Kaninchen	conejo	coniglio	κουνέλι
3 -	large, **adj.**	wide/flaring	breit, weit	amplia	largo	φαρδύς, μεγάλος
5 -	largement, **adv.**	widely	weit	ampliamente	ampiamente	πλατιά
2 -	lavage, **n. m.**	washing	Waschen	lavado	lavaggio	πλύσιμο
2 -	laver, **v.**	to wash	waschen	lavar	lavare	πλένω
1 -	lave-vaisselle, **n. m.**	dish-washer	Geschirrspülmaschine	lavavajillas	lavastoviglie	πλυντήριο πιάτων
1 -	légère erreur, **adj.**	slight/small (error)	unbedeutender Irrtum	ligero error	leggero (errore)	μικρό λάθος
	légère (femme), **adj.**	flippant (woman)	locker(e Frau)	fácil (mujer ...)	leggera	ελαφριά γυναίκα
	légère (robe), **adj.**	light (dress)	leicht(es Kleid)	ligero (vestido ...)	leggera	ελαφρύ φόρεμα
	légère (cigarette), **adj.**	mild/light (cigarete)	leicht(e Zigarette)	cigarro bajo en nicotina	leggera sigaretta	ελαφρύ τσιγάρο
	léger (poids), **adj.**	light (weight)	Leichtgewicht	ligero (peso)	leggero	ελαφρά βάρη
5 -	légèrement, **adv.**	slightly	ein wenig	ligeramente / levemente	leggermente	λίγο
7 -	législatives (élections), **adj.**	general (election)	Parlament(swahlen)	legislativas (elecciones ...)	elezioni legislative	βουλευτικές εκλογές
5 -	légume, **n. m.**	vegetable	Gemüse	verdura	ortaggi	λαχανικό
2 -	lever, **v.**	to raise	heben	levantar	alzare	σηκώνω
	lever (se), **v. pr.**	to get up	aufstehen	levantarse	alzarsi	σηκώνομαι
8 -	liaison, **n. f.**	network/link	Verbindung	enlace / comunicación / relación	legame	σύνδεση
8 -	libéral, **adj.**	liberal	liberal	liberal	liberale	ελεύθερος, η, ο
8 -	libérer, **v.**	to release	befreien	liberar	liberare	απελευθερώνω
8 -	liberté, **n. f.**	free play	Freiheit	libertad	libertà	ελευθερία
3 -	libre entreprise, **adj.**	free enterprise	das freie Unternehmertum	libre empresa		ελεύθερη επιχείρηση
	libre (temps), **adj.**	free (time)	Freizeit	libre (tiempo ...)	libero	ελεύθερος χρόνος
	libre, **adj.**	empty	frei	libre	libero	ελεύθερος
5 -	licencier, **v.**	to make redundant	entlassen	despedir	licenziare	απολύω
5 -	lieu, **n. m.**	place	Ort	lugar	luogo	μέρος
3 -	ligne (être en), **n. f.**	connected/in communication (with) (to be)	verbunden (sein)	línea (estar en ...) / estar comunicando	in linea	είμαι στη γραμμή
	ligne de force, **n. f.**	guiding line	Linie	línea de fuerza	linea di forza	άξονας
3 -	limite, **n. f.**	limit	Grenze	límite	limite	όριο
8 -	limité à, **adj.**	restricted (to)	begrenzt	limitado a	limitato a	που περιορίζεται σε
8 -	littoral, **n. m.**	seashore	Küstenstrich	litoral	littorale	τα παράλια
2 -	livraison (en), **n. f.**	delivering	Lieferung	reparto (en ...)	in consegna	σε διανομή

	French	English	German	Spanish	Italian	Greek
2 -	livre, *n. m.*	book	Buch	libro	libro	βιβλίο
2 -	livrer, *v.*	to deliver	liefern	entregar	consegnare	παραδίδω
2 -	logement, *n. m.*	slit	Schlitz	vivienda	carrello	υποδοχή
9 -	logis (folle du ...), *n. m.*	madcap	Phantasie	fantasía	fantasia	φαντασία
3 -	loi, *n. f.*	law	Gesetz	ley	legge	νόμος
3 -	lointain, *adj.*	faraway/remote	fern	lejano	lontano	μακρινός, ή, ό
1 -	long (le ... de), *loc. prép.*	along	entlang	largo (a lo ... de)	lungo	κατά μήκος
	long, *adj.*	long	lang	largo	lungo	μακρύς, ιά, ύ
4 -	longtemps, *adv.*	a long time	lange	hace tiempo	molto	πολύς καιρός
5 -	louer, *v.*	to rent	mieten	alquilar	affittare	νοικιάζω
3 -	loup (avoir une faim de), *n. m.*	wolf (to be as hungry as a ...)	Wolf(shunger haben)	tener un hambre canina	lupo (avere una fame da ...)	πεινάω σαν λύκος
1 -	lourd, *adj.*	heavy	schwer	pesado	pesante	βαρύς, ιά, ύ
	lourde (avoir la tête), *adj.*	fuzzy (to be)	(einen) schwer(en Kopf haben)	pesada (la cabeza ...)	pesante	το κεφάλι μου είναι βαρύ
	lourde (avoir la main), *adj.*	heavy-handed (to be)	zu stark salzen	irse la mano	avere la mano pesante	βάζω με τη φούχτα
1 -	loyer, *n. m.*	rent	Miete	alquiler	affitto	ενοίκιο
2 -	lumière, *n. f.*	light	Licht	luz	luce	φως
8 -	lumineux, *adj.*	luminous	leuchtend	luminoso	luminoso	φωτεινός, ή, ό
8 -	luminosité, *n. f.*	radiance	Glanz, Helle	luminosidad	luminosità	φωτεινότητα
3 -	lune, *n. f.*	moon	Mond	luna	luna	φεγγάρι
1 -	lunettes, *n. f. pl.*	spectacles/glasses	Brille	gafas	occhiali	γυαλιά
8 -	lutte, *n. f.*	struggle	Kampf	lucha	lotta	αγώνας
8 -	lutter, *v.*	to struggle (against)	kämpfen	luchar	lottare	αγωνίζομαι, μάχομαι
7 -	luxe, *n. m.*	luxury	Luxus	lujo	lusso	πολυτέλεια
3 -	lyre, *n. f.*	lyre	Lyra	lira	lira	λύρα
1 -	machin, *n. m. (fam.)*	thing/whatsit	Dingsbums	chisme	coso	πράμα, μαραφέτι
2 -	machine a laver, *n. f.*	washing machine	Waschmaschine	lavadora	lavatrice	πλυντήριο ρούχων
4 -	magazine, *n. m.*	magazine	Zeitschrift	revista	rivista	περιοδικό
8 -	magique, *adj.*	magical	zauberhaft	mágico	magico	μαγικός, ή, ό
1 -	magnifique, *adj.*	magnificent	herrlich	magnífico	magnifico	υπέροχος, η, ο
3 -	maigre, *adj.*	thin/poor	mager	flaco / escaso	magro	αδύνατος, μικρός, αραιός
3 -	maigrir, *v.*	to lose weight	abnehmen	adelgazar	dimagrire	αδυνατίζω
1 -	mairie, *n. f.*	town hall	Rathaus	ayuntamiento	comune	δημαρχείο
3 -	maîtriser, *v.*	to bring under control	beherrschen	dominar / controlar / sofocar un incendio	controllare (l'inflazione) / domare (l'incendio)	ελέγχω
8 -	majeur, *adj.*	major	Haupt-	mayor parte / primordial	maggiore	μείζων, μεγαλύτερος
8 -	majoritaire, *adj.*	in majority	Mehrheits-	mayoritario	maggioritario	πλειοψηφικός, ή, ό
3 -	majorité, *n. f.*	majority	Mehrheit	mayoría	maggioranza	πλειοψηφία
3 -	maladie, *n. f.*	disease/illness	Krankheit	enfermedad	malattia	ασθένεια
2 -	malaise, *n. m.*	bout of sickness	Unwohlsein	malestar	malessere	αδιαθεσία, κρίση
3 -	malfaiteur, *n. m.*	criminal	Verbrecher	malhechor	malvivente	κακοποιός
3 -	malheureux, *adj.*	unfortunate/unhappy	unglücklich	desgraciado	misera (vittima) / infelice (uomo) / malaugurato (concorso)	δυστυχισμένος, άτυχος, ατυχής
3 -	malin, *adj.*	shrewd/malicious	schlau, boshaft	listo / vivo	furbo (bambino) / maligno (piacere)	πονηρός, σατανικός
9 -	mammifère, *n. m.*	mammal	Säugetier	mamífero	mammifero	θηλαστικό
3 -	maniable, *adj.*	handy	handlich	manejable	maneggevole	ευκολομεταχείριστος, η, ο
3 -	manière, *n. f.*	way	Art, Weise	manera / modo	modo	τρόπος
3 -	manifestant, *n. m.*	protester	Demonstrant	manifestante	manifestante	διαδηλωτές
5 -	manquer, *v.*	to miss	vermissen	echar de menos	mancarci	λείπω
8 -	maquillage, *n. m.*	make up/cosmetics	Schminken	maquillaje	trucco	μακιγιάζ
8 -	marchand, *n. m.*	dealer/merchant	Händler	comerciante	negoziante	έμπορος
5 -	marché, *n. m.*	market	Markt	mercado	mercato	αγορά

	French	English	German	Spanish	Italian	Greek
2 -	marcher, **v.**	to work	gehen	andar / funcionar	andar bene / cam- minare / funzio- nare	πάω καλά, λει- τουργώ, πατώ, βαδίζω
3 -	marée haute, **n. f.**	high tide	Hochwasser	marea alta	(alta) marea	πλημμυρίδα
	marée noire, **n. f.**	black tide/oil slick	Ölpest	marea negra	marea nera	ρύπανση από πε- τρελαιοκηλίδες
	marée humaine, **n. f.**	throng	Menschenmenge	marea humana	fiumana di gente	ανθρωποθάλασσα
3 -	marin, **n. m. / adj.**	seaman/sea-...	Seemann / See-	marino	marinaio / marino	ναυτικός, θαλάσ- σιος
3 -	marine marchande, **n. f.**	merchant navy	Handelsmarine	marina mercante	marina (mercantile)	εμπορικό ναυτικό
3 -	marque, **n. f.**	trade-name/label	Marke	marca	marca	μάρκα
3 -	marqué (être ... par), **p. p.**	to be marked (by)	gezeichnet (von)	marcado por	ferito da	σημαδεμένος από
	marquer, **v.**	to mark	prägen	marcar	segnare	σημαδεύω, χα- ρακτηρίζω
8 -	mascara, **n. m.**	mascara	Wimperntusche	máscara	mascara	μάσκαρα
8 -	masquer, **v.**	hidden	verdecken	tapar	mascherare	καλυμμένος, κρυμμένος
7 -	massacrer (se), **v. pr.**	to slaughter	(sich gegenseitig) hinschlachten	masacrarse / matarse / des- trozarse	massacrarsi	καταστρέφομαι, κατακρεουρ- γούμαι
8 -	massif, **adj.**	mass-...	Massen-	masivo	in massa	μαζικός, ή, ό
3 -	matériau, **n. m.**	material	Material	material	materiale	υλικό
7 -	matière (en ... de), **loc. prép.**	as regards	hinsichtlich	materia (en ... de)	in materia di	ως προς
	matière (la), **n. f.**	matter	Materie	materia (la)	materia	ύλη
	matières grasses, **n. f. pl.**	fats	Fett	materias grasas	sostanze grasse	λιπαρές ουσίες
8 -	matin, **n. m.**	morning	Morgen	mañana	mattino	πρωί
8 -	maturité, **n. f.**	maturity	Reife	madurez	maturità	ωριμότητα
1 -	mec, **n. m. (fam.)**	chap/bloke/guy	Kerl, Typ	tío / tipo / individuo	tizio	τύπος
3 -	méchant (chien), **adj.**	beware of the dog	bissig	¡cuidado con el perro!	attenti al cane	άγριος σκύλος
	méchant, **adj.**	evil/bad	böse	malo	cattivo / brutto	κακός, ή, ό
3 -	méfier (se), **v. pr.**	to mistrust	misstrauen	desconfiar	diffidarsi di	δυσπιστώ
8 -	mégalomane, **adj.**	megalomaniac	größenwahnsinnig	megalómano	magalomane	μεγαλομανής
8 -	mélancolique, **adj.**	melancholy	melancholisch	melancólico	malinconico	μελαγχολικός
7 -	mélange, **n. m.**	mixture	Mischung	mezcla	miscuglio	μίγμα
2 -	mélanger, **v.**	to mix	mischen	mezclar	mescolare	αναμιγνύω
1 -	melon, **n. m.**	melon	Melone	melón	melone	πεπόνι
3 -	membre de, **n. m.**	member (of)	Mitglied	miembro	socio	μέλος
3 -	mémoire, **n. f.**	memory	Gedächtnis	memoria	memoria	μνήμη
2 -	menace, **n. f.**	threat	Drohung	amenaza	minaccia	απειλή
8 -	menacé (être ... de), **p. p.**	threatened (to be ... by)	gefährdet (sein)	amenazado (estar ...)	essere minacciato di	απειλούμαι από
	menacer qqn de qqch., **v.**	to threaten ... (with)	(jm mit etw) drohen	amenazar a alguien	minacciare qual- cuno	απειλώ κάποιον με
3 -	ménage (faire le), **n. m.**	to do the hou- sework	putzen	hacer la limpieza	pulizia di casa	κάνω την καθα- ριότητα
8 -	ménager, **v.**	to bring about	schaffen	reservar	dosare	ανοίγω, δημί- ουργώ
8 -	mener, **v.**	to carry out	führen	llevar / dirigir	condurre	διεξάγω
3 -	mensonge, **n. m.**	lie	Lüge	mentira	menzogna	ψέμα
4 -	mensualité, **n. f.**	instalment	Monatsrate	mensualidad	rate mensili (pagare a)	μηνιαία δόση
9 -	menteur, **n. m.**	liar	Lügner	mentiroso	bugiardo	ψεύτης
7 -	mention, **n. f.**	distinction	Vermerk	aprobado / notable / sobresaliente	menzione	βαθμός
3 -	mentir, **v.**	to lie	lügen	mentir	mentire	ψεύδομαι
1 -	menu, **n. m.**	menu	Menü	menu	menu	μενού
9 -	menuisier, **n. m.**	carpenter	Tischler	carpintero	falegname	μαραγκός
3 -	méprise, **n. f.**	mistake	Versehen	error / confusión / equivocación	malinteso	περιφρόνηση
3 -	mérité, **p. p.**	deserved	verdient	merecido	meritato	που αξίζει σε
8 -	mériter, **v.**	to deserve	verdienen	merecer	meritare	αξίζω
2 -	merveille, **n. f.**	wonder	Wunder	maravilla	meraviglia	θαύμα

1 -	merveilleux (c'est ... !), **adj.**	wonderful	wunderbar	maravilloso (¡es ...!)	che meraviglia!	θαυμάσιο !
2 -	message, **n. m.**	message	Meldung	mensaje	messaggio	μήνυμα
3 -	mesure, **n. f.**	measure	Maß, Maßstab	medida	misura / provvedimento	μέτρηση, μέτρο
8 -	métropolitain, **adj.**	metropolitan	des Mutterlandes	metropolitano	metropolitano	μητροπολιτικός, ή, ό
1 -	mettre, **v.**	to put	setzen, (hinein)stecken	poner	porre	βάζω
7 -	meublé, **adj.**	furnished	möbliert	amueblado	arredato	επιπλωμένος, η, ο
4 -	microbe, **n. m.**	germ	Mikrobe	microbio	microbio	μικρόβιο
1 -	micro-ondes, **n. m.**	micro-wawe	Mikrowelle	microondas	microonda	φούρνος μικροκυμάτων
4 -	migraine, **n. f.**	headache	Migräne	jaqueca / dolor de cabeza	emicrania	ημικρανία
3 -	mince affaire, **adj.**	small matter	Kleinigkeit	poca cosa	(non essere) cosa da poco	μικρή υπόθεση
	mince, **adj.**	slim/slender	schlank	delgado	sottile / snello	λεπτός
	mince chance, **adj.**	slim	wenige Chancen	escasa posibilidad	scarsa possibilità	λίγες πιθανότητες
3 -	minceur, **n. f.**	slimness	Dünnheit / Schlankheit	delgadez	sottigliezza	λεπτότητα
8 -	miroir (être le ... de), **n. m.**	to mirror	Spiegel	espejo (ser el ... de)	specchio	είμαι ο καθρέφτης του...
8 -	misère, **n. f.**	poverty	Elend	miseria	miseria	φτώχεια, αθλιότητα
7 -	mi-temps, **n. f.**	half-time	Halbzeit	primer / segundo tiempo	tempo	ημίχρονο
8 -	mobile, **adj.**	on the move	mobil	móvil	mobile	σε κίνηση
7 -	mobilier, **n. m.**	furniture	Möbel	mobiliario	mobiliare	επίπλωση
3 -	moche, **adj. (fam.)**	ugly	häßlich	feo	brutto	άσχημος, η, ο
3 -	mode, **n. f.**	fashion/trend	Mode	moda	moda	μόδα
	mode (à la), **loc.**	fashionable	modisch	moda (a la ...)	di moda	στη μόδα
2 -	modèle, **n. m.**	model	Muster	modelo	modello	μοντέλο
8 -	modernité, **n. f.**	modernity	Modernität	modernidad	modernità	σύγχρονος χαρακτήρας
3 -	modeste, **adj.**	humble	bescheiden	modesto	modesto	ταπεινός, ή, ό
2 -	modique, **adj.**	modest	gering	módico	modico	ευτελής, ές
3 -	mollo (vas-y ... !), **adv. (fam.)**	easy (go)	sachte, sachte !	¡despacio! ¡tranquilo!	vacci piano	σιγά !
1 -	moment, **n. m.**	time	Moment	momento	momento	στιγμή
1 -	monastère, **n. m.**	monastery	Kloster	monasterio	monastero	μοναστήρι
1 -	monde, **n. m.**	world	Welt	mundo	mondo	κόσμος
	monde (trop de), **n. m.**	crowd (too much of a)	(zuviel) Leute	gente (demasiada...)	(troppa) gente	πολύς κόσμος
8 -	mondialisation, **n. f.**	internationalization	weltweite Ausdehnung	mundialización	mondializzazione	διεθνοποίηση
1 -	monnaie (avoir la ... de), **n. f.**	change (to have got)	Wechsel-, Kleingeld (haben)	tener cambios	avere da cambiare	εχω ψιλά από
	monnaie, **n. f.**	change	Münzen	moneda / cambio	resto	ρέστα
1 -	montagne, **n. f.**	mountain	Berg, Gebirge	montaña	montagna	βουνό
8 -	montant, **adj.**	rising/coming	steigend	ascendente	nuove generazioni	επερχόμενος, η, ο
4 -	monter, **v.**	to set up	gründen	montar	metter su	ιδρύω, στήνω
2 -	montre, **n. f.**	watch	Uhr	reloj	orologio	ρολόι
4 -	montrer, **v.**	to show	zeigen	enseñar	mostrare	δείχνω
7 -	monument, **n. m.**	monument	Monument	monumento	monumento	μνημείο
1 -	moquer (se), **v. pr.**	to make fun (of)	verspotten / auslachen	burlarse / reirse	prendere in giro	κοροϊδεύω
5 -	moquette, **n. f.**	wall to wall carpeting	Teppichboden	moqueta	mochetta	μοκέτα
5 -	moral (remonter le), **n. m.**	morale (to boost up)	jm wieder Mut machen	dar ánimo / subir la moral	morale (rialzare il)	ανεβάζω το ηθικό
8 -	moral, **adj.**	moral	moralisch	moral	morale	ηθικός, ή, ό
2 -	morceau, **n. m.**	pièce	Stück	trozo / pedazo	pezzo	κομμάτι
5 -	mordre, **v.**	to bite	beißen	morder	mordere	δαγκώνω
1 -	mot, **n. m.**	word	Wort	palabra	parola	λέξη
3 -	motard, **n. m.**	biker	Motorradfahrer	motorista	motociclista	μοτοσυκλετιστής

	French	English	German	Spanish	Italian	Greek
9 -	moteur, *n. m.*	motor/engine	Motor	motor	motore	κινητήρας
1 -	motivé, *p. p.*	motivated	motiviert	motivado	motivato	με κίνητρα
3 -	mouche (fine), *n. f.*	sharp one	schlaue Person	astuta (persona) / un lince	vecchia volpe	αλεπού
3 -	mouillé, *p. p.*	wet	nass, feucht	mojado	bagnato	βρεγμένος, η, ο
2 -	moule à tarte, *n. m.*	baking tin	rundes Obst-kuchenblech	molde	tortiera	φόρμα για τάρτες
1 -	moutarde, *n. f.*	mustard	Senf	mostaza	senape	μουστάρδα
9 -	mouton, *n. m.*	sheep	Schaf	oveja / cordero	pecora	πρόβατο
3 -	mouvement, *n. m.*	gesture/move	Bewegung	movimiento	movimento	κίνηση, κίνημα
8 -	moyen, *adj. / n. m.*	average / way	duchschnittlich / Mittel	medio	medio / modo	μέσος, η, ο /μέσο
	moyen (au ... de), *n. m.*	means (by ... of)	mit Hilfe von	medio (por... de)	per mezzo di	με τη βοήθεια
9 -	muet, *n. m. / adj.*	dumb	stumm	mudo	muto	μουγκός, ή, ό
8 -	multiple, *adj.*	many	mannigfaltig	múltiple	molteplice	πολλαπλός, ή, ό
8 -	municipalité, *n. f.*	town-council	Gemeinde	ayuntamiento	amministrazione comunale	δήμος, κοινότητα
3 -	mûr (homme), *adj.*	mature (person)	reif(er Mann)	maduro (hombre ...)	maturo	ώριμος (άνδρας)
	mûr (fruit), *adj.*	ripe (fruit)	reif(es Obst)	madura (fruta ...)	maturo	ώριμο (φρούτο)
	mûre réflexion, *adj.*	thinking over	nach reiflicher Überlegung	madura (reflexión ...)	maturo	ώριμη σκέψη
1 -	musical, *adj.*	musical	musikalisch	musical	musicale	μουσικός, ή, ό
9 -	myope, *adj.*	short-sighted	kurzsichtig	miope	miope	μύωψ
3 -	mystérieux, *adj.*	mysterious	geheimnisvoll	misterioso	misterioso	μυστηριώδης, ες
5 -	naturel, *adj.*	genuine	natürlich	natural	naturale	έμφυτος, η, ο
5 -	navet, *n. m. (fam.)*	tripe/rubbish	Schmarren	birria	bidone	πατάτα (χα-ρακτηρισμός)
3 -	naviguer, *v.*	to roam	Schiff fahren	navegar	navigare	πλέω
5 -	nécessaire, *adj.*	necessary	nötig	necesario	necessario	απαραίτητος, η, ο
3 -	nécessiter, *v.*	to need	erfordern	necesitar	necessitare	χρειάζομαι
8 -	négliger, *v.*	to neglect	nicht beachten	descuidar	trascurare	αγνοώ
7 -	neiger, *v.*	to snow	schneien	nevar	nevicare	χιονίζει
9 -	nerveusement, *adv.*	on the nerves	für die Nerven	nerviosamente	nervosamente	για τα νεύρα
3 -	net (gagner), *adv.*	net	netto (verdienen)	neto	netto	καθαρά (κερδίζω)
	net, *adj.*	clear/marked	rein	claro / limpio	pulita (coscienza) / netto	καθαρός, σαφής
3 -	nettoyer, *v.*	to clean	reinigen	limpiar	pulire	καθαρίζω
3 -	neuf, *adj.*	new	neu	nuevo	nuovo	καινούργιος, α, ο
1 -	neveu, *n. m.*	nephew	Neffe	sobrino	nipote	ανηψιός
8 -	niveau (au ... de), *n. m.*	as regards	(im) Bereich	nivel (a ... de)	a livello di	στον τομέα
	niveaux (à tous les), *n. m. pl.*	at all levels	auf allen Ebenen	niveles (a todos los ...)	ad ogni livello	σε όλα τα επίπεδα
8 -	noce, *n. f.*	wedding	Hochzeit	boda	nozze	γάμος
1 -	nommé (être ... à), *p. p.*	appointed (to be ... to)	ernennt (werden)	nombrado (ser...)	nominare	διορίζομαι
8 -	nonchalance (avec), *n. f.*	nonchalantly	lässig	indolencia (con ...)	indolenza	νωχελικά
3 -	nostalgie (avoir la ... de), *n. f.*	nostalgic (to be ... about)	Sehnsucht	nostalgia (tener ... de)	nostalgia	νοσταλγώ
8 -	notamment, *adv.*	in particular	namentllich	en particular / especialmente	particolarmente	κυρίως
3 -	note, *n. f.*	note/mark	Note	nota	nota / voto	νότα, βαθμός
8 -	noter, *v.*	to jot down	bemerken	anotar / apuntar	annotare	σημειώνω
2 -	notice, *n. f.*	instruction sheet	Hinweise	nota / reseña / folleto	avvertenza	σημείωση
7 -	nourriture, *n. f.*	food	Nahrung	comida	cibo	τροφή
3 -	nouveau, *adj.*	new	neu	nuevo	nuovo	νέος, καινούργιος
3 -	nouvelle, *n. f.*	news	Nachricht	noticia	notizia	νέο, είδηση
8 -	noyau, *n. m.*	stone	Kern	hueso	nocciolo	κουκούτσι
8 -	nuageux, *adj.*	cloudy	bewölkt	nublado	novoloso	νεφελώδης
5 -	nuance, *n. f.*	subtlety	Nuance	matiz	sfumatura	διαφορά, από-χρωση
2 -	nul (être ... en), *adj.*	useless (to be ... in)	(eine) Null (sein)	negado (ser ... para)	è una nullità	είμαι άσχετος σε

32

	Français	English	Deutsch	Español	Italiano	Ελληνικά
5 -	obliger qqn à, *v.*	force (to ... to)	zwingen	obligar a alguien a	costringere	αναγκάζω κά-ποιον να
	obligé (être ... de), *p. p.*	forced (to be ... to)	etw tun müssen	obligado (estar ... a)	costringere	αναγκάζομαι να
8 -	obscur, *adj.*	dark	finster	oscuro	scuro	σκοτεινός, ή, ό
8 -	obscurité, *n. f.*	darkness	Finsternis	oscuridad	oscurità	σκοτάδι
3 -	obsèques, *n. f. pl.*	funeral service	Begräbnis	funerales	esequie	κηδεία
8 -	obstacle, *n. m.*	obstacle	Hindernis	obstáculo	ostacolo	εμπόδιο
3 -	obtenir, *v.*	to get	erhalten	obtener / conse-guir / lograr	ottenere	εξασφαλίζω, αποκτώ
3 -	occasion, *n. f.*	opportunity	Gelegenheit	ocasión	opportunità	ευκαιρία
	occasion (à l'... de), *loc. prép.*	on/upon	anläßlich	ocasión (con ... de)	in occasione di	με την ευκαιρία
	occasion (d'), *n. f.*	second-hand	gebraucht, aus zweiter Hand	ocasión (de) / de segunda mano	d'occasione	μεταχειρισμένος, η, ο
4 -	occuper (s'... de), *v. pr.*	to mind	(sich) beschäftigen	ocuparse de	occuparsi	ασχολούμαι με
3 -	odeur, *n. f.*	smell	Geruch	olor	odore	μυρωδιά
3 -	œil (mon ... !), *loc. exclam. (fam.)*	foot ! (my)	ich bin doch nicht so dumm, das zu glauben	¡y una porra! / ¡narices!	un corno!	ψέματα !
2 -	œuf, *n. m.*	egg	Ei	huevo	uovo	αυγό
8 -	œuvre, *n. f.*	work	Werk	obra	opera	έργο
	œuvre (mettre en), *n. f.*	to gear (at)	ins Werk setzen	poner en práctica	mettere in opera	επιχειρώ, κάνω
2 -	offrir, *v.*	to give/to offer	schenken	ofrecer	regalare / offrire	προσφέρω
3 -	oignon, *n. m.*	onion	Zwiebel	cebolla	cipolla	κρεμμύδι
9 -	oiseau, *n. m.*	bird	Vogel	pájaro	uccello	πουλί
3 -	olivier, *n. m.*	olive-tree	Olivenbaum	olivo	olivo	ελιά
3 -	ombragé, *adj.*	shady	schattig	umbrío	ombreggiato	σκιερός, ή, ό
8 -	ombre, *n. f.*	shadow	Schatten	sombra	ombra	σκιά
2 -	opération, *n. f.*	operation	Operation	operación	operazione	εγχείρηση
3 -	opérer, *v.*	to operate (upon)	operieren	operar	operare	εγχειρίζω
3 -	opposer (s'), *v. pr.*	to confront	(sich jm) wider-setzen	oponerse	opporsi	αντιτίθεμαι
8 -	opposition, *n. f.*	contrast	Gegensatz	oposición	opposizione	αντίθεση
1 -	option, *n. f.*	optional extra	Option	opción	opzione	επιλογή
3 -	orage, *n. m.*	thunderstorm	Gewitter	tormenta	temporale	θύελλα
2 -	orange, *n. f.*	orange	Orange	naranja	arancia	πορτοκάλι
4 -	orchestre, *n. m.*	orchestra	Orchester	orquesta	orchestra	ορχήστρα
1 -	ordinateur, *n. m.*	computer	Computer	ordenador	computer	ηλεκτρονικός υπο-λογιστής
5 -	ordonner, *v.*	to order	befehlen	ordenar	ordinare	διατάζω
2 -	ordre (sur l'... de), *n. m.*	instructions (according to the ...)	(nach) Anweisung	orden (por ... de)	su ordine di	κατόπιν διαταγής του
	ordre (à l'... du jour), *n. m.*	agenda (on the)	(Tages)ordnung	en el orden del día	ordine	στο προσκήνιο
3 -	organisateur, *n. m.*	organizer	Veranstalter	organizador	organizzatore	οργανωτής
1 -	organisé, *adj.*	methodical	organisiert	organizado	organizzato	οργανωμένος, η, ο
2 -	organiser, *v.*	to organize	organisieren	organizar	organizzare	οργανώνω
5 -	orientation, *n. f.*	positioning	Orientierung	orientación	orientamento	προσανατολισμός, κατεύθυνση
3 -	original, *n. m. / adj.*	original	Original / originell	original	originale	πρωτότυπο / πρωτότυπος, η, ο
3 -	originalité, *n. f.*	novelty	Originalität	originalidad	originalità	πρωτοτυπία
1 -	oublier, *v.*	to forget	vergessen	olvidar	dimenticare	ξεχνώ
7 -	ours, *n. m.*	bear	Bär	oso	orso	αρκούδα
1 -	ouvert, *adj.*	open-minded	aufgeschlossen	abierto	aperto	ανοιχτός, ή, ό
2 -	ouverture, *n. f.*	opening	Öffnung	abertura	apertura	άνοιγμα
8 -	ouvrage, *n. m.*	work/book	Werk	obra	opera	έργο
4 -	ouvrir, *v.*	to open	öffnen	abrir	aprire	ανοίγω
2 -	paire de ciseaux, *n. f.*	pair (of scissors)	Schere	tijeras	paio di forbici	ψαλίδι
8 -	paisible, *adj.*	quiet	friedlich	tranquilo	tranquillo	ήρεμος, η, ο
8 -	paix, *n. f.*	peace	Frieden	paz	pace	ειρήνη, ηρεμία
8 -	palais, *n. m.*	palace	Palast	palacio	palazzo	παλάτι

3 -	pâle, *adj.*	pale	blass	pálido	pallido	χλωμός, άχρωμος, απαλός
8 -	palpitant, *adj.*	thrilling	spannend	palpitante	palpitante	συνταρακτικός, ή, ό
8 -	paniquer, *v.*	to panic	in Panik geraten	perder los estribos	farsi prendere dal panico	πανικοβάλλομαι
2 -	panne, *n. f.*	breakdown	Panne	avería	guasto	6λάβη, διακοπή
	panne (en), *n. f.*	out of order	steckenbleiben	averiado	in panne	δε λειτουργεί
8 -	panorama, *n. m.*	survey	Panorama	panorama	panorama	πανόραμα
8 -	pantoufle, *n. f.*	slipper	Pantoffel	zapatilla	pantofola	παντόφλα
7 -	papier peint, *n. m.*	wallpaper	Tapete	papel pintado	carta da parati	χαρτί ταπετσαρίας
	papiers, *n. m. pl.*	papers	Papiere	papeles	carta	χαρτιά
3 -	papillon, *n. m.*	butterfly	Schmetterling	mariposa	farfalla	πεταλούδα
2 -	paquet, *n. m.*	pack	Paket	paquete	pacco	πακέτο
1 -	parcmètre, *n. m.*	parking meter	Parkuhr	parquímetro	parchimetro	παρκόμετρο
8 -	parcours, *n. m.*	itinerary	Strecke	recorrido	percorso	διαδρομή
3 -	parfait, *adj.*	complete/perfect	perfekt	perfecto	perfetto	τέλειος, απόλυτος
1 -	parfaitement, *adv.*	utterly	völlig	perfectamente / totalmente	perfettamente	εντελώς
2 -	parole (avoir la), *n. f.*	floor (to take the ...)	(das) Wort (haben)	palabra (tener la ...)	parola (avere la)	έχω το λόγο
8 -	partenaire, *n. m. f.*	partner	Partner	miembro de la pareja / socio	partner	παρτενέρ
8 -	particulièrement, *adv.*	particularly	besonders	particularmente	particolarmente	ιδιαίτερα
1 -	partir, *v.*	to run away	weggehen, -fahren	marcharse	partire	φεύγω
3 -	partisan, *n. m.*	believer	Anhänger	partidario	sostenitore	οπαδός
4 -	passer, *v.*	to go past	vorbeigehen, -fahren	pasar	passare / svolgere / trascorrere	περνώ
	passer prendre qqn, *v.*	to take along	jn (ab)holen	pasar a recoger a alguien	passare a prendere qualcuno	περνάω να πάρω κάποιον
	passer des heures, *v.*	to spend	Stunden verbringen	pasar horas / pasarse horas	svolgere ore a	περνάω ώρες
	passer un coup de fil, *v.*	to give a phone-call	jn anrufen	hacer una llamada	dare una telefonata	κάνω ένα τηλεφώνημα
3 -	passion, *n. f.*	passion	Leidenschaft	pasión	passione	πάθος
1 -	passionnant, *adj.*	gripping	spannend	apasionante	appassionante	συναρπαστικός, ή, ό
2 -	pâte, *n. f.*	pastry/dough	Teig	masa / pasta	pasta	ζύμη
3 -	patient, *adj.*	patient	geduldig	paciente	paziente	υπομονετικός, ή, ό
2 -	patienter, *v.*	to be patient/to wait	geduldig warten	esperar	pazientare	κάνω υπομονή
5 -	patins à glace, *n. m. pl.*	ice-skates	Schlittschuh	patines de cuchilla	pattino da ghiaccio	παγοπέδιλα
2 -	pâtisserie, *n. f.*	pastry	Kuchen	pastelería / pastel	mattarello	ζαχαροπλαστική
1 -	patron, *n. m.*	boss	Boss	patrón	padrone	αφεντικό
3 -	pause, *n. f.*	interval/break	Pause	pausa	pausa	παύση, διάλειμμα
1 -	pauvre type, *adj. (fam).*	jerk	armer Typ	pobre diablo	poveraccio	ελεεινός, τιποτένιος
	pauvre, *adj.*	poor/feeble	arm	pobre	povero	φτωχός
1 -	payer, *v.*	to pay (up)	bezahlen	pagar	pagare	πληρώνω
8 -	paysagiste, *n. m. f.*	landscape painter	Landschaftsmaler	paisajista	paesista	ζωγράφος, τοπογράφος
9 -	peau, *n. f.*	hide	Haut	piel	pelle	δέρμα
1 -	peigne, *n. m.*	comb	Kamm	peine	pettine	χτένα
3 -	peindre, *v.*	to paint	malen, anstreichen	pintar	dipingere	ζωγραφίζω, βάφω
4 -	peine (ce n'est pas la), *n. f.*	worth the trouble (it's not)	(das ist nicht) nötig	no vale la pena / no merece la pena / no hace falta	(non ne vale la) pena	δεν αξίζει τον κόπο
1 -	peintre, *n. m.*	painter	Maler	pintor	pittore	ζωγράφος, ελαιοχρωματιστής
5 -	peinture, *n. f.*	paint-work	Farbe	pintura	pittura	χρώμα
1 -	pénible, *adj.*	hard	anstrengend	penoso / pesado	faticoso	δύσκολος, η, ο
8 -	pénombre, *n. f.*	semi-darkness	Halbdunkel	penumbra	penombra	ημίφως
9 -	pensée, *n. f.*	thought	Gedanke	pensamiento	pensiero	σκέψη
1 -	pension, *n. f.*	pension house	Pension	pensión	pensione	πανσιόν
1 -	perdre, *v.*	to lose	verlieren	perder	perdere	χάνω

	French	English	German	Spanish	Italian	Greek
3 -	performance, *n. f.*	achievement	Leistung	resultado	prestazione	επίδοση
3 -	performant, *adj.*	high performance-...	leistungsfähig	de gran rendimien-to	competitivo	με μεγάλες επιδό-σεις
1 -	période, *n. f.*	period	Periode	período	periodo	περίοδος
1 -	permis de conduire, *n. m.*	driving licence	Führerschein	carnet de condu-cir / permiso de conducir	patenta	δίπλωμα οδήγησ-ης
7 -	permis poids lourds, *n. m.*	heavy goods vehi-cle licence	L.K.W. Führer-schein	carnet de conducir camiones	patenta per guida-re gli automezzi pesanti	άδεια οδήγησης νταλίκας
9 -	persévérer, *v.*	to persevere	beharren	perseverar	perseverare	επιμένω
8 -	persienne, *n. f.*	shutter	Klappladen	persiana	persiana	παντζούρι
2 -	personnel (pronom), *adj.*	personal (pro-noum)	persönlich(es Fürwort)	personal	personale (prono-me)	προσωπική αντω-νυμία
8 -	perspective, *n. f.*	prospect	Aussicht	perspectiva	prospettiva	προοπτική
3 -	perte, *n. f.*	loss	Verlust	pérdida	perdita	απώλεια
8 -	pervers (effet), *adj.*	perverse (effect)	unerwünscht(e Folge)	perverso (efecto...)	perverso (effetto)	άσχημο, κακό (αποτέλεσμα)
7 -	petit déjeuner, *n. m.*	breakfast	Frühstück	desayuno	prima colazione	πρόγευμα
2 -	pétrir, *v.*	to knead	kneten	amasar	impastare	ζυμώνω
8 -	peuple, *n. m.*	population	Volk	pueblo	popolo	λαός
2 -	phase, *n. f.*	time/period	Phase	fase	fase	φάση
8 -	phénomène, *n. m.*	phenomenon	Phänomen	fenómeno	fenomeno	φαινόμενο
8 -	pictural, *adj.*	pictorial	malerisch	pictórico	pittorico	ζωγραφικός, ή, ό
2 -	pièce de monnaie, *n. f.*	coin	Münze	moneda	moneta	κέρμα
	pièce, *n. f.*	room	Zimmer	habitación / cuarto	stanza	δωμάτιο
2 -	pied (à), *loc. adv.*	on foot/walking	(zu) Fuβ	andando / a pie	a piedi	με τα πόδια
	pied, *n. m.*	foot	Fuβ	pie	piede	πόδι
3 -	pierre précieuse, *n. f.*	gem	Edelstein	piedra preciosa	pietra preziosa	πολύτιμη πέτρα
8 -	pinceau, *n. m.*	brush	Pinsel	pincel	pennello	πινέλο
9 -	pinson, *n. m.*	chaffinch	Finke	pinzón / alegre como unas castañuelas	fringuello (allegro come un ...)	σπίνος
8 -	pipi, *n. m. (fam.)*	wee-wee	Pipi	pis / pipí	pipi	πιπί, τσίσα
4 -	pique-niquer, *v.*	to picnic	picknicken	comer al aire libre	fare un picnic	κάνω πικ-νίκ
8 -	piste, *n. f.*	lead	Spur	pista		δρόμος
3 -	pitié (faire), *n. f.*	pity (to inspire)	Mitleid (erregen)	dar lástima	mi fa pena	προκαλώ οίκτο
1 -	placard, *n. m.*	cupboard	Wandschrank	armario empotrado	armadio a muro	ντουλάπι
2 -	place (laisser la ... à), *n. f.*	to give over (to)	(jm den) Platz (lassen)	dar paso a / dejar sitio a	posto	δίνω τη θέση σε
	place (à la ... de), *n. f.*	instead (of)	(an) Stelle	en lugar de	a posto di	στη θέση (κά-ποιου)
	place, *n. f.*	square / seat	Platz / (Sitz)platz	plaza / entrada / localidad	piazza / posto	πλατεία / εισιτήριο, θέση
4 -	plage, *n. f.*	beach	Strand	playa	spiaggia	παραλία
3 -	plainte, *n. f.*	complaint	Klage	queja	denuncia	παράπονο, μήνυση
4 -	plaire, *v.*	to please	gefallen	gustar / agradar	piacere	αρέσω
3 -	plaisanter, *v.*	to joke	scherzen	bromear	scherzare	αστειεύομαι
3 -	plaisanterie, *n. f.*	joke	Scherz, Witz	broma	battuta / scherzo	αστείο
3 -	plaisir, *n. m.*	pleasure	Vergnügen / Gefallen	placer / gusto	si diverte un mon-do a ...	ευχαρίστηση
	plaisir (avoir le ... de), *n. m.*	pleasure (to take ... in)	(das) Vergnügen (haben)	gusto (tener el ... de)	avere il piacere di	έχω την ευχαρί-στηση να
	plaisir (faire), *n. m.*	to please	(jm) Freude (bereiten)	gustar	piacere	ευχαριστώ
	plaisir (avec), *loc. adv.*	pleasure (with)	(mit) Vergnügen	gusto (con mucho ...)	con piacere	ευχαρίστως
5 -	plan de travail, *n. m.*	work-schedule	Arbeitsfläche	planning de trabajo	piano di lavoro	πρόγραμμα εργασί-ας
3 -	plancher, *n. m.*	floorboards	Fuβboden	suelo / piso	pavimento	πάτωμα
7 -	planète, *n. f.*	planet	Planet	planeta	pianeta	πλανήτης
8 -	planté, *p. p.*	rooted	gepflanzt	plantado	piantato	φυτεμένος, η, ο
8 -	planter une scène, *v.*	to set up (a scene)	eine Szene aufstellen	componer una es-cena	allestire	στήνω μια σκηνή
3 -	plaque, *n. f.*	plaque	Tafel, Schild	placa	targa	πλάκα
3 -	plateau, *n. m.*	plateau / tray	Hochfläche / Tablett	meseta / bandeja	altopiano / vassoio	οροπέδιο / δίσκο

	French	English	German	Spanish	Italian	Greek
3 -	plâtre (dans le), *n. m.*	plaster-cast (in a)	Gips	escayolado	ingessato	στο γύψο
8 -	pli, *n. m.*	fold	Falte	pliegue	piega	πτυχή
3 -	pluviomètre, *n. m.*	rain-gauge	Pluviometer	pluviómetro	pluviometro	βροχόμετρο
8 -	poche, *n. f.*	pocket	Tasche	bolsillo	tasca	τσέπη
1 -	poêle, *n. f.*	frying-pan	Pfanne	sartén	padella	τηγάνι
8 -	poète, *n. m.*	poet	Dichter	poeta	poeta	ποιητής
5 -	poétique, *adj.*	poetic	poetisch	poético	poetico	ποιητικός, ή, ό
1 -	poids légers, *n. m. pl.*	light weight	Leichtgewicht	peso ligero	peso leggero	ελαφρά βάρη
9 -	poids lourds (grands groupes), *n. m. pl.*	market-leaders	multinationales Unternehmen	multinacionales	(compagnie) di peso	πολυεθνικές
3 -	poignet, *n. m.*	wrist	Handgelenk	muñeca	polso	καρπός
5 -	point (faire le), *n. m.*	stock (to take)	(die) Lage (überprüfen)	hacer balance / analizar la situación	fare il punto	σταθμίζω τα πάντα
	point, *n. m.*	point	Punkt	punto	punto	σημείο
	point (à quel), *n. m.*	how much	wie sehr	hasta que punto	quanto	πόσο
1 -	poisson, *n. m.*	fish	Fisch	pescado	pesce	ψάρι
2 -	poli, *adj.*	polite	höflich	educado	cortese	ευγενικός, ή, ό
1 -	policier, *adj.*	police-...	Polizist	policial	poliziesco	αστυνομικός, ή, ό
8 -	politicien, *n. m.*	politician	Politiker	político	politico	πολιτικός
1 -	politique, *n. f.*	politics	Politik	política	politica	πολιτική
8 -	pollution, *n. f.*	pollution	Umweltverschmutzung	polución / contaminación	inquinamento	μόλυνση, ρύπανση
8 -	polycopié, *n. m.*	duplicated copy	(Vorlesungs)Skript	multicopia	ciclostile	πολυγραφημένο μάθημα
2 -	pomme, *n. f.*	apple	Apfel	manzana	mela	μήλο
7 -	ponctuel, *adj.*	punctual	pünktlich	puntual	puntuale	ακριβής
4 -	pont, *n. m.*	bridge	Brücke	puente	ponte	γέφυρα
1 -	port, *n. m.*	harbour	Hafen	puerto	porto	λιμάνι
3 -	portable (téléphone), *adj.*	cellular phone	Portable, Händy	móvil (teléfono ...)	cellulare	κινητό τηλέφωνο
1 -	porte, *n. f.*	gate	Tür	puerta	porta	πόρτα
9 -	porte-bonheur, *n. m. inv.*	lucky charm	Glücksbringer	amuleto	portafortuna	γούρι
2 -	portefeuille, *n. m.*	wallet	Brieftasche	cartera	portafoglio	πορτοφόλι
2 -	portière, *n. f.*	car-door	Tür	puerta	portiera	πόρτα
5 -	portrait, *n. m.*	portrait	Porträt	retrato	ritratto	πορτραίτο
2 -	poser, *v.*	to put down	(hin)stellen, -legen	colocar / poner	posare	τοποθετώ, αφήνω
	poser des questions, *v.*	to ask (questions)	Fragen stellen	hacer preguntas	porre (una domanda)	κάνω ερωτήσεις
	poser un problème, *v.*	to cause (a problem)	ein Problem stellen	plantear un problema	porre	θέτω ένα πρόβλημα
	poser la moquette, *v.*	to lay down (a carpet)	Teppichboden verlegen	colocar	mettere in opera	τοποθετώ τη μοκέτα
5 -	positif, *adj.*	positive	positiv	positivo	positivo	θετικός, ή
2 -	position (mettre en), *n. f.*	to position	(in) Stellung (setzen)	posición (poner en ...)	in posizione	σε θέση
	position, *n. f.*	position	Stelle	lugar	posizione	θέση
	position (prise de), *n. f.*	stand	Stellungnahme	postura	(presa di) posizione	τοποθέτηση
3 -	possession (être en ... de), *n. f.*	possession	(im) Besitz (sein)	posesión (estar en ... de)	in possesso di	έχω στην κατοχή μου
5 -	possibilité, *n. f.*	possibility	Möglichkeit	posibilidad	possibilità	δυνατότητα
5 -	possible, *adj.*	possible	möglich	posible	possibile e immaginabile	δυνατό
3 -	poste, *n. m.*	appointment	Posten	puesto	posto	θέση
	poste, *n. f.*	post-office	Post	correos	ufficio postale	ταχυδρομείο
3 -	pot (offrir/boire un), *n. m.*	drink (to have a ...)	(jn zu einem) Drink (einladen)	ofrecer / tomar una copa	bere un bicchiere	ποτό (κερνάω / πίνω ένα)
	pot-au-feu, *n. m.*	stewed beef & vegetables	Eintopf aus Suppenfleisch	cocido	lesso di manzo con varie verdure	βραστό κρέας με λαχανικά
	pot catalytique, *n. m.*	(catalytic) converter	Katalysator	catalizador	marmitta catalitica	καταλύτης
9 -	poule, *n. f.*	hen	Huhn	gallina	gallina	κότα
1 -	poulet, *n. m.*	chicken	Hähnchen	pollo	pollo	κοτόπουλο
8 -	poulie, *n. f.*	pulley	Seilrolle	polea	puleggia	τροχαλία

	French	English	German	Spanish	Italian	Greek
5 -	poupée, *n. f.*	doll	Puppe	muñeca	bambola	κούκλα
3 -	pourboire, *n. m.*	tip	Trinkgeld	propina	mancia	φιλοδώρημα
8 -	pourcentage, *n. m.*	percentage	Prozentsatz	porcentaje	percentuale	ποσοστό
3 -	pourri, *adj.*	worm-eaten/rotten	faul / verrottet	podrido	fradicio	σάπιος, α, ο
3 -	poursuivre des études, *v.*	to carry on	studieren	cursar estudios / proseguir	proseguire negli studi	συνεχίζω σπουδές
8 -	pousser, *v.*	to shift	schieben, treiben	empujar	spingere	σπρώχνω
3 -	poutre, *n. f.*	beam	Balken	viga	trave	δοκάρι
8 -	pouvoirs publics, *n. m. pl.*	authorities	Behörden	poderes públicos	i pubblici poteri	δημόσιες Αρχές
1 -	pré, *n. m.*	meadow	Wiese	prado	prato	λιβάδι
2 -	précaution (avec), *n. f.*	carefully	vorsichtig	precaución (con)	cautela	με προσοχή
3 -	précipitations, *n. f. pl.*	precipitation/fall	Niederschläge	precipitaciones	precipitazione	βροχοπτώσεις
1 -	précises (il est 9 heures), *adj.*	precisely	genau, Punkt (...Uhr)	en punto (son las 9 en punto)	sono le nove precise	ακριβώς (η ώρα είναι 9...)
5 -	préciser, *v.*	to be accurate	präzisieren	precisar	precisare	διευκρινίζω
3 -	prédiction, *n. f.*	prediction	Voraussage	predicción	predizione	πρόβλεψη
9 -	prédisposé, *p. p.*	prone (to)	Neigung zu etw haben	predispuesto	predisposto	προδιατεθειμένος, η, ο
4 -	préférence (de), *n. f.*	preferably	lieber	preferentemente	preferibilmente	κατά προτίμηση
1 -	préférer, *v.*	to prefer	vorziehen	preferir	preferire	προτιμώ
8 -	préjugé, *n. m.*	bias	Vorurteil	prejuicio	pregiudizio	προκατάληψη
2 -	prendre garde à, *v.*	to watch (for)/to mind	Acht geben	tener cuidado con	stare attento a	προσέχω
1 -	prendre un plat, *v.*	to select (a dish)	eine Speise nehmen	tomar un plato	prendere un piatto	τρώω ένα φαγητό
4 -	prendre une photo, *v.*	to take (a photo)	ein Foto machen	sacar una foto	fare una foto	τραβάω μια φωτογραφία
1 -	préoccupant, *adj.*	worrying	besorgniserregend	preocupante / inquietante	preoccupante	ανησυχητικός, ή, ό
5 -	préoccuper, *v.*	to worry (about)	Sorge machen	preocupar	preoccupare	απασχολώ
	préoccuper (se), *v. pr.*	to be worried (about)	(sich) Gedanken machen	preocuparse	preoccuparsi	νοιάζομαι
5 -	préparer, *v.*	to prepare	vorbereiten	preparar	preparare	(προ)ετοιμάζω
5 -	présenter, *v.*	to present	darlegen	presentar	presentare	παρουσιάζω
	présenter (se ... aux élections), *v.*	to stand for	sich zur Wahl stellen	presentarse a las elecciones	presentarsi	θέτω υποψηφιότητα
8 -	présidé (être ... par), *p. p.*	chaired/presided (to be ... by)	den Vorsitz haben	presidido (estar ... por)	presiedere	με πρόεδρο
3 -	pression, *n. f.*	pressure	Druck	presión	pressione	πίεση
8 -	prestigieux, *adj.*	famous	hervorragend	prestigioso	prestigioso	διάσημος
1 -	prêt, *adj.*	ready	fertig	listo / preparado	pronto	έτοιμος, η, ο
	prêt (être ... à), *adj.*	ready (to be ... to)	bereit	dispuesto (estar ... a)	pronto (essere ...a)	είμαι έτοιμος να...
1 -	prétentieux, *adj.*	pretentious	eingebildet	pretencioso / presuntuoso	pretenzioso	φαντασμένος
2 -	prêter, *v.*	to lend	verleihen, borgen	prestar	prestare	δανείζω
3 -	preuve, *n. f.*	proof	Beweis	prueba	prova	απόδειξη
	preuve (faire ... de), *n. f.*	to show	beweisen	puebra (dar pruebas de)	(dare) prova di	δείχνω
5 -	prévenir, *v.*	to warn	warnen	advertir / avisar	avvisare	προειδοποιώ
3 -	prévision, *n. f.*	prevision	Voraussage	previsión	previsione	πρόβλεψη
3 -	prévoir, *v.*	to foresee	voraussehen	prever	prevedere	προβλέπω
2 -	prié (être ... de), *p. p.*	asked (to be ... to)	gebeten (weden)	rogar a alguien	pregato di	παρακαλούμαι να
8 -	prier, *v.*	to pray	beten	rezar	pregare	προσεύχομαι
2 -	principe, *n. m.*	principle	Prinzip	principio	principio	αρχή
	principes (avoir des), *n. m. pl.*	principles (to have)	Prinzipien (haben)	principios (tener ...)	principi (avere dei)	έχω αρχές
2 -	prise téléphonique, *n. f.*	plug/socket	Telefonanschluss	toma de teléfono	presa telefonica	τηλεφωνική πρίζα
1 -	prison, *n. f.*	jail/prison	Gefängnis	prisión / cárcel	prigione	φυλακή
3 -	privation, *n. f.*	deprivation	Entbehrung(en)	privación / privaciones	privazione	στέρηση
8 -	procéder, *v.*	to proceed	verfahren / vorgehen	proceder	procedere	ενεργώ
5 -	procès, *n. m.*	trial/court case	Prozess	proceso	processo	δίκη
3 -	prochain, *adj.*	next	nächst	próximo	prossimo	επόμενο

	French	English	German	Spanish	Italian	Greek
8 -	procurer (se), **v. pr.**	to get	(sich etw) besorgen	procurarse / conseguir	procurarsi	εφοδιάζομαι
5 -	producteur, **n. m.**	producer	Erzeuger	productor	produttore	παραγωγός
8 -	production, **n. f.**	production	Produktion	producción	produzione	παραγωγή
3 -	profil bas, **n. m.**	low profile	wenig Format haben	no sentirse muy ufano	fifone	χαμηλό προφίλ
5 -	profit (mettre à), **n. m.**	advantage (to take)	etw nützen	aprovechar	profitto (mettere a)	επωφελούμαι από
8 -	profiter (en ... pour), **v.**	to take the opportunity (to)	etw ausnützen	aprovechar para	approfittarne	επωφελούμαι για
3 -	profonde répugnance, **adj.**	deep	starke Abneigung	profunda repugnancia	profonda ripugnanza	βαθιά απέχθεια
	profondes (eaux), **adj.**	deep	(in großer Wasser)tiefe	profundas (aguas ...)	profondo	βαθιά νερά
3 -	programmable, **adj.**	user definable	programmierbar	programable	programmabile	προγραμματιζόμενος, η, ο
2 -	programmer, **v.**	to program	programieren	programar	programmare	προγραμματίζω
4 -	progrès (faire des), **n. m. pl.**	progress (to make)	Fortschritte (machen)	progresos (hacer ...)	fare progressi	προοδεύω
8 -	progresser, **v.**	to progress	zunehmen	progresar	progredire	κερδίζω έδαφος
1 -	projet, **n. m.**	plan	Projekt	proyecto	progetto	σχέδιο
1 -	promenade, **n. f.**	walk	Spaziergang	paseo	passeggiata	περίπατος
9 -	promesse, **n. f.**	promise	Versprechen	promesa	promessa	υπόσχεση
8 -	prometteur, **adj.**	promising	vielversprechend	prometedor	promettente	που υπόσχεται πολλά
1 -	promettre, **v.**	to promise	versprechen	prometer	promettere	υπόσχομαι
8 -	promotion, **n. f.**	special offer	Sonderangebot	promoción	promozione	προσφορά
5 -	propos (à ... de), **loc. prép.**	about	was betrifft	a propósito de	a proposito	σχετικά με
2 -	proposer, **v.**	to propose/to offer	vorschlagen	proponer	proporre	προτείνω
1 -	proposition, **n. f.**	proposal	Vorschlag	propuesta	proposta	πρόταση
3 -	propre, **adj.**	own/clean	eigen / sauber	propio / limpio	propria / pulito	ίδιος, δικός / καθαρός
9 -	protection, **n. f.**	protection	Schutz	protección	protezione	προστασία
5 -	protester, **v.**	to protest	protestieren	protestar	protestare	διαμαρτύρομαι
3 -	prouver, **v.**	to prove	beweisen	probar	dimostrare	αποδεικνύω
8 -	provoquer, **v.**	to cause	verursachen	provocar	provocare	προκαλώ
7 -	proximité, **n. f.**	closeness	Nähe	proximidad	prossimità	γειτνίαση
3 -	prudence, **n. f.**	prudence	Vorsicht	prudencia	prudenza	σύνεση
9 -	psychique, **adj.**	psychical	psyschich	psíquico	psichico	ψυχικός, ή, ό
1 -	public, **n. m.**	public	Publikum	público	pubblico	κοινό
4 -	publicitaire, **adj.**	advertising/promotion ...	Werbe-	publicitario	pubblicitario	διαφημιστικός, ή, ό
5 -	publier, **v.**	to publish	veröffentlichen	publicar	pubblicare	εκδίδω
3 -	puissance, **n. f.**	power	Macht	poder / poderío	potenza	ισχύς, δύναμη
4 -	puissant, **adj.**	powerful	mächtig	potente	potente	ισχυρός, ή, ό
3 -	quadrupler, **v.**	to quadruple	vervierfachen	cuadriplicar	quadruplicare	τετραπλασιάζω
8 -	qualifié, **adj.**	skilled	qualifiziert	cualificado	qualificato	ειδικευμένος
5 -	qualité, **n. f.**	quality	Qualität	calidad	qualità	ποιότητα, προτέρημα
1 -	queue (faire la), **n. f.**	to queue	Schlange (stehen)	cola (hacer la ...)	coda (fare la)	στέκομαι στην ουρά
5 -	quitter, **v.**	to leave	verlassen	dejar	lasciare	αφήνω, εγκαταλείπω
2 -	quotidien, **adj.**	daily	täglich	cotidiano	quotidiano	καθημερινός, ή, ό
3 -	raccourcir, **v.**	to shorten	verkürzen	acortar / abreviar	accorciare	συντομεύω
8 -	racine, **n. f.**	root	Wurzel	raíz	radice	ρίζα
1 -	raconter, **v.**	to tell	erzählen	contar	raccontare	διηγούμαι
7 -	raffinement, **n. m.**	sophistication	Raffinement	refinamiento	raffinatezza	εκλέπτυνση
3 -	rage, **n. f.**	rabies	Tollwut	rabia	rabbia	λύσσα
3 -	raisin, **n. m.**	grapes	Weintraube	uva	uva	σταφύλι
1 -	raison (avoir), **n. f.**	right (to be)	Recht (haben)	razón (tener ...)	avere ragione	έχω δίκιο
	raisons (pour des ... de), **n. f. pl.**	reasons (for ... of)	aus dem Grund	razones (por ... de) / por motivo de	per ragioni di	για λόγους
1 -	raisonnable, **adj.**	reasonable	vernünftig	razonable	ragionevole	λογικός, ή, ό

	French	English	German	Spanish	Italian	Greek
5 -	ralentir, *v.*	to slow down	verlangsamen, bremsen	ir más despacio	rallentare	επιβραδύνω
4 -	ramener qqn, *v.*	to take back	wiederbringen	llevar a alguien	riportare qualcuno	πηγαίνω κάποιον (κάπου)
2 -	rapidement, *adv.*	quickly	schnell	rápidamente	rapidamente	γρήγορα
5 -	rappeler, *v.*	to call back	zurückrufen	volver a llamar	richiamare	ξαναπαίρνω (τη-λέφωνο)
1 -	rapport, *n. m.*	report	Bericht	informe / relación	relazione	έκθεση
	rapport (par ... à), *loc. prép.*	towards	(im) Verhältnis (zu)	con respecto a / con relación a	rispetto a	σε σχέση με
3 -	rare, *adj.*	rare	selten	raro	raro	σπάνιος, α, ο
9 -	rat, *n. m.*	rat	Ratte	rata	topo	αρουραίος
1 -	rater, *v. (fam.)*	to fail/to bungle	misslingen	fracasar / fallar	essere bocciato / fallito	αποτυχαίνω
7 -	rationnel, *adj.*	rational	rational	racional	razionale	λογικός, ή, ό
2 -	rattraper un retard, *v.*	to catch on up	wieder aufholen	recuperar un atra-so	ricuperare	αναπληρώνω
8 -	raviver l'attention, *v.*	to revive	die Aufmerksam-keit wieder erwecken	avivar la atención	risvegliare	ξυπνώ την προ-σοχή
3 -	réalisateur, *n. m.*	producer	Regisseur	realizador	regista	παραγωγός
3 -	réalisation, *n. f.*	production	Realisierung	realización	realizzazione	πραγματοποίηση
5 -	réaliser, *v.*	to do	realisieren	realizar	realizzare	πραγματοποιώ, κάνω
8 -	réaliste, *adj.*	realistic	realistisch	realista	realistico	ρεαλιστικός, ή, ό
8 -	réalité, *n. f.*	reality	Wirklichkeit	realidad	realtà	πραγματικότητα
	réalités (avoir le sens des), *n. f. pl.*	realities (to have a sense of)	(den Sinn für die) Tatsachen (haben)	ver las cosas con sentido práctico	realtà (avere il sen-so della)	είμαι ρεαλιστής
8 -	réaménager, *v.*	to restructure	umbauen	reacondicionar	riorganizzare	αλλάζω διαρρύθμιση
4 -	récent, *adj.*	recent	neu	reciente	recente	πρόσφατος
8 -	réception, *n. f.*	reception	Empfang	recepción	ricevimento	δεξίωση
5 -	recette, *n. f.*	recipe	Rezept	receta	ricetta	συνταγή
3 -	receveur des postes, *n. m.*	postmaster	Vorsteher des Postamts	recaudador	ricevitore postale	διευθυντής ταχυ-δρομείου
5 -	recevoir, *v.*	to get	empfangen	recibir	ricevere	λαβαίνω
4 -	rechercher, *v.*	to look for	suchen	buscar	ricercare	ψάχνω
3 -	recoller, *v.*	to stick back	wieder zusammen-kleben	pegar de nuevo	rincollare	ξανακολλάω
7 -	récolte, *n. f.*	crop	Ernte	cosecha	raccolto	συγκομιδή
1 -	recommander, *v.*	to recommend	empfehlen	recomendar	raccomandare	συστήνω
3 -	reconnaissance, *n. f.*	gratitude	Dankbarkeit	agradecimiento / reconocimiento	gratitudine	ευγνωμοσύνη
8 -	reconnaissant (être ... de), *adj.*	grateful (to be ... for)	dankbar (sein)	estar agradecido	essere grato	είμαι ευγνώμων για
4 -	reconnaître, *v.*	to recognize	wiederekennen	reconocer	riconoscere	αναγνωρίζω
8 -	record, *n. m.*	record	Rekord	récord	primato	ρεκόρ
7 -	reculer (faire), *v.*	to reduce	zurückweichen (lassen)	retroceder / recu-lar (hacer ...)	regredire	κάνω να υπο-χωρήσει
1 -	réduction, *n. f.*	reduction/rebate	Reduzierung	reducción / des-cuento / rebaja	riduzione	μείωση, έκπτωση
8 -	référer (se ... à), *v. pr.*	to refer to	beziehen	referirse a	riferirsi a	αναφέρομαι, πα-ραπέμπω
4 -	refiler, *v. (fam.)*	to pass on	anstecken	pasar	rifilare	πασάρω
4 -	réfléchir, *v.*	to think over	überlegen	reflexionar / pensar	riflettere	σκέφτομαι
3 -	reflet, *n. m.*	reflection	Abbild	reflejo	riflesso	αντανάκλαση, εικόνα
8 -	refléter, *v.*	to reflect	widerspiegeln	reflejar	riflettere	αντικατοπτρίζω
3 -	réflexion, *n. f.*	thought	Überlegung	reflexión	riflessione	σκέψη
3 -	refus, *n. m.*	refusal	Weigerung	negativa	rifiuto	άρνηση
8 -	refuser, *v.*	to turn down	ablehnen	negar	rifiutare	αρνούμαι, απορρί-πτω
3 -	regard, *n. m.*	look	Blick	mirada	sguardo	βλέμμα
1 -	regarder, *v.*	to look	anschauen	mirar	guardare	κοιτάζω
2 -	régime, *n. m.*	diet	Diät	régimen	dieta	δίαιτα
3 -	régner, *v.*	to prevail	herrschen	reinar	regnare	βασιλεύει

	French	English	German	Spanish	Italian	Greek
1 -	regretter, **v.**	to regret	bedauern	sentir / lamentar / echar de menos	rimpiangere	νοσταλγώ, λυπάμαι
1 -	régulièrement, **adv.**	steadily	regelmäßig	regularmente	regolarmente	κανονικά
3 -	reine, **n. f.**	queen	Königin	reina	regina	βασίλισσα
8 -	rejet, **n. m.**	rejection	Verwerfung	rechazo	bocciatura	απόρριψη
8 -	rejoindre, **v.**	to reach up	sich anschließen	alcanzar	raggiungere	συναντώ
3 -	réjouir (se), **v. pr.**	to rejoice	(sich) freuen	alegrarse	rallegrarsi	χαίρομαι
3 -	relance, **n. f.**	boost	Wiederbelebung, Aufschwung	reactivación	rilancio	ανάκαμψη
8 -	relatif, **adj.**	relative	relativ	relativo	relativo	σχετικός, ή, ό
8 -	relativement, **adv.**	relatively	verhältnismäßig	relativamente	relativamente	σχετικά
5 -	relever, **v.**	to point out/ to raise	feststellen / hochklappen	realzar / levantar	rilevare / rialzare	επισημαίνω / σηκώνω
7 -	relief, **n. m.**	relief/hill	Relief	relieve	rilievo	διαμόρφωση εδάφους
3 -	relier à, **v.**	to link up (with)	verbinden	enlazar / unir	collegato a	συνδέω με
5 -	remarquablement, **adv.**	remarkably	außerordentlich	notablemente	notevolmente	εξαιρετικά
2 -	rembobiner, **v.**	to rewind	zurückspulen	rebobinar	riavvolgere	ξανατυλίγω
1 -	remercier, **v.**	to thank for	danken	agradecer	ringraziare	ευχαριστώ
4 -	remettre (s'y), **v. pr.**	to start ... again	zur Sache / Arbeit wieder	restablecerse / recuperarse	ricominciamo	αρχίζω ξανά
2 -	remise en forme, **n. f.**	fitness-course	Fitnesstraining	puesta en forma	rimessa	ξαναβρίσκω τη φόρμα μου
8 -	remonter à, **v.**	to date back (to)	zurückgehen	remontarse a	risalire a	χρονολογούμαι από
	remonter le moral, **v.**	to cheer up	wieder Mut machen	animar / dar ánimo	tirarsi su di morale	τονώνω το ηθικό
3 -	remorque, **n. f.**	trailer	Anhänger	remolque	rimorchio	ρυμούλκα
3 -	remplir, **v.**	to fill in	ausfüllen	llenar / rellenar	compilare	συμπληρώνω
3 -	remporter, **v.**	to win	erringen	obtener / conseguir / ganar	riportare / vincere	έχω, κερδίζω
9 -	renard, **n. m.**	fox	Fuchs	zorro	volpe	αλεπού
4 -	rencontrer, **v.**	to meet	begegnen	encontrar / encontrarse	incontrare	συναντώ
5 -	rendre service, **v.**	to give a hand	Gefälligkeit erweisen	hacer un favor	fare un favore a qualcuno	εξυπηρετώ
	rendre (se), **v. pr.**	to go	sich begeben	trasladarse / ir / dirigirse	recarsi	πηγαίνω
	rendre, **v.**	to give back	zurückgeben	devolver	restituire	παραδίδω, επιστρέφω
4 -	rénové, **p. p.**	renovated	renoviert	reformada	rinnovato	ανακαινισμένος
1 -	renseignement, **n. m.**	information	Auskunft	información	informazione	πληροφορία
4 -	rentrer, **v.**	to go back	nach Hause gehen	volver	tornare	γυρνώ
8 -	renverser la vapeur, **v.**	to reverse (trend/pace)	umkehren / einen Rückzieher machen	dar marcha atrás	invertire	αλλάζω πορεία
8 -	renvoyer, **v.**	to send back	zurückwerfen	reflejar / devolver	riflettere	αντικατοπτρίζω
5 -	réparer, **v.**	to repair	reparieren	arreglar	riparare	επισκευάζω, διορθώνω
1 -	repas, **n. m.**	meal	Mahlzeit, Essen	comida	pasto	γεύμα
3 -	repasser, **v.**	to be back	wieder vorbeikommen	volver a pasar / pasar de nuevo	ripassare	επιστρέφω
	repasseras (tu ... !), **loc. exclam. (fam.)**	no way !	da kannst du lange warten	esperar ¡ya puedes esperar!	stai fresco !	ξαναπερνώ
3 -	repérer, **v.**	to spot	ausfindig machen	localizar	localizzare	εντοπίζω
2 -	répondeur téléphonique, **n. m.**	answering machine	Anrufbeantworter	contestador	segreteria telefonica	αυτόματος τηλεφωνητής
8 -	reporter, **n. m.**	reporter	Reporter	reportero	giornalista ou reporter	ρεπόρτερ
4 -	repos, **n. m.**	rest	Ruhe	descanso / reposo	riposo	ανάπαυση, ξεκούραση
7 -	reposant, **adj.**	restful	erholsam	descansado	riposante	ξεκούραστος, η, ο
3 -	reprendre, **v.**	to take over	übernhemen	volver a tomar	rilevare	ξαναρχίζω
3 -	reprocher, **v.**	to blame (for)	vorwerfen	reprochar	rimproverare	προσάπτω
3 -	répugnance, **n. f.**	loathing	Abneigung	repugnancia	ripugnanza	απέχθεια

5 -	réputation, *n. f.*	reputation/fame	Ruf	reputación / fama	reputazione	φήμη
8 -	réputé, *adj.*	reputed/famous	berühmt	famoso / reputado	rinomato	φημισμένος, η, ο
5 -	réquisitoire, *n. m.*	indictment	Anklage	requisitoria	requisitoria	κατηγορητήριο
4 -	réserver, *v.*	to book	reservieren	reservar	prenotare	κλείνω
3 -	réservoir, *n. m.*	tank	Tank	depósito	serbatoio	ρεζερβουάρ
3 -	résister à, *v.*	to withstand	aushalten	resistir a	resistere a	αντέχω σε
2 -	résoudre, *v.*	to solve	lösen	resolver	risolvere	λύνω
5 -	respect (manquer de), *n. m.*	respect (to lack)	Respekt (lusigkcit)	respeto (faltar ...)	rispetto (mancare di)	δείχνω έλλειψη σεβασμού
8 -	respecter, *v.*	to respect	achten	respetar	rispettare	σέβομαι
8 -	respectivement, *adv.*	respectively	beziehungsweise	respectivamente	rispettivamente	αντίστοιχα
8 -	respiration, *n. f.*	breathing	Atmung	respiración	respirazione	αναπνοή
2 -	respirer, *v.*	to breathe	atmen	respirar	respirare	αναπνέω
3 -	responsabilité (avoir une ... dans), *n. f.*	responsability (to have a ... in)	Verantwortung	responsabilidad (tener una ... en)	responsabilità	φέρω ευθύνη σε
	responsabilités (avoir des), *n. f. pl.*	responsabilities (to hold)	Verantwortung	tener responsabilidades	responsabilità	έχω ευθύνες
3 -	responsable, *adj.*	in charge	verantwortlich	responsable	responsabile	υπεύθυνος
	responsable (être ... de), *adj.*	responsible (to be ... for)	verantwortlich (sein)	responsable (ser ... de)	responsabile	είμαι υπεύθυνος για
3 -	ressemblance, *n. f.*	likeness	Ähnlichkeit	parecido	somiglianza	ομοιότητα
4 -	ressembler, *v.*	to look like	ähneln	parecerse	assomigliare	μοιάζω
8 -	ressortir, *v.*	to stand out	hervorheben	resaltar	risalire	τονίζω
8 -	ressource, *n. f.*	ressources	Mittel	recurso	risorsa	πόρος
8 -	restauration, *n. f.*	restauration	Restaurierung	restauración	restauro	συντήρηση, ανακαίνιση
4 -	rester à (+ inf.), *v.*	to remain (to be ...)	übrigbleiben	quedar por	fare la prova	μένω σε
5 -	résultat, *n. m.*	result	Ergbnis	resultado	risultato	αποτέλεσμα
1 -	retard (être en), *n. m.*	late (to be)	verspätet (sein)	llegar con retraso / estar retrasado / retrasarse	in ritardo	είμαι αργοπορημένος
8 -	retenir, *v.*	to keep in mind	zurückhalten	retener		θυμάμαι
8 -	retirer (se), *v. pr.*	to retire (to)	abtreten, sich zurückziehen	retirarse	ritirarsi	αποσύρομαι
8 -	retomber, *v.*	to fall back	zurückfallen	caer / volver a caer	ricadere	ξαναπέφτω
1 -	retour, *n. m.*	return	Rückkehr	vuelta / regreso	ritorno	επιστροφή
3 -	retraite, *n. f.*	retirement	Ruhestand	jubilación	pensione	σύνταξη
1 -	réunion, *n. f.*	meeting	Versammlung	reunión	riunione	συνεδρίαση
1 -	réussir, *v.*	to pass	gelingen	lograr / conseguir / aprobar un examen	essere promosso	πετυχαίνω
1 -	réussite, *n. f.*	success	Erfolg	éxito	successo	επιτυχία
2 -	rêve, *n. m.*	dream	Traum	sueño	sogno / sognare di	όνειρο
4 -	réveillé, *p. p.*	fully awakened	wach	despierto	sveglio	ξύπνιος, α, ο
1 -	réveiller (se), *v. pr.*	to wake up	aufwachen	despertarse	svegliarsi	ξυπνώ
1 -	réveillon, *n. m.*	Xmas Eve midnight supper	Heiligabend / Silvesterabend	cena de Nochebuena, de Nochevieja	veglione	ρεβεγιόν
8 -	révéler, *v.*	to reveal	an den Tag bringen	revelar	rivelare	αποκαλύπτω
4 -	revenir, *v.*	to come back	zurückkommen	volver / regresar	tornare	επιστρέφω
5 -	revenus, *n. m. pl.*	income	Einkommen	ingresos	reddito	έσοδα
3 -	rêver, *v.*	to dream	träumen	soñar	sognare	ονειρεύομαι
8 -	réverbère, *n. m.*	street-lamp	Straßenlaterne	farola	lampione	φανοστάτης
1 -	rêveur, *adj.*	dreamy/dreamer	Träumer	soñador	sognatore	ονειροπόλος, α, ο
4 -	revue (passer en), *n. f.*	to review	durchsehen	revista (pasar ... a)	(passare in) rivista	κάνω τον απολογισμό
	revue, *n. f.*	magazine	Zeitschrift	revista	rivista	περιοδικό
8 -	richesse, *n. f.*	riches/wealth	Reichtum	riqueza	ricchezza	πλούτος
8 -	risque, *n. m.*	risk	Risiko	riesgo	rischio	κίνδυνος
3 -	risquer, *v.*	to risk	riskieren	arriesgar	rischiare	αποτολμώ, διακινδυνεύω
2 -	riz, *n. m.*	rice	Reis	arroz	riso	ρύζι
1 -	roi, *n. m.*	king	König	rey	re	βασιλιάς
1 -	roman, *n. m.*	novel	Roman	novela	romanzo	μυθιστόρημα

	French	English	German	Spanish	Italian	Greek
8 -	romancier, *n. m.*	novelist	Romanschrift-steller	novelista	romanziere	μυθιστοριογράφος
8 -	romanesque (écriture), *adj.*	novel-writing	romanhaft	novelesca (escritura ...)	romanzesco	συγγραφή μυθιστορημάτων
3 -	romantique, *adj.*	romantic	romantisch	romántico	romantico	ρομαντικός, ή, ό
5 -	rosette, *n. f.*	pork sausage	Salami	salchichón	salame stagionato di Lione	παράσημο
8 -	rouge à lèvres, *n. m.*	lipstick	Lippenstift	pintalabios / barra de labios	rossetto	κραγιόν
2 -	rouleau à pâtisserie, *n. m.*	roll	Teigrolle	rodillo	mattarello	πλάστης
5 -	rouler, *v.*	to drive	fahren	rodar / ir	correre	τρέχω
3 -	rude, *adj.*	rough	roh, hart	rudo	rude / duro	τραχύς, δύσκολος
1 -	ruelle, *n. f.*	lane	Gasse	callejuela	vicolo	δρομάκι
5 -	ruer (se), *v. pr.*	to rush	(sich) stürzen	abalanzarse	precipitarsi	ρίχνομαι
1 -	rugby, *n. m.*	rugby	Rugby	rugby	rugby	ράγκμπυ
3 -	ruiner (se), *v. pr.*	to spend a fortune	ruinieren	arruinarse	rovinarsi	καταστρέφομαι, χρεωκοπώ
3 -	rural, *adj.*	rural	ländlich	rural	rurale	αγροτικός, ή, ό
3 -	sable, *n. m.*	sand	Sand	arena	sabbia	άμμος
1 -	saisir la viande, *v.*	to seal/to fry quickly	das Fleisch anbraten	soasar	porre a fuoco vivo	τσιγαρίζω το κρέας
3 -	salaire, *n. m.*	salary	Lohn	salario / sueldo	stipendio	μισθός
3 -	sale type, *adj.*	nasty chap	widerlicher Kerl	tipejo / tipo despreciable	sporco	παλιοτόμαρο
	sale besogne, *adj.*	nasty job	undankbare, widerliche Aufgabe	trabajo sucio	brutta faccenda	δυσάρεστο καθήκον
	sale histoire, *adj.*	nasty story	üble Geschichte	fea historia	brutta storia	δυσάρεστη ιστορία
	sale grippe, *adj.*	nasty flu	üble Erkältung	mala gripe	brutta influenza	άσχημη γρίππη
	sale temps, *adj.*	nasty weather	Sauwetter	tiempo de perros / tiempo asqueroso	che tempaccio!	κακός καιρός
	sale, *adj.*	dirty	schmutzig	sucio	sporco	βρώμικος, η, ο
3 -	salé, *adj.*	salty	gesalzen	salado	salato	αλατισμένος, η, ο
1 -	salle de séjour, *n. f.*	living-room	Wohnzimmer	cuarto de estar	(stanza di) soggiorno	καθιστικό
	salle de bains, *n. f.*	bathroom	Badezimmer	cuarto de baño	stanza di bagno	μπάνιο
	salle des ventes, *n. f.*	auction-room	Auktionslokal	sala de ventas	sala delle aste	αίθουσα πωλήσεων
	salle, *n. f.*	hall	Zimmer, Raum	sala	stanza	δωμάτιο, αίθουσα
9 -	sangsue, *n. f.*	leech	Blutegel	sanguijuela	sanguisuga	βδέλλα
1 -	santé, *n. f.*	health	Gesundheit	salud	salute	υγεία
3 -	satisfaction, *n. f.*	satisfaction	Zufriedenheit	satisfacción	soddisfazione	ικανοποίηση
5 -	satisfaisant, *adj.*	satisfactory	befriedigend	satisfactorio	soddisfacente	ικανοποιητικός
2 -	sauce, *n. f.*	sauce	Soße	salsa	salsa	σάλτσα
5 -	saucisson, *n. m.*	sausage/salami	Wurst	salchichón	salame	σαλάμι
3 -	sauter, *v.*	to jump	springen	saltar	saltare	πηδώ
4 -	scandale, *n. m.*	scandal	Skandal	escándalo	scandalo	σκάνδαλο
1 -	scandaleux, *adj.*	scandalous	skandalös	escandaloso	scandaloso	σκανδαλώδης, ες
4 -	scène, *n. f.*	scene	Szene	escena	scena	σκηνή
	scène (mettre en), *n. f.*	to stage	inszenieren	escenificar	mettere in scena	σκηνοθετώ
1 -	score, *n. m.*	score	(Spiel) Stand	resultado	punteggio	σκορ, αποτέλεσμα
3 -	séance, *n. f.*	session	Sitzung	sesión	lezione / momento dell'autografo	μάθημα, συνεδρία
2 -	secours (au ... !), *n. m.*	help !	Hilfe !	¡socorro!	aiuto !	βοήθεια !
4 -	secret, *adj.*	secret	geheim	secreto	segreto	μυστικός, ή, ό
3 -	sectaire, *adj.*	single-minded	Sektierer	sectario	settario	δογματικός, ή, ό
2 -	secteur électrique, *n. m.*	mains	(Strom) Netz	red eléctrica	rete elettrica	τομέας, ρεύμα
	secteur industriel, *n. m.*	sector	industrieller Sektor	sector industrial	settore	βιομηχανικός τομέας
8 -	sécuriser, *v.*	to give a feeling of security	Gefühl der Sicherheit verleihen	dar seguridad	rassicurare	καθησυχάζω
2 -	sécurité, *n. f.*	safety	Sicherheit	seguridad	sicurezza	ασφάλεια
3 -	séduire, *v.*	to win over	verlocken, reizen	seducir	sedurre	γοητεύω
8 -	séduisant, *adj.*	seductive	bezaubernd	seductor / atractivo	seducente	γοητευτικός, ή, ό
1 -	séjour, *n. m.*	stay	Aufenthalt	estancia	soggiorno	διαμονή

	Français	English	Deutsch	Español	Italiano	Ελληνικά
3 -	séjourner, *v.*	to stay	sich aufenthalten	vivir	soggiornare	μένω
2 -	sel, *n. m.*	salt	Salz	sal	sale	αλάτι
	sens, *n. m.*	sense	Sinn	sentido	senso	αίσθηση
9 -	sensible, *adj.*	sensitive	empfindlich	sensible	sensibile	ευαίσθητος, η, ο
8 -	sentiment, *n. m.*	feeling	Gefühl	sentimiento	sentimento	αίσθημα
5 -	sentir (se), *v. pr.*	to feel	(sich) fühlen	sentirse	sentirsi	αισθάνομαι
3 -	séquence, *n. f.*	part/item	Sequenz	secuencia	sequenza	σειρά από πλάνα
5 -	série, *n. f.*	battery	Reihe	serie	serie	σειρά
2 -	sérieusement, *adv.*	in earnest	ernstlich	seriamente / en serio	seriamente	σοβαρά
3 -	sérieux, *adj.*	reliable	ernst	serio	serio	σοβαρός, ή, ό
	sérieux problème, *adj.*	serious problems	ernstliche Probleme	graves problemas	serio	σοβαρά προβλήμα-τα
8 -	serré (cadrage), *adj.*	close	scharf erfasst / Großaufnahme	ajustado (encua-dre ...)	(campo) stretto	πυκνή εστίαση
2 -	service (rendre / demander un), *n. m.*	help (to give/ask for)	(jm ein) Gefallen (tun)	favor (hacer un / pedir un)	fare un favore	κάνω / ζητώ μια εξυπηρέτηση
	service militaire, *n. m.*	military service	Militärdienst	servicio militar / mili	servizio militare	στρατιωτική θητεία
	service (pendant le), *n. m.*	working-hours (during)	Dienst	servicio (durante el ...)	durante il lavoro	σε ώρα υπηρεσίας
	service (marketing ...), *n. m.*	department	Abteilung	servicio	reparto	τμήμα (μάρκετι-γκ...)
	services, *n. m. pl.*	services	Dienste	servicios	servizio	επιδόματα
3 -	serviette, *n. f.*	towel / briefcase	Serviette / Aktentasche	toalla / cartera	asciugamano / cartella	πετσέτα / τσάντα
2 -	servir, *v.*	to give/to serve	dienen	servir	servire	σερβίρω
	servir (se), *v. pr.*	to make use (of)	(sich) bedienen	servirse	usare	χρησιμοποιώ
3 -	sévère, *adj.*	stern	streng, hart	severo	severo	αυστηρός
2 -	siège, *n. m.*	seat	Sitz	asiento	sedile	θέση
2 -	sieste, *n. f.*	siesta	Mittagsschläfchen	siesta	siesta	μεσημεριανός ύπνος
5 -	signature, *n. f.*	signature	Unterschrift	firma	firma	υπογραφή
3 -	signer, *v.*	to sign	unterschreiben	firmar	firmare	υπογράφω
3 -	silencieux, *adj.*	silent	still, stumm	silencioso	silenzioso	σιωπηλός, ή, ό
3 -	simple (un homme), *adj.*	unaffected	einfach(er Mensch)	sencillo (un hom-bre ...)	semplice	απλός άνθρωπος
	simple, *adj.*	simple	einfach	simple / sencillo	semplice	απλός, ή, ό
	simple (chambre), *adj.*	single	Einzel(zimmer)	sencilla (habita-ción ...) / habita-ción individual	singola	μονόκλινο δωμά-τιο
8 -	simultanément, *adv.*	simultaneously	gleichzeitig	simultáneamente	simultaneamente	ταυτόχρονα
5 -	sincèrement, *adv.*	sincerely	ehrlich	sinceramente	sinceramente	ειλικρινά
3 -	sinistre, *adj.*	appaling	unheimlich	siniestro	sinistro	απαίσιος, άσχημος
	sinistre (déclaration de), *n. m.*	accident (state-ment)	Schaden(ser-klärung)	siniestro (declara-cion de)	sinistro	δήλωση ζημιάς
1 -	sirop, *n. m.*	syrup/cordial	Sirup	jarabe	sciroppo	σιρόπι
1 -	situation, *n. f.*	situation	Situation	situación	situazione	κατάσταση
9 -	sociable, *adj.*	friendly	umgänglich	sociable	socievole	κοινωνικός, ή, ό
3 -	social, *adj.*	social	sozial	social	sociale	κοινωνικός, ή, ό
8 -	société, *n. f.*	society	Gesellschaft	sociedad	società	κοινωνία, εταιρεία
3 -	soin (prendre), *n. m.*	to take care (of)	sich kümmern	cuidar	(prendersi) cura (di)	φροντίζω
1 -	soirée, *n. f.*	evening	Abend	velada / noche	serata	βραδιά, πάρτυ
3 -	sol, *n. m.*	ground	Boden	suelo	suolo	έδαφος
3 -	soldat, *n. m.*	soldier	Soldat	soldado	soldato	στρατιώτης
4 -	soldes (en), *loc.*	sales (in the)	Schlußver-kauf(sware)	rebajas (en ...) / rebajado	in liquidazione	με έκπτωση
3 -	solide, *adj.*	tough	solid	sólido	solido	γερός, σταθερός
	solide appétit, *adj.*	hearty (appetite)	kräftiger Appetit	buen apetito	buon appetito	γερή, πολλή όρεξη
3 -	solitaire (en), *adj.*	solo	Einhand(segler)	solitario (en ...)	in solitario	μόνος, η, ο
3 -	sombre (pièce), *adj.*	dark (room)	finster	oscura (habita-ción ...)	scuro	σκοτεινό δωμάτιο
	sombre brute, *adj.*	nasty brute	völlig verrohter Mensch	tío bestia	grande bestia	κτήνος
	sombre (histoire / affaire), *adj.*	shady story/busi-ness	finstere Geschich-te/Angelegenheit	oscura historia / asunto	faccenda poco chiara	σκοτεινή υπόθεση

	French	English	German	Spanish	Italian	Greek
	sombre prédiction, *adj.*	gloomy forecast	düstere Vorher-sagungen	oscuras prediccio-nes	nera predizione	δυσάρεστες προ-βλέψεις
	sombre (couleur), *adj.*	dark colours	dunkle Farben	oscuro (color ...)	scuro colore	σκούρα χρώματα
2 -	somme, *n. f.*	sum	Summe	suma / cantidad	somma	ποσόν
2 -	sommeil (avoir), *n. m.*	sleepy (to be)	schläfrig (sein)	sueño (tener ...)	avere sonno	νυστάζω
4 -	sondage, *n. m.*	opinion poll	Umfrage	sondeo	sondaggio	σφυγμομέτρηση
8 -	songer à, *v.*	to think (of)	denken	pensar en	(fare) pensare a	σκέφτομαι
3 -	sonner, *v.*	to ring	läuten	sonar / llamar / tocar el timbre	squillare	χτυπώ (κουδουνί ζω)
2 -	sonnette, *n. f.*	bell	Klingel	timbre	campanello	κουδούνι
2 -	sou (ne plus avoir un), *n. m.*	broke (to be)	(kein) Pfennig (mehr haben)	no tener ni un duro / no tener ni blanca / estar sin un cuarto	essere senza un soldo	είμαι απένταρος
2 -	souci, *n. m.*	worry	Sorge	preocupación	pensiero	έννοια
	souci (se faire du), *n. m.*	worried (to get)	(sich) Sorgen (machen)	preocuparse	stare in pensiero per qq	ανησυχώ
5 -	souhaiter, *v.*	to wish	wünschen	desear	augurare	εύχομαι
8 -	soulever, *v.*	to bring up	aufwerfen	plantear	sollevare	θέτω
8 -	soumis (être ... à), *p. p.*	subjected (to be ... to)	unterliegen	estar sometido a	sottomettersi a	υποβάλλομαι σε
2 -	soupe, *n. f.*	soup	Suppe	sopa	minestra	σούπα
3 -	souriant, *adj.*	smiling	lächelnd	sonriente	sorridente	χαμογελαστός, ή, ό
3 -	sourire, *n. m.*	smile	Lächeln	sonrisa	sorriso	χαμόγελο
9 -	souris, *n. f.*	mouse	Maus	ratón	"mouth"	ποντίκι
2 -	soutenir, *v.*	to assert	behaupten	sostener	sostenere	υποστηρίζω
2 -	souvenir, *n. m.*	memory	Erinnerung	recuerdo	ricordo	ανάμνηση
4 -	souvenir (se), *v. pr.*	to remember	(sich) erinnern	acordarse	ricordarsi	θυμάμαι
8 -	souverain, *n. m.*	monarch	Souverän	soberano	sovrano	ηγεμόνας
1 -	spacieux, *adj.*	roomy	geräumig	espacioso	spazioso	ευρύχωρος, η, ο
3 -	spécialisé, *adj.*	specialized	spezialisiert	especializado	specializzato	(εξ) ειδικευμένος, η, ο
2 -	spécialiste, *n. m.*	specialist	Spezialist	especialista	specialistà	ειδικός, ή, ό
1 -	spectacle, *n. m.*	show	Schauspiel	espectáculo	spettacolo	θέαμα
4 -	splendide, *adj.*	splendid	prächtig	espléndido	splendido	υπέροχος, η, ο
8 -	stable, *adj.*	stable	beständig	estable	stabile	σταθερός, ή, ό
8 -	stage, *n. m.*	training-period	Praktikum	prácticas / cursillo	tirocinio	πρακτική εξάσ-κηση
7 -	standardisé, *p. p.*	standardized	standardisiert	estandarizado	standardizzato	τυποποιημένος, η, ο
3 -	stationner, *v.*	to be parked	parken	aparcar	sostare	σταθμεύω
8 -	statistique, *n. f.*	statistics	Statistik	estadística	statistica	στατιστική
8 -	statue, *n. f.*	statue	Statue	estatua	statua	άγαλμα
3 -	strict (homme), *adj.*	strict/stern	streng	estricto	scrupoloso	αυστηρός, ή, ό
	strict, *adj.*	plain	strikt	estricto	corretto	αυστηρός, σοβαρός
8 -	structure, *n. f.*	structure	Struktur	estructura	struttura	δομή
8 -	stupeur, *n. f.*	amazement	Verdutzheit	estupor	stupore	κατάπληξη
3 -	subir, *v.*	to suffer	erleiden	sufrir	subire	υφίσταμαι
3 -	subtil, *adj.*	subtle	feinsinnig	sutil	sottile	οξυδερκής, λεπτός
8 -	subtilement, *adv.*	in a subtle way	fein, subtil	sutilmente	sottilmente	επιδέξια
5 -	succéder, *v.*	to take over (from)	folgen	suceder	succedere	διαδέχομαι
3 -	succès, *n. m.*	success	Erfolg	éxito	successo	επιτυχία
2 -	sucre, *n. m.*	sugar	Zucker	azucar	zucchero	ζάχαρη
8 -	sueur, *n. f.*	sweat	Schweiß	sudor	sudore	ιδρώτας
5 -	suffisamment, *adv.*	enough	genug	suficientemente	abbastanza	αρκετά
5 -	suggérer, *v.*	to suggest	vorschlagen	sugerir	suggerire	υποδεικνύω
3 -	suggestion, *n. f.*	suggestion	Vorschlag	sugestión	suggerimento	υπόδειξη
1 -	suivre, *v.*	to follow	folgen	seguir	seguire	συνοδεύω, ακο-λουθώ
8 -	sujet, *n. m.*	subject	Thema	tema / sujeto	argomento	θέμα
5 -	superbe !, *adj.*	great !	herrlich	¡espléndido! / ¡estupendo!	è splendido	θαυμάσιος, α, ο
9 -	superficiel, *adj.*	shallow	oberflächlich	superficial	superficiale	επιφανειακός, ή, ό
8 -	supérieur, *adj.*	top-...	ober	superior	superiore	επάνω
8 -	supérieur (cadre), *adj.*	manager	leitend(er Angestellte)	ejecutivo	quadro direttivo	ανώτατο στέλεχος

	French	English	German	Spanish	Italian	Greek
8 -	superstitieux, *adj.*	superstitious	abergläubig	supersticioso	superstizioso	προληπτικός, ή, ό
4 -	supplément, *n. m.*	additional sum	Zusatz	suplemento	supplemento	επιβάρυνση
5 -	supplier, *v.*	to entreat	anflehen	suplicar	supplicare	ικετεύω
3 -	support, *n. m.*	prop	Stütze	soporte	supporto	βάθρο
1 -	supporter, *v.*	to bear	ertragen	soportar / aguantar	sopportare	αντέχω
3 -	surface (grande), *n. f.*	supermarket/ hypermarket	Verbrauchermarkt	gran superficie / hipermercado	supermercato	σουπερμάρκετ
8 -	surface (en), *n. f.*	surface (on the)	(an der) Oberfläche	superficie	in superficie	στην επιφάνεια
8 -	surmonter, *v.*	to surmount	überragen	coronar / dominar	dominare	δεσπόζω
4 -	surpeuplé, *adj.*	overcrowded	übervölkert	superpoblado	sovrappopolato	πολυσύχναστος, η, ο
2 -	surprise, *n. f.*	surprise	Überraschung	sorpresa	sorpresa	έκπληξη
8 -	surréalisme, *n. m.*	surrealism	Surrealismus	surrealismo	surrealismo	σουρεαλισμός
8 -	surréaliste, *adj.*	surrealist	Surrealist	surrealista	surrealistico	σουρεαλιστικός, ή, ό
3 -	surveiller, *v.*	to watch (over)	überwachen	vigilar	stare attento a	προσέχω
8 -	survie, *n. f.*	survival	Überleben	supervivencia	sopravvivenza	επιβίωση
8 -	survivre, *v.*	to survive	überleben	sobrevivir	sopravvivere	επιβιώνω
8 -	suspendu, *adj.*	to stop	ausgesetzt	suspendido	sospeso	ακινητοποιημέ-νος, η, ο
3 -	syndicat, *n. m.*	trade-union	Gewerkschaft	sindicato	sindacato	συνδικάτο
8 -	synonyme de, *adj.*	synonymous (with)	Synonym (von)	sinónimo	sinonimo di	συνώνυμος, η, ο
8 -	tableau, *n. m.*	painting/picture	Gemälde	cuadro	quadro	πίνακας
1 -	table ronde, *n. f.*	panel	(Gespräch)am runden Tisch	mesa redonda	tavola rotonda	τραπέζι ροτόντα
2 -	tablette, *n. f.*	tablet	Tablett	bandeja	tavolino	τραπεζάκι
8 -	tabouret, *n. m.*	stool	Hocker	taburete	sgabello	σκαμνί
2 -	tache, *n. f.*	spot	Flecken	mancha	macchia	λεκές, κηλίδα
8 -	tâche, *n. f.*	task	Aufgabe	tarea / labor / res-ponsabilidad / misión	compito	δουλειά, καθήκον, υπο-χρέωση
9 -	taciturne, *adj.*	morose	schweigsam	taciturno	taciturno	σιωπηλός, ή, ό
4 -	taille, *n. f.*	size	Größe	talla	misura	μέγεθος
2 -	tailleur, *n. m.*	suit	Schneider	traje de chaqueta	tailleur	ταγιέρ
2 -	taire (se), *v. pr.*	to shut up	schweigen	callarse	tacere	σωπαίνω
8 -	talent, *n. m.*	talent	Talent	talento	talento	ταλέντο
9 -	tannage, *n. m.*	tanning	Gerbung	curtido	conciatura	βυρσοδεψία
8 -	tapis, *n. m.*	carpet	Teppich	alfombra	tappeto	χαλί
5 -	tapisserie, *n. f.*	wallpaper	Tapete	tapicería / empa-pelado	carta da parati	ταπετσαρία
5 -	tarder, *v.*	to delay	spät kommen	tardar	tardare	αργώ
4 -	tarif, *n. m.*	rate/set price	Tarif	tarifa	tariffa	ταρίφα
9 -	tartine, *n. f.*	slice of bread	Butterbrot	rebanada de pan con mantequilla o mermelada	tartina	φέτα ψωμιού
9 -	taupe, *n. f.*	mole	Maulwurf	topo	talpa	τυφλοπόντικας
3 -	taux, *n. m.*	level	Zinssatz	tasa	tasso	ποσοστό
9 -	technicité, *n. f.*	technical know-how	Fachlichkeit	tecnicidad / tecni-cismo	tecnicità	τεχνικός χα-ρακτήρας
2 -	technologie, *n. f.*	technology	Technologie	tecnología	tecnologia	τεχνολογία
8 -	témoigner, *v.*	to give evidence	erkennen lassen	atestiguar / mostrar	dimostrare	μαρτυρώ
1 -	témoin, *n. m.*	eyewitness	Zeuge	testigo	testimone	μάρτυρας
9 -	tempête, *n. f.*	storm	Sturm	tempestad	tempesta	θύελλα
9 -	tendance (avoir ... à), *n. f.*	inclined (to be ... to)	neigen	tendencia (tener ... a)	tendere a	έχω τάση προς
	tendance, *n. f.*	tendency	Tendenz	tendencia	tendenza	τάση
3 -	tendre, *adj.*	tender	zart	tierno	tenero	τρυφερός, ή, ό
8 -	tendresse, *n. f.*	affection	Zärtlichkeit	ternura	tenerezza	τρυφερότητα
8 -	tension, *n. f.*	tension	Spannung	tensión	tenzione	ένταση
3 -	tentative, *n. f.*	attempt	Versuch	tentativa / intento	tentativo	απόπειρα, προσ-πάθεια
3 -	tente, *n. f.*	tent	Zelt	tienda de campa-ña	tenda	σκηνή
3 -	tenter, *v.*	to try/to attempt	versuchen	intentar	tentare	επιχειρώ
3 -	terme (au ... de), *loc. prép.*	end (at the ... of)	(am) Ende	al término de	al termine	στο τέρμα

	French	English	German	Spanish	Italian	Greek
7	terne, *adj.*	dull	matt	apagado	smorto	άτονος, η, ο
1	terrain, *n. m.*	field	Gelände	terreno	campo / terreno abbandonato	γήπεδο
1	terrible (pas), *adj. (fam.)*	all that wonderful (not)	(nicht) toll	nada del otro mundo	non è un gran che	μέτριος, α, ο
	terrible, *adj.*	terrible	furchtbar	terrible	tremendo	φοβερός, ή, ό
8	terroir, *n. m.*	territory	Gebiet / Gegend	terruño / patria chica / país	terra	επαρχία
4	tête (ça ne va pas la … !), *n. f. (fam.)*	dumb (you're … or what ?)	bei dir ist wohl eine Schraube locker !	cabeza (¡estas mal de la …!) / ¡estas tonto!	sei diventato scemo !	δεν είσαι καλά !
9	têtu, *adj.*	stubborn	dickköpfig	testarudo / terco / cabezota	testardo	ξεροκέφαλος, η, ο
3	thèse, *n. f.*	thesis	Doktorarbeit	tesis	tesi	διδακτορική διατριβή
9	tigre, *n. m.*	tiger	Tiger	tigre	tigre	τίγρη
3	timbre, *n. m.*	stamp	Briefmarke	sello	francobollo	γραμματόσημο
9	timide, *adj.*	shy	schüchtern	tímido	timido	ντροπαλός, ή, ό
3	tirage, *n. m.*	draw	Ziehung	sorteo	estrazione	κλήρωση
8	tirer, *v.*	to draw (from)	ziehen	sacar	trarre	βγάζω
3	tissu, *n. m.*	material/cloth	Stoff	tejido	tessuto	ύφασμα
3	titre, *n. m.*	title	Titel	título	titolo	τίτλος
4	titrer, *v.*	to put … (as a title)	Schlagzeile bringen	titular	titolare	τιτλοφορώ
9	tolérable, *adj.*	tolerable	zu dulden	tolerable	tollerabile	υποφερτός, ή, ό
3	tonneau (faire un…), *n. m.*	somersault	sich überschlagen	vuelta de campana (dar una …)	macchina che cappotta	τούμπα (κάνω)
9	tortue, *n. f.*	tortoise	Schildkröte	tortuga	tartaruga	χελώνα
1	totalement, *adv.*	totally	ganz, völlig	totalmente / completamente	del tutto	τελείως
2	touche, *n. f.*	key	Taste	tecla	tasto	πλήκτρο
3	toucher, *v.*	to touch	anfassen	tocar	toccare	αγγίζω
3	tour, *n. m.*	turn	(an der) Reihe	turno	turno	σειρά
3	tournage, *n. m.*	filming	Dreharbeiten	rodaje	ripresa	γύρισμα
8	tournant, *adj.*	swirling	wendend	girando	girevole	περιστροφικός, ή, ό
4	tournée, *n. f.*	tour	Tournee	gira	"tournée"	περιοδεία
2	tourne (on … !), *v.*	motor !	wir drehen !	¡se rueda!	si gira !	κάμερα !
	tourner (se), *v. pr.*	to turn (to)	(sich) wenden	volverse	girarsi	απευθύνομαι
9	tournevis, *n. m.*	screwdriver	Schraubenzieher	destornillador	cacciavite	κατσαβίδι
8	trace, *n. f.*	trace	Spur	huella	traccia	ίχνος
8	tradition, *n. f.*	tradition	Tradition	tradición	tradizione	παράδοση
8	traduire, *v.*	to express	überzetzen	traducir	rivelare	ερμηνεύω
5	train, *n. m.*	train	Zug	tren	treno	τρένο
9	traitement, *n. m.*	processing	Behandlung	tratamiento	trattamento	θεραπεία
5	traiter qqn de qqch., *v.*	to call	(jn etw) heißen	tratar a alguien de	trattare	αποκαλώ (κάποιον κάτι)
	traiter qqch., *v.*	to deal with	behandeln	tratar	trattare	επεξεργάζομαι (κάτι)
9	trajet, *n. m.*	distance	Strecke	trayecto	tragitto	διαδρομή
8	tranchée, *n. f.*	trench	Graben	zanja	fosso	όρυγμα
2	tranches (en), *n. f. pl.*	sliced	(in) Scheibe(n)	en rodajas / en lonchas	fetta (a fette)	σε φέτες
5	transformer, *v.*	to change	verwandeln	transformar	trasformare	μετατρέπω
2	transparent (n'être pas), *adj. (fam.)*	to block the view	durchsichtig / du bist nicht aus Luft	transparente (no ser …)	non sei trasparente!	φύγε από τη μέση !
8	transports, *n. m. pl.*	transport	Transport	transportes	trasporti	μεταφορικά μέσα
3	transporter, *v.*	to take to	transportieren	transportar / trasladar	trasportare	μεταφέρω
5	travailleur, *adj.*	worker	Arbeiter	trabajador	lavoratore	εργατικός
4	traverser, *v.*	to cross	durchqueren	cruzar / atravesar	attraversare	διασχίζω
8	trésor, *n. m.*	treasure	Schatz	tesoro	tesoro	θησαυρός
8	tri postal, *n. m.*	sorting-out (mail)	Briefverteilung der Post	selección / clasificación (postal)	smistamento	διαλογή (ταχυδρομική)
8	tribunal, *n. m.*	court/tribunal	Gericht	tribunal	tribunale	δικαστήριο
9	tribu, *n. f.*	tribe	(Volks) Stamm	tribu	tribù	φυλή
8	trilogie, *n. f.*	trilogy	Trilogie	trilogía	trilogia	τριλογία

	French	English	German	Spanish	Italian	Greek
5 -	tripes, *n. f. pl.*	tripe	Kaldaunen	callos	trippa	εντόσθια
1 -	tromper (se), *v. pr.*	to make a mistake	(sich) täuschen	equivocarse	sbagliarsi	σφάλλω
3 -	trompettiste, *n. m. f.*	trumpet-player	Trompeter	trompetista	trombettista	τρομπετίστας
8 -	tronc, *n. m.*	trunk	Stamm	tronco	tronco	κορμός
8 -	trou de mémoire, *n. m.*	memory-lapse	Gedächtnislücke	fallo de memoria	vuoto (nella memoria)	κενό μνήμης
4 -	trouver, *v.*	to find	finden	encontrar / ver	trovare	βρίσκω
1 -	truc, *n. m. (fam.)*	thingummy	Dings	chisme	trucco	πράμα
3 -	tube, *n. m. (fam.)*	hit	Schlager	canción de éxito	successo discografico	επιτυχία
8 -	tuer, *v.*	to kill	töten	matar	uccidere	σκοτώνω
1 -	type, *n. m.*	chap / type	Kerl / Typ	tío / tipo	tizio / povero uomo / ragazzo generoso / sporco individuo / uomo in gamba / tipo	άτομο, τύπος / μοντέλο, ειδος
8 -	typique, *adj.*	average	typisch	típico	tipico	τυπικός, ή, ό
8 -	unanimement, *adv.*	unanimously	einstimmig	unánimemente	unanimemente	ομόφωνα
7 -	uniforme, *adj.*	uniform	gleichförmig	uniforme	uniforme	ομοιόμορφος, η, ο
5 -	union, *n. f.*	union	(Ehe) Bund	unión	unione	γάμος
3 -	unique, *adj.*	golden/only	einzig	único	unico	μοναδικός, ή, ό
8 -	urbain, *adj.*	town-...	städtisch	urbano	urbano	αστικός, ή, ό
2 -	urgence (de toute), *n. f.*	without delay	schnellstens	urgencia (con toda ...)	d'urgenza	κατεπειγόντως
2 -	usage, *n. m.*	use	Benutzung	uso	uso	χρήση
7 -	utiliser, *v.*	to use	gebrauchen	utilizar	utilizzare	χρησιμοποιώ
8 -	vacancier, *n. m.*	holiday-maker	Urlauber	veraneante	villeggiante	παραθεριστής
3 -	vaccin, *n. m.*	vaccine	Impfstoff	vacuna	vaccino	εμβόλιο
9 -	vache, *n. f.*	cow	Kuh	vaca	mucca	αγελάδα
3 -	vague, *adj.*	distant	vage	vago	lontano / vago	αόριστος, μακρινός
	vague (terrain), *adj.*	wasteground	unbebaut(es Gelände)	descampado	abbandonato	αλάνα
3 -	vain, *adj.*	fruitless	vergeblich	vano	vano	μάταιος, η, ο
9 -	vaincu, *adj.*	vainquished	besiegt	vencido	sconfitto	ηττημένος, η, ο
3 -	vaisseau spatial, *n. m.*	space-ship	Raumschiff	nave espacial	astronave	διαστημόπλοιο
3 -	vaisselle (faire la), *n. f.*	to wash up	abwaschen	fregar / lavar los platos	lavare i piatti	πλένω τα πιάτα
3 -	valeur (mettre en), *n. f.*	to enhance	hervorheben	destacar / hacer resaltar	valorizzare	τονίζω
	valeur (à ... de), *loc. prép.*	equivalent ... to	Geltung	valor (de) / equivalente	a valore di	που χρησιμοποιήται σαν
9 -	valider, *v.*	to validate	entwerten	validar	convalidare	επικυρώνω
1 -	valise, *n. f.*	suitcase	Koffer	maleta	valigia	βαλίτσα
9 -	vantard, *adj.*	boastful	Prahler	jactancioso / chulo	spaccone	αλαζονικός, ή, ό
8 -	vanter, *v.*	to boast (about)	preisen	alabar	decantare	επαινώ
8 -	variété, *n. f.*	variety	Verschiedenheit	variedad	varietà	ποικιλία
7 -	veau (tête de), *n. m.*	calf's head	Kalb(skopf)	ternera (cabeza de ...)	vitello (testina di)	μοσχαροκεφαλή
9 -	vedette, *n. f.*	star	Star	estrella	diva	βεντέτα
7 -	végétarien, *adj.*	vegetarian	vegetarisch	vegetariano	vegetariano	χορτοφάγος
8 -	véhicule, *n. m.*	vehicle	Fahrzeug	vehículo	veicolo	όχημα
5 -	vendeur, *n. m.*	salesman	Verkäufer	vendedor	commesso	πωλητής
1 -	vendre, *v.*	to sell	verkaufen	vender	vendere	πουλώ
1 -	vente (chiffre de), *n. f.*	sale-results	Verkauf(sumsatz)	venta (volumen de ventas) / facturación	vendita (giro di)	αριθμός πωλήσεων
3 -	véritable, *adj.*	real	echt	verdadero	vero	πραγματικός, αληθινός
8 -	véritablement, *adv.*	really	wahr	verdaderamente	davvero	πραγματικά
2 -	vérité, *n. f.*	truth	Wahrheit	verdad	verità	αλήθεια
2 -	verre, *n. m.*	glass	Glas	vaso	bicchiere	ποτήρι
	verre (prendre/boire un), *n. m.*	drink (to take a)	einen (trinken)	copa (tomar una copa)	bere un bicchiere	πίνω ένα ποτό
8 -	verrouillage, *n. m.*	door-locking	Verriegelung	cierre	bloccaggio	ασφάλεια
2 -	verser, *v.*	to pour	gießen	echar	versare	χύνω
3 -	version, *n. f.*	version/model	Fassung	versión	modello	εκδοχή, παραλλαγή

	French	English	German	Spanish	Italian	Greek
2 -	vertical, *adj.*	upward	senkrecht	vertical	verticale	κατακόρυφος, η, ο
8 -	vêtement, *n. m.*	clothes	Kleidung	ropa	abbigliamento (negozio di)	ρούχο
8 -	vétérinaire, *n. m. f.*	veterinary	Tierarzt	veterinario	veterinario	κτηνίατρος
3 -	vêtir, *v.*	to dress	anziehen	vestir	vestire	ντύνω
5 -	vexé, *p. p.*	vexed	gekränkt	ofendido	offeso	θιγμένος
1 -	viande, *n. f.*	meat	Fleisch	carne	carne	κρέας
3 -	victime (être ... de), *n. f.*	victim (to be the ... of)	(etw) erleiden / Opfer sein	víctima (ser ... de)	vittima di (rimanere)	είμαι θύμα
8 -	victoire, *n. f.*	victory	Sieg	victoria	vittoria	νίκη
3 -	vidange, *n. f.*	oil-change	Entleerung	cambio de aceite	cambio dell'olio	αλλαγή λαδιών
8 -	vider, *v.*	to empty	leeren	vaciar	vuotare	αδειάζω
1 -	vie, *n. f.*	life	Leben	vida	vita	ζωή
3 -	vif (froid), *adj.*	sharp/biting (cold)	scharf	frío intenso	pungente	τσουχτερό κρύο
	vif, *adj.*	heartfelt	scharf	vivo	vivo	ζωηρός, έντονος
8 -	vignoble, *n. m.*	vineyard	Weinberg	viñedo	vigneto	αμπελώνας
8 -	vigoureux, *adj.*	strong	kräftig	vigoroso	vigoroso	έντονος, η, ο
5 -	violemment, *adv.*	violently	heftig	violentamente	violentemente	βίαια
7 -	violence, *n. f.*	violence	Gewalt	violencia	violenza	βία
3 -	violon, *n. m.*	violin	Violin	violín	violino	βιολί
8 -	violoniste, *n. m. f.*	violonist	Violinist	violinista	violonista	βιολιστής, βιολίστρια
3 -	virage, *n. m.*	bend	Kurve	curva	curva	στροφή
5 -	virer qqn, *v. (fam.)*	to sack	hinauswerfen	echar a alguien / poner de patitas en la calle	farsi cacciar via	απολύω
2 -	visage, *n. m.*	face	Gesicht	rostro / cara	viso	πρόσωπο
5 -	viser à, *v.*	to aim at	zielen	tender a	mirare a	επιδιώκω να
1 -	vitesse, *n. f.*	speed	Geschwindigkeit	velocidad	velocità	ταχύτητα
4 -	vitre, *n. f.*	window	Seitenfenster	cristal / ventanilla	finestrino	τζάμι
4 -	vitrine (en), *n. f.*	shopwindow (in the)	(im) Schaufenster	escaparate. (en el ...)	in vetrina	βιτρίνα (στη)
1 -	vivant, *adj.*	lively	lebendig	vivo	vivo	ζωντανός, ή, ό
4 -	vivre, *v.*	to live	erleben	vivir	vivere	ζω
9 -	vocation, *n. f.*	vocation	Berufung	vocación	vocazione	κλίση
9 -	vœux, *n. m. pl.*	good wishes	Wunsch	felicitación	auguri	ευχές
4 -	voiture, *n. f.*	car	Wagen	coche	macchina	αυτοκίνητο
7 -	voix, *n. f.*	voice	Stimme	voz	voce	φωνή
9 -	vol, *n. m.*	flight	Flug	vuelo	volo	πτήση
3 -	volant (au), *n. m.*	wheel (at the)	(am) Lenkrad	volante (al ...)	al volante	στο τιμόνι
	volant, *n. m.*	driving-wheel	Steuer(rad)	volante	volante	τιμόνι
3 -	voler, *v.*	to steal/to rob	stehlen	robar	rubare	κλέβω
4 -	volume, *n. m.*	volume	Band	volumen	volume	τόμος
3 -	voter, *v.*	to vote	wählen	votar	votare	ψηφίζω
1 -	vrai, *adj.*	true/real	wahr	verdadero / verdad	vero	αλήθεια, αληθινός, πραγματικός
1 -	vraiment, *adv.*	truly/really	wirklich	verdaderamente	proprio	πραγματικά

Imprimé en France par I.M.E. - 25110 Baume-les-Dames